PSYCHOLOGY

and

LIFE

PSYCHOLOGY AND LIFE

超图解 心理学与生活

有人的地方，就需要心理学

《图解经典》编辑部／编著

北京联合出版公司
Beijing United Publishing Co.,Ltd.

序言 PREFACE

有人的地方就需要心理学

读懂自己，看穿别人的科学

有人说心理学能教人如何看穿人心；有人说心理学是哲学，能够启迪思想；有人说心理学是心理咨询和心理治疗；还有人说心理学就是催眠和解梦……那么，心理学到底是什么呢？

在一个广播节目里，一位星象学家声称通过听众的笔迹样本和出生日期就能解读他们的性格特点。节目中选中了三位听众，让星象学家解读他们性格，结果三人一致认为对自己的性格分析非常准确。

在一间实验室里，桌子上摆放着一台微时测定器、发生器（金属架上伸出一只长臂，一个球将从长臂上滚下，落在平台上）、发报键、电池和变阻器。研究人员一次次地按下发报键，小球则一次次落在平台上，发出清脆的响声。

读完以上两个故事，不妨想一想，哪个故事是你心目中心理学的样子？

一直被误解，总是被需要的科学

俗话说内行看门道，外行看热闹。门外汉总是认为心理学充满着神秘色彩，所以习惯性地把一切神秘的事物冠以“心理学”之名。例如，星座、生肖可以根据我们的出生日期分析出我们的性格，预测我们的运势，这就是心理学的力量！又比如，我们常常在各种影视作品中看到心理咨询师对别人进行催眠，通过催眠窥探到人们的内心世界，甚至是控制被催眠的人，心理学就应该这么酷！

当然，还有一些人比较“务实”，他们印象中的心理学就是心理咨询中心、心理门诊，甚至是精神病院。他们认为心理学和精神病学差不多，只有心理失常的人才需要心理学。

思想稍为开明的人会提出，心理学并不只是针对有心理疾病的人。其实日常生活中，心理学能给予每个人更多的正能量。通过阅读心理自助类的读物，我们能够提升自我价值感和自信心，找到处理人际关系的好方法，等等。

然而，这些都不是真正的心理学！心理学一直被人们误解，其原因是多方面的，不仅有大众的原因（没入门），也有学院派研究者的问题（醉心研究而忽略了研究结论的实用性和推广性），当然也包括学科本身特点的限制。随着心理学的热度持续升温，电视、电台、网站以及纸媒不断推出与心理学相关的节目、书籍或专栏，但最终呈现在大众面前并得到广泛传播的或许不是科学的心理学，只是包装精美的伪心理学。

求真先证伪的科学

让我们回到最开始提出的那个问题，“读心”和“实验”究竟谁才是心理学呢？第一个故事看似非常贴近心理学在人们心目中的样子，神秘而且无所不能，但它其实是伪心理学的一个典型案例——“巴纳姆效应”。第二个故事怎么看都只是在描述一个枯燥乏味的科学实验（看起来像是一个物理实验）的场景，完全与心理学没有关系。然而，这个场景描述的正是1879年德国心理学家威廉·冯特在莱比锡大学做的第一个心理学实验。

我们对心理学似乎存在着太多的误解，通常当我们遇到失眠、焦虑、情绪失控等问题时会想到心理学，但心理学能够解释的问题远远不止这些。你是否思考过以下问题：人性是先天的还是后天的？性是为了爱还是为了繁殖？婴儿是否具有无限的可塑性？我们该如何应对生活中的压力？人为什么会做梦？为什么有的记忆能保持很久而有的却容易遗忘？IQ分数是否能够代表一个人的智力？为什么我们总是倾向于与大多数人保持一致？儿童就是缩小版的成人吗？

想要找到这些问题的答案，就赶快翻开这本书吧！

编者谨识

2018年3月

阅读导航 GUIDE

本章主标题
本章所要探讨的主题。

篇名
用醒目的彩色标识，以利于读者明确阅读篇目。

节标题
本节所探讨的主题。

小标题
明确揭示正文中每一段文字的思想内容。

正文
通俗易懂的文字，让读者轻松阅读。

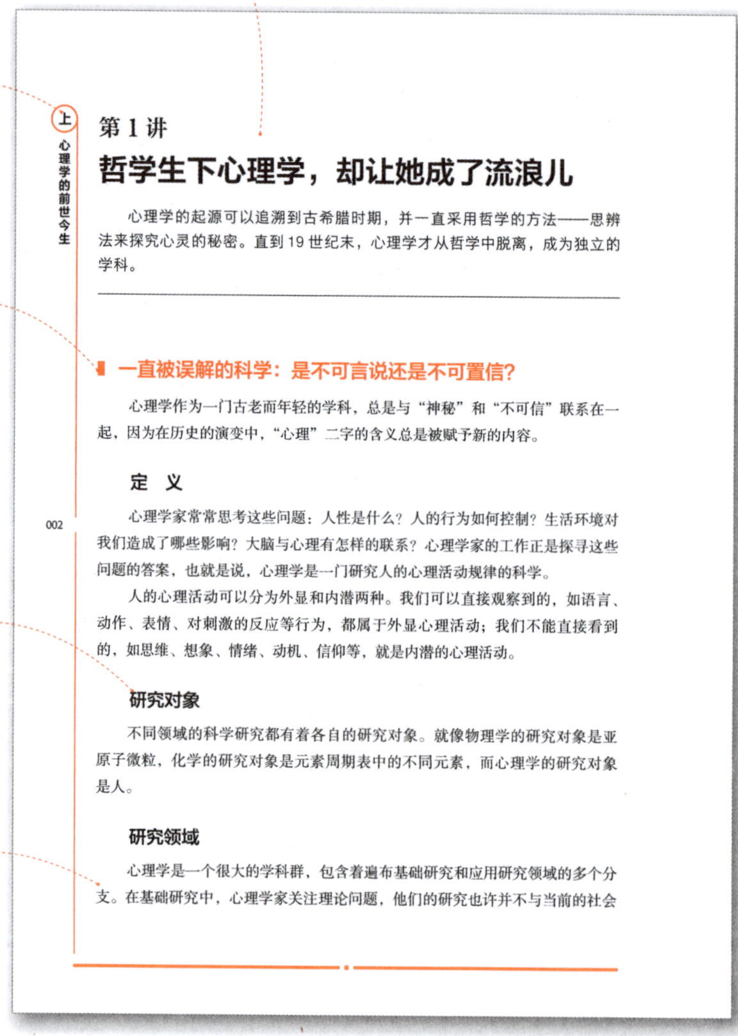

上 心理学的前世今生

第 1 讲

哲学生下心理学，却让她成了流浪儿

心理学的起源可以追溯到古希腊时期，并一直采用哲学的方法——思辨法来探究心灵的秘密。直到 19 世纪末，心理学才从哲学中脱离，成为独立的学科。

一直被误解的科学：是不可言说还是不可置信？

心理学作为一门古老而年轻的学科，总是与“神秘”和“不可信”联系在一起，因为在历史的演变中，“心理”二字的含义总是被赋予新的内容。

定 义

心理学家常常思考这些问题：人性是什么？人的行为如何控制？生活环境对我们造成了哪些影响？大脑与心理有怎样的联系？心理学家的工作正是探寻这些问题的答案，也就是说，心理学是一门研究人的心理活动规律的科学。

人的心理活动可以分为外显和内潜两种。我们可以直接观察到的，如语言、动作、表情、对刺激的反应等行为，都属于外显心理活动；我们不能直接看到的，如思维、想象、情绪、动机、信仰等，就是内潜的心理活动。

研究对象

不同领域的科学研究都有着各自的研究对象。就像物理学的研究对象是亚原子微粒，化学的研究对象是元素周期表中的不同元素，而心理学的研究对象是人。

研究领域

心理学是一个很大的学科群，包含着遍布基础研究和应用研究领域的多个分支。在基础研究中，心理学家关注理论问题，他们的研究也许并不与当前的社会

002

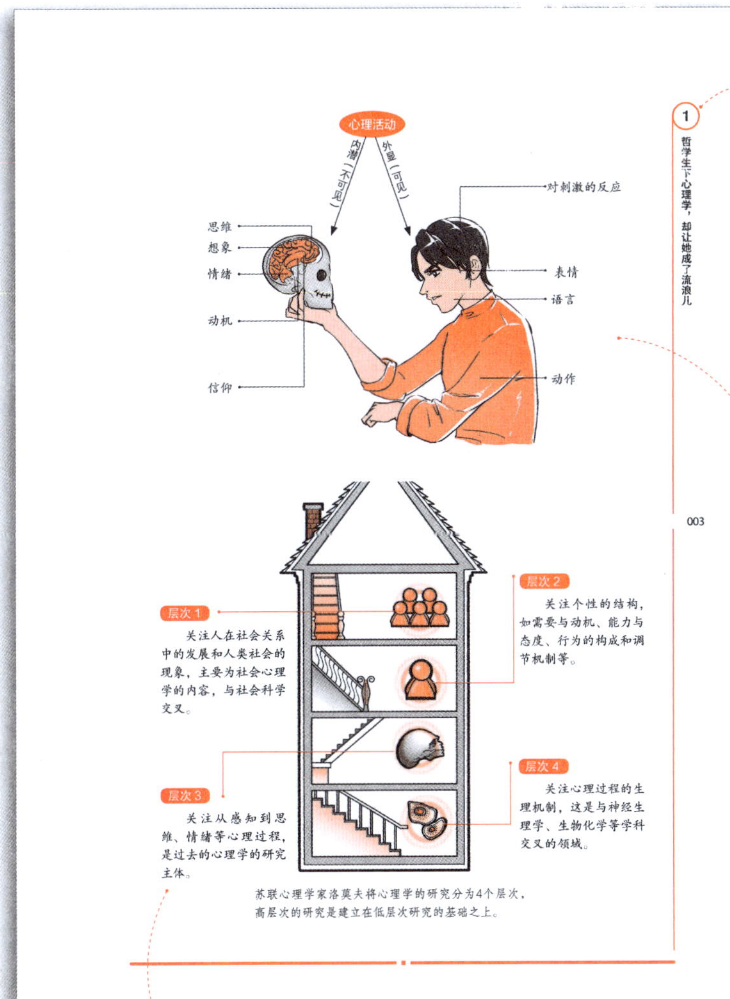

章节序号

用醒目的序号提示本文在篇章下的排列序号。

图表

将隐晦、生涩的叙述，以清楚的图表方式呈现。此方式是本书的精华所在。

插图

较难懂的抽象概念运用具象图画表示，让读者可以尽量形象直观地理解原意。

目录 CONTENTS

上部

心理学的前世今生

中部
社会性是心理的根本属性

下部
影响心理学发展的重大研究及心理测验

上部

心理学的前世今生

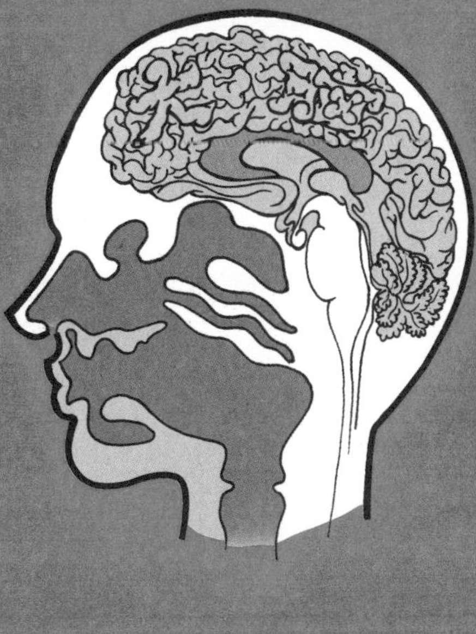

第1讲

哲学生下心理学，却让她成了流浪儿

心理学的起源可以追溯到古希腊时期，并一直采用哲学的方法——思辨法来探究心灵的秘密。直到19世纪末，心理学才从哲学中脱离，成为独立的学科。

一直被误解的科学：是不可言说还是不可置信？

心理学作为一门古老而年轻的学科，总是与“神秘”和“不可信”联系在一起，因为在历史的演变中，“心理”二字的含义总是被赋予新的内容。

定 义

心理学家常常思考这些问题：人性是什么？人的行为如何控制？生活环境对我们造成了哪些影响？大脑与心理有怎样的联系？心理学家的工作正是探寻这些问题的答案，也就是说，心理学是一门研究人的心理活动规律的科学。

人的心理活动可以分为外显和内潜两种。我们可以直接观察到的，如语言、动作、表情、对刺激的反应等行为，都属于外显心理活动；我们不能直接看到的，如思维、想象、情绪、动机、信仰等，就是内潜的心理活动。

研究对象

不同领域的科学研究都有着各自的研究对象。就像物理学的研究对象是亚原子微粒，化学的研究对象是元素周期表中的不同元素，而心理学的研究对象是人。

研究领域

心理学是一个很大的学科群，包含着遍布基础研究和应用研究领域的多个分支。在基础研究中，心理学家关注理论问题，他们的研究也许并不与当前的社会

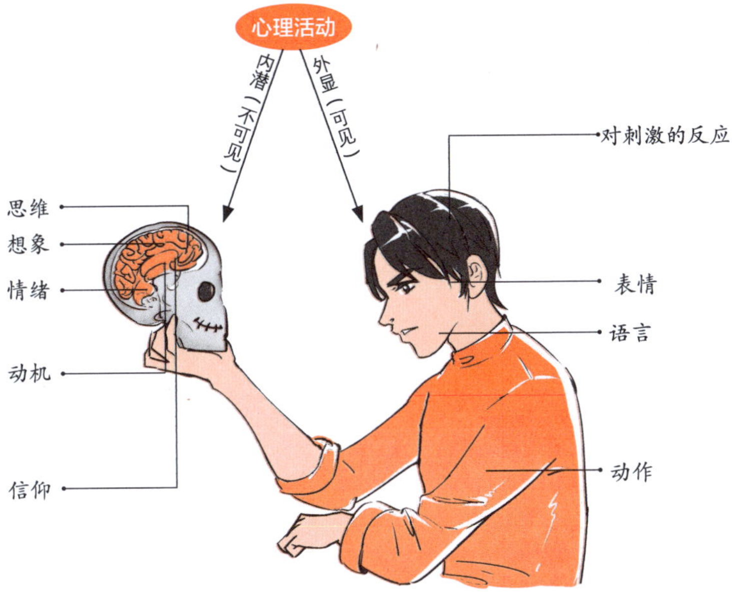

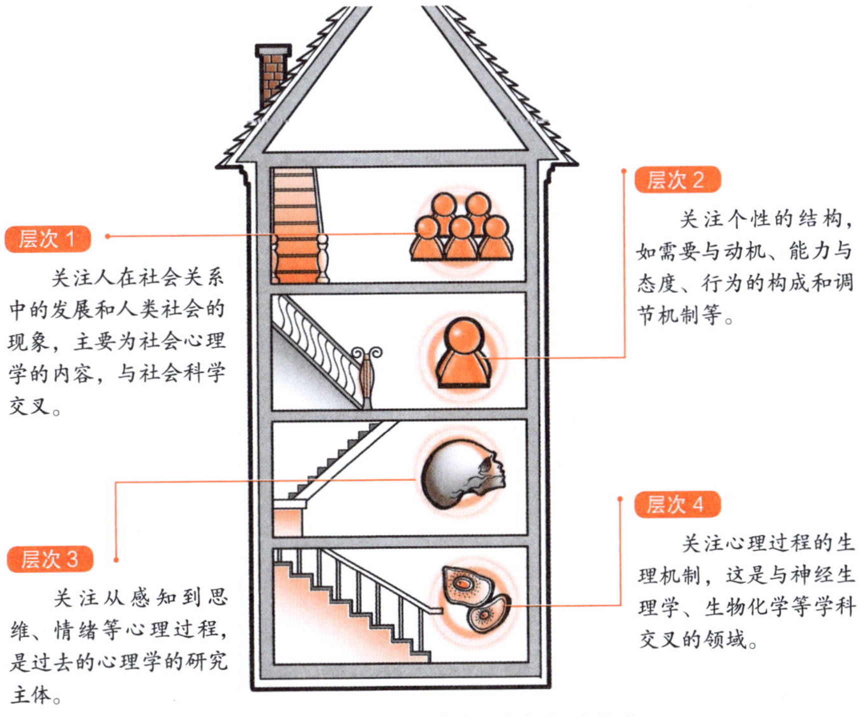

苏联心理学家洛莫夫将心理学的研究分为4个层次，高层次的研究是建立在低层次研究的基础之上。

现实有关，但将来可能对人类生活产生影响；在应用研究中，心理学家的兴趣是与人们息息相关的问题。

专　业	研究内容
实验心理学	通常用实验方法寻找心理活动的规律，精确的观察和科学的检验是实验心理学家的常用手段。他们集中探讨的内容有：学习、动机与情绪、认知过程、人的效能以及沟通等。
临床心理学	关注患者的非正常行为及异常心理，包括诊断和治疗的一般临床心理学与研究临床现象的实验临床心理学。
咨询心理学	聚焦于教育的、社会的和职业的适应问题，通常服务于教育机构。
教育心理学	关注教育过程中人们的心理活动规律，主要是学生掌握知识、技能和道德品质发展的心理规律。
心理测量学	设计和建构各种心理与行为的测量工具，主要为心理测验。心理测验在人才选拔、职业指导、因材施教、心智缺陷的早期诊断及精神疾病的发现，教学法和工效学措施的评价、司法鉴定等方面有重要用途。
工业与组织心理学	研究工业组织中人们的行为及经验，包括管理心理学、组织心理学和工程心理学等。
广告与消费心理学	关注人们的市场行为、广告效果、时尚、商品信息渠道以及人们的认知对购买的影响等，也可称为“商业心理学”。
社会心理学	了解人在社会中的心理活动，主要研究课题有：社会化，社会知觉，社会动机，社会人格，人际影响，集体心理学，信仰、价值和态度，舆论与宣传，应用社会心理学，差异社会心理学等。
发展心理学	关注人的一生在不同年龄段的心理活动及生理基础的发展规律，让人们能更深入地思考人生的发展及意义。
生理心理学	以实验方法研究人的生理基础对心理活动的作用，主要包括神经系统、内分泌系统、特殊感觉器官系统等的结构和功能。

心理学有漫长的过去，却只有短暂的历史

德国心理学家赫尔曼·艾宾浩斯（Hermann Ebbinghaus）曾说，心理学有着漫长的过去，却只有短暂的历史。美国心理学家加德纳·墨菲（Gardner Murphy）又说，在威廉·冯特（Wilhelm Wundt）创立他的实验室之前，心理学像个流浪儿，一会儿敲敲生理学的门，一会儿敲敲伦理学的门，一会儿敲敲认识论的门。1879 年，它才成为一门实验科学，有了一个安身之处和一个名字。

心理学的起源

古希腊时期

人们对灵魂的思考可以说是催生心理学的土壤。亚里士多德（Aristotle）的《灵魂论》，可以说是世界上的第一部心理学专著，标志着人类已经注意并开始探索人的机体的精神现象。

中世纪

强大的宗教势力不允许人们对灵魂与躯体的问题进行讨论与研究。

文艺复兴时期

要求人的个性从宗教和封建的专制中解放出来的思想为之后的人类心理现象研究奠定了基础。这一时期涌现出了众多对科学、艺术有卓越贡献的伟人，如开普勒、伽利略、达·芬奇等。

17 世纪到 19 世纪中叶

人类思想的解放与科学艺术的发展使这一时期涌现了大批学者，他们对有关心理的开创性研究与见解，不同程度地为 19 世纪科学心理学的形成奠定了基础。梅兰克森首次提出“心理学”这个词。

19 世纪末

生物学与物理学迅速成熟起来，它们带来的实验室技术对原先的心理学产生了重大影响。

1879 年

冯特在莱比锡大学建立世界上第一所心理实验室，从此科学心理学诞生。

近代心理学

1883年

弗朗西斯·高尔顿（Francis Galton）发表《对人类才能及其发展的探讨》，开辟了研究个体心理和心理测验的途径。

1885年

郝尔曼·艾宾浩斯发表《论记忆》，首创用实验方法研究记忆。

1890年

威廉·詹姆斯（William James）出版《心理学原理》，提出了意识流理论，对美国机能心理学的产生和发展有重要影响。

1900年

西格蒙德·弗洛伊德（Sigmund Freud）发表了《梦的解析》。

1905年

阿尔弗雷德·比奈（Alfred Binet）和西奥多·西蒙（Theodore Simon）共同编制了《比奈-西蒙智力量表》。

1912年

马克斯·韦德海默（Max Wertheimer）、沃夫甘·克勒（Wolfgang Khler）和科特·科夫卡（Kurt Koffka）在法兰克福研究似动现象，建立了格式塔心理学。

1913年

约翰·B. 华生(John Broadus Watson）发表了《行为主义者心目中的心理学》，标志行为主义的诞生。

1916年

西格蒙德·弗洛伊德发表了《精神分析引论》，创立了精神分析学派。

1923年

伊凡·彼德罗维奇·巴甫洛夫（Ivan Petrovich Pavlov）发表了《动物高级神经活动》，系统地提出了高级神经活动学说。

1937年

伯尔赫斯·弗雷德里克·斯金纳（Burrhus Frederic Skinner）出版《有机体的行为》，标志着新行为主义的诞生。

1943年

亚伯拉罕·马斯洛（Abraham H. Maslow）发表《人类动机论》，之后出版《动机与人格》一书，创立了人本主义心理学。

现代心理学

1950 年
让·皮亚杰（Jean Piaget）发表《发生认识论导论》(3 卷集)，标志着发生认识论体系的建立。

1967 年
乌瑞克·奈瑟尔（Ulric Neisser）发表《认知心理学》，标志着现代认知心理学的诞生。

1973 年
亚历山大·鲁利亚（Alexander Luria）出版《神经心理学原理》，创立了神经心理学。

1991 年
欧洲科学技术发展预测与评估委员会 (FAST) 出版认知科学系列丛书，标志着认知神经科学作为一个科学分支得到认可。

1994 年
伊格纳西奥·马丁-巴洛（Ignacio Martin-Baro）号召穷困国家和战争中国家进行“解放心理学运动”。

肉体与灵魂

在心理学作为一门独立科学之前，许多学者都在研究“心灵是什么”，但运用的是哲学的思辨法。这为之后心理学的发展奠定了基础。心理学的英文 Psychology 就是由希腊文中的 psyche（“灵魂”的意思）和 logos（“讲述”的意思）两个词演变而来。顾名思义，心理学就是阐述心灵的学问。

成为独立的科学

一切的科学都起源于哲学，当人们试图用科学的方法去解释哲学问题时，科学也就应运而生。然而，心理学想将哲学观点变为科学实践，势必要走一段

公元前 4 世纪

古希腊哲学家柏拉图（Polato）提出肉体来自物质世界，灵魂（心灵）来自理念世界。

亚里士多德则认为灵魂与肉体是不可分离的——灵魂是肉体的实质。

17 世纪

哲学家勒内·笛卡儿（Rene Descartes）在哲学著作《论人》中这样描述心灵和肉体的二元论：无形的心灵（灵魂）存在于大脑的松果体中，负责思考；肉体就如同一台由“动物精气”操控的机器——流经神经系统的体液使人做出各种行为。

很长的路，因为它所研究的是像意识、知觉和记忆这类看不见摸不着的问题。哲学探讨的重心在于思想、观念，而心理学关注的是人怎样产生出思想、观念，即心灵是如何工作的。在一些大学里，尤其是在美国，心理学系起初是哲学系的分支。直到19世纪后期，心理学才凭借自身力量屹立于科学之林。

1879年，德国心理学家威廉·冯特在德国莱比锡建立了世界上第一所正式的心理实验室。这标志着心理学作为一门真正的科学得到了认可。截至1900年，美国的心理学实验室已经超过40所，这在相当大的程度上受到了冯特的影响。

就在心理学作为新学科出现的同时，关于它的研究主题和方法的争论也开始了。从隶属哲学到被视为科学，心理学在内容上都只涉及人的精神和心理方面。到了20世纪初期，心理学被定义为研究行为的科学，这里的行为只包含可见的外现活动。20世纪70年代，心理学又被改为研究行为和心理过程的科学。各种各样的心理学派相继出现，其研究对象、范围、性质、内容以及方法互有联系又各不相同。

多元化观点，条条大路通罗马

科学心理学诞生一百多年来，开始从不同的角度研究心理现象，形成了多元化的观点。可以说任选一个心理学的课题，都可以从不同的观点进行研究。

生物学的观点

生物学的观点是以生物学的知识为基础对人类的心理和行为进行研究。西方医学之父希波克拉底（古希腊文：Ἱπποκράτης）认为，脑是我们思考、理解、看见、听见、分辨美丑善恶的根源，而现代神经生理学已经清楚地知道脑的活动与心理活动之间的关系了。

但是由于人脑结构复杂，而目前所了解到的脑与心理活动之间关系的知识大多来自对动物和脑疾患者的研究。因此，单凭生物学观点来建构心理学理论，会有很大的片面性。

精神分析的观点

奥地利心理学家西格蒙德·弗洛伊德的《梦的解析》的出版，标志着精神分析学派的创立。弗洛伊德认为，意识只是人的精神活动中很小的一部分，心理深

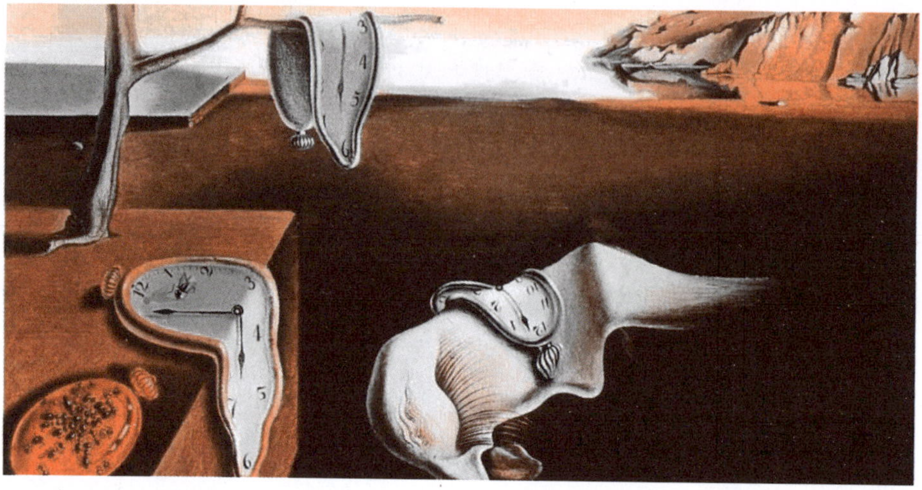

萨尔瓦多·达利的《记忆的永恒》是对时间流逝的超现实主义表现，意味着腐朽和死亡。其奇幻的本质正符合弗洛伊德式的梦的解析。

层的潜意识才是精神活动的主体。支配着人类众多行为的正是潜意识，而不是人们可以意识到的理性的理由。

弗洛伊德对人性基本上持否定态度，他认为人和动物总是受到基本本能——性本能和攻击本能的驱使，而人类不断地与控制本能的社会力量相对抗。

行为主义的观点

1913年，美国心理学家约翰·B.华生发表的题为《一个行为主义者眼中的心理学》的论文被看作“行为主义者宣言”，表明了行为的观点：把个体所有行为的产生和改变看成刺激与反应之间的联结关系。华生认为，只有直接观察到的东西才能成为科学研究的对象，只有客观的方法才是科学的方法。

严格来说，行为观点对人的心理活动不做考虑，但是由于心理与行为有着密切的联系，不考虑心理活动只研究行为显然不能揭示心理活动的规律，因此，纯粹研究行为的取向并不能全面地揭示心理学的规律。

认知的观点

认知的观点是用信息加工的观点来研究感觉、知觉、注意力、表象、学习记忆、思维和语言等心理过程。现代的认知观点兴起于20世纪五六十年代，特点是把人脑看作类似于计算机的信息加工系统，研究的主要内容有：行为的内部机制，即探讨意识或内部的心理过程；将心理过程理解为信息的获得、贮存、加工和使用的过程，即经历一系列连续阶段的信息加工过程。

在现代心理学中，认知的观点在人类的认知过程、智力发展、情绪和心理治疗等领域都取得了相当大的进展。

人本主义的观点

人本主义创立于19世纪60年代，强调个人的主观经验和发展个人的潜能。人本主义创始人之一马斯洛认为，人类的基本动机是成长的需求和“自我实现”的需求。在人本主义心理学家看来，我们每一个人都有一种力求充分发展自我的潜能、超越自己现状的基本需求；虽然每一个人都会遇到各种阻挠和障碍，但是人们的天性都会趋向于实现自己的潜能。

进化论的观点

进化论的观点是研究心理学与生命科学的中心思想——进化论的联系。进化论的内涵简单来说，就是适应性强的有机体可以比适应性差的有机体更成功地遗

进化论以及人类起源的观点阐述了人类从诞生之初发展到今天的演化过程。

传它们的基因。心理学中的进化论观点认为，心理能力和身体能力一样，经过上万年的进化可以更强地适应环境。

文化观点

持有文化观点的心理学家研究文化差异对行为的影响。在过去很长一段时间里，由于西方的心理学家较多地关注某一个群体，如美国中产阶级白人，而忽视其他不同的群体，所以需要靠文化心理学家来比较分析受到不同文化因素影响的不同群体。他们的目标之一就是以上的众多观点，究竟是适用于所有人，还是仅仅适用于某一特定的群体。

有人的地方，就有心理学

如今心理学分支众多，几乎覆盖了心智生活及人类与动物行为的全部内容。心理学可以说是一门包罗万象的科学，它与众多学科的研究范围均有交叉，涉及

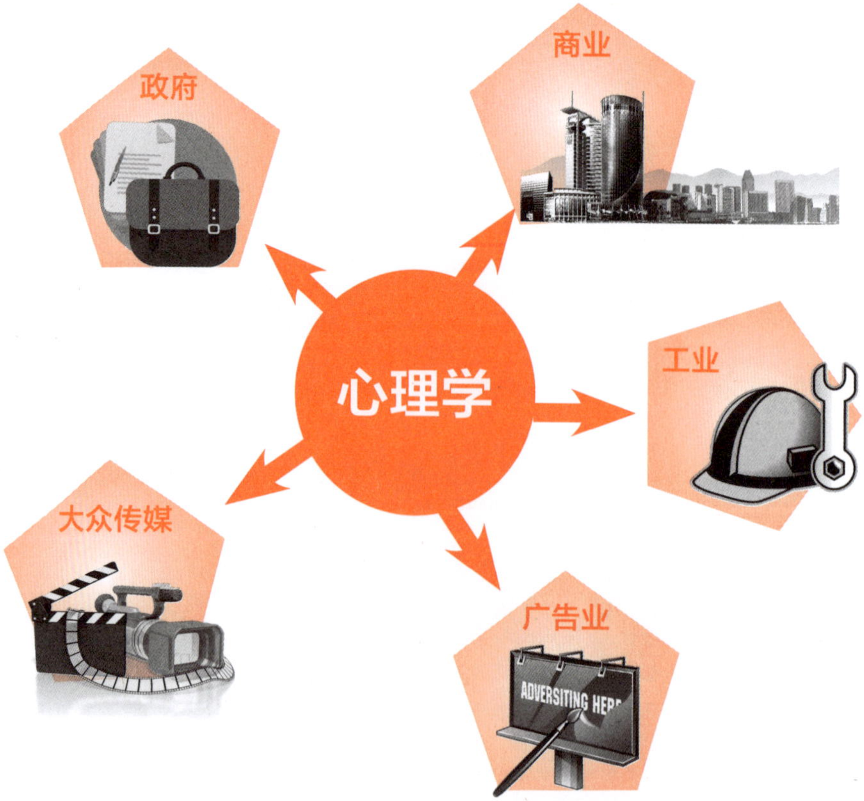

的领域包括医学、生理学、神经科学、计算机科学、教育学、社会学、人类学，甚至政治、经济和法律。

由于其特殊性，心理学在不断影响着其他科学的同时，也一直受到其他科学的影响，尤其是神经科学和遗传学。贯穿心理学各个领域的先天和后天之争可以追溯到 19 世纪 70 年代；近年来，进化心理学发现心理特质服从遗传规律和自然选择法则。

心理学与我们每一个人都息息相关。无论是政府、商业、工业、广告业还是大众传媒的决策，或多或少都会受到心理学的影响。无论是群体中的我们，还是身为个体的我们，也都必然会受到心理学的影响。它不仅介入了对社会的一般性讨论，还指导着人们对心理障碍的诊断和治疗。

我们的日常文化融入了心理学家的观点和理论，从某种程度上讲，心理学家关于行为和心理加工过程的许多发现都被视为“共识”。心理学研究让我们对于自己的直觉做出了进一步的思考，但是，我们也时常会因为心理学家的发现动摇了我们长久以来传统的信念而感到震惊和震怒。

尽管心理学的历史不长，但它带来的许多观念改变了我们的思维方式，让我们能够更加理解自己、他人和我们所生活的世界。

第 2 讲

心理学研究

——让看不见的心理被看见

心理学研究就是让那些看不到的心理过程（如焦虑、记忆、梦）和行为能够被看到，让内部事件和过程外化，让个人经历公开化。

研究目的：描述、解释、预测、控制

心理学家从事基础研究的目的主要有四个：描述行为、解释现象、预测未来和控制行为。

目标一：精确的描述

心理学研究的第一个目标是对行为进行精确的描述。描述是观察的结果——对人们行为和所处环境的观察。心理学家由此获得他们需要的数据，这些数据是客观而准确的。它们由信度与效度两个标准来衡量，即数据的可靠性和有效性。

为了达到这一目标，心理学家需要做大量的观察和测量工作。在此过程中，每个观察者都要尽量避免由于个人的观点（如偏爱、偏见和期望等因素）对研究结果的客观性产生影响。

目标二：清晰的解释

解释是形成心理学理论的过程，心理学家组织描述，让人们了解现象背后更为深刻的意义。在心理学的很多领域，心理学家的中心目标都是找出行为和心理活动的某种规律，了解行为的成因。为此，研究者需要检查收集到的不同类型的数据，然后从这些零碎的数据中得到精确的结论。

此外，对于一个科学家来说，仅仅满足于一种解释的可信度是不够的，还需要确保其做出的解释经得住考验，即这种解释所依据的内在联系必须能够构成正确的预测。

目标三：客观的预测

预测是指对一个特定的行为将要发生的可能性进行预测。正如描述必须客观，预测也必须有根有据。预测分为科学的预测和因果的预测。科学的预测是指出不同事件间的关联，因果的预测是找出使行为改变的条件。

核心目标：行为的控制

控制意味着影响行为的发生、维持、停止，或者改变它的形式、强度或发生率等。对很多心理学家而言，控制是最核心、最激励人心的目标。因为控制行为将为心理学提供帮助人们改进生活质量的途径。心理学家相信，那些不受赞赏的行为都能通过适宜的干预得到修正。

无论是利用心理学描述行为、解释现象，还是预测未来、控制行为，都充分说明心理学研究与我们的生活休戚相关。事实上，我们进行心理学研究还有一个终极目标，即提高人类的生活质量。

方法论带你跃迁:“是什么”和“为什么”

俄国生理学家、心理学家伊凡·彼德罗维奇·巴甫洛夫说:“科学随着方法论上所获得的成就而不断地跃进。方法论每前进一步，我们便仿佛上升了一级阶梯。于是，我们更广阔地拓展了视野，目睹了从未领略的风景。”

实验法

实验法是在控制的情境下，通过改变系统的变量，来研究变量变化引起的其他量变化的情况，目的就是要排除一切自变量之外的可能影响实验结果的因素。在实验过程中，由研究者操纵变化的变量称为自变量，由于变量变化而变化的量为因变量。

实验法可以分为实验室实验和现场实验，这两种实验的优缺点具有互补性，在心理学的实验中可以灵活选择。

在心理学实验或心理测验中接受实验或测验的对象，通常被称为被试。

观察法

观察法是指在自然情景中对被试的行为进行观察，并做系统的记录以了解被试心理的一种方法。自然观察法在心理学的研究中运用得比较广泛，尤其是在社会伦理道德约束下，无法对被观察者进行控制的实验中。

a. 观察法的分类

根据观察情境的不同，可以分为自然观察和控制观察。根据观察者与被观察者的关系，可以分为参与观察和非参与观察。根据观察的要求不同，可以分为系统观察和非系统观察。

实验室实验

1 实验室实验是在严格控制的实验条件下，借助专门的实验设备进行的。

2 优点是无关变量受到了严格的控制，自变量和因变量测量的精确度较高。

3 缺点是被试者知道自己是在进行实验，个人因素就容易影响到实验结果。

现场实验

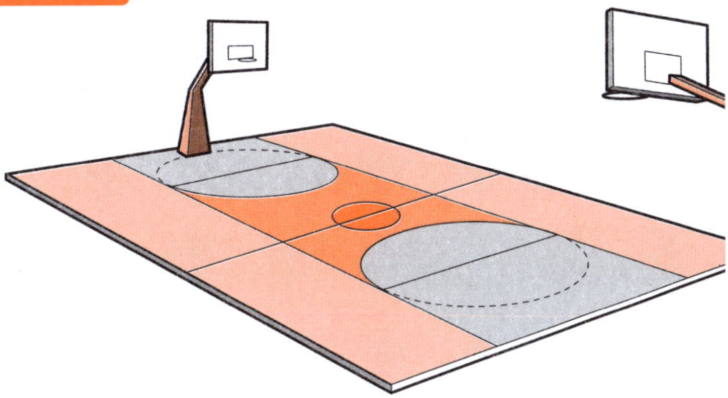

1 现场实验是在实际生活情景下对实验条件进行控制的实验。

2 优点是在人们正常学习和工作的情境中进行的实验，有利于排除被试者个人因素的影响。

3 缺点是条件的控制不能达到一定的严格程度，影响了实验结果的精确。

双盲控制

双盲控制是在实验的过程中，研究者和被试都不知道自变量如何控制。如果研究者和被试都不知道自变量如何控制，则可以排除被试偏好对实验的影响。在实验室实验或者现场实验中，除了自变量外，还有多种因素会影响实验结果，如被试之间的差异和个人偏好等。如在测定反应时间的实验中，被试的性别、疲劳程度、饥渴状态、气质和性格等方面都对实验有影响，容易造成实验的偏差。

双盲控制能有效地排除实验者的偏好

b. 观察法的不足

1. 观察的结果容易受到观察者个人主观因素影响，很可能是带有强烈的观察者个人的主观色彩。

2. 在自然条件下进行观察，事件不容易按照严格相同的方式重复出现，不利于对某种现象进行重复观察。

3. 自然条件影响心理活动的因素是多方面的，因此难以对观察法得到的结果做出精确的分析。

4. 对自然条件不加以控制，因此观察对象可能包含了不需要研究的对象，同时需要观察的对象可能不曾出现。

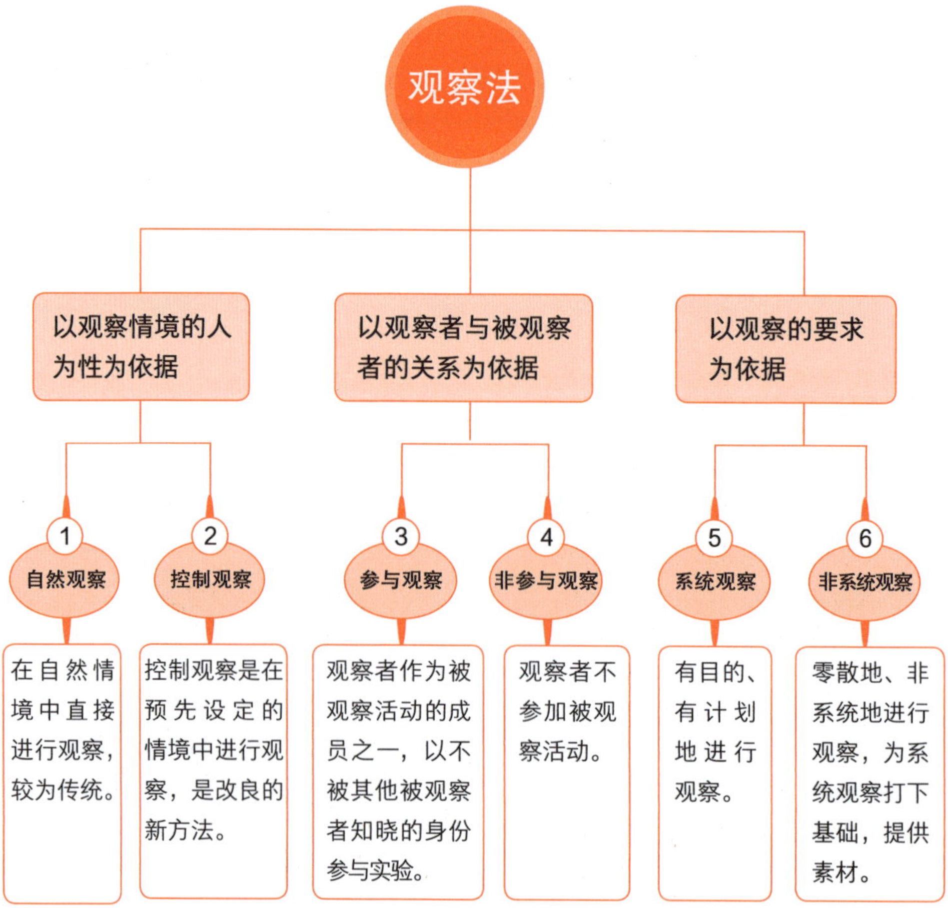

c. 观察法的要求

1. 要尽量保持被观察者处于自然状态。

2. 由于观察法具有主观性和片面性，使用观察法需要围绕观察的目的，制定严密的机制，清晰地界定观察者的行为特征。

3. 观察需要做到系统而不零散。

4. 记录是观察的一个重要环节，用录音机、摄像机做记录可以使观察的效果更好。

调查法

调查法是以提问的方式获得被调查者的想法，并对其想法进行分析的方法。调查法根据调查方式不同，可以分为问卷调查和访问调查。通过调查，研究可以根据调查结果探讨被调查者的个人情况，如性别、年龄、教育程度、职业、经济水平等机体变量与他对问题的理解、态度、期望、信念、行为等反应变量之间的关系。

a. 问卷调查

问卷调查是研究者根据研究目的设计出一系列问题，由被调查者自行填写，被调查者的回答就是研究材料。一份好的问卷需要具有鲜明的目标，所提出的问题都要围绕这个目标。同时，提出的问题要符合调查的目的和被调查者特点，否则就不能得到真实、准确的回答。好的问卷还应便于快速地统计结果。

注意事项：

（1）问卷的主要发放类型：邮寄问卷、发送问卷。

（2）填写方式：访问者自填和被访问者填写。

（3）问卷主体：问卷编码、编号、发送和回收日期、调查或审核员名字、被调查者住址等。

b. 访问调查

访问调查是研究者先拟定问题，再以面对面的方式向被调查者提问。访问调查顺利进行的前提是访谈的气氛良好，让被访问者感到信任和放松，这样才能使被访问者畅所欲言。同时，研究者应当做好充分的提问准备，使访谈更为标准，记录更为准确，这样才能对获得的结果进行客观的分析。

访问法的不足在于：

（1）时间的有限限制了访谈对象的数量；

（2）访谈进程的可控性提高了对访问者的要求；

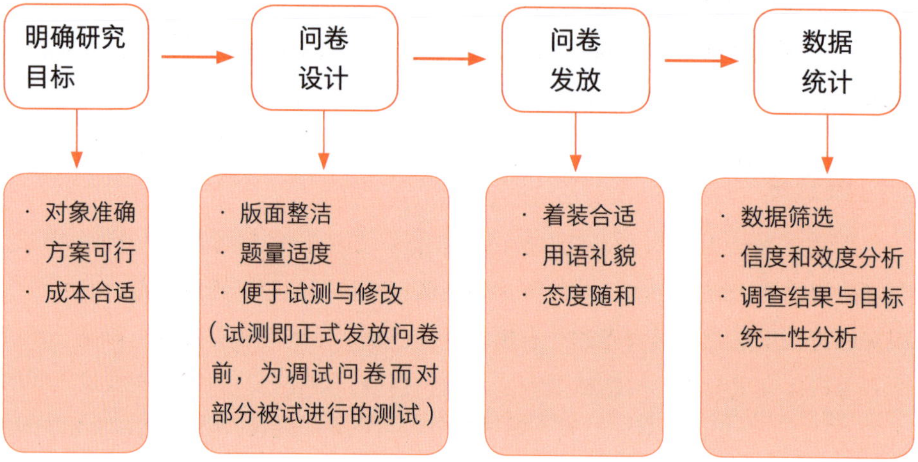

问卷基本结构：封面信、指导语、问题、答案和其他资料（致被调查者的短信，旨在介绍调查者身份和目的等内容，以指导被调查者如何正确填答问卷）。

关于问卷

《××××调查问卷》

亲爱的××：

封面信 ← 您好！我们是×××，为了×××，我们特邀您参加此项调查，您宝贵的意见和建议将成为我们重要的参考材料。本次调查采取随机抽查不记名的方式，我们对您的回答将予以保密，我们期待能收到您填写完整的问卷，谢谢。

指导语 ← 1. 请在每一个问题后适合你自己情况的答案序号上画圈，或在“______”处填上适当的内容。（注：无特殊说明的情况下，一律只选一项。）

问题 ← 2. 请选出×××

答案 ← A.××× B.××× C.××× D.×××

（3）如果研究者措辞或行为不当可能会造成访谈结果的不真实或被访问者拒绝回答。

与问卷法相比，访问法具有以下优势：

（1）访谈的方式可以直奔主题，减少被访问者准备的时间；

（2）访谈的进程在研究者的控制下，减少了访谈的遗漏；

（3）可以从多个角度验证被调查者回答的真实程度；

（4）可以适当增加一些问题，为研究补充材料。

相关法

相关法是通过调查统计来研究变量、特质或属性之间关系的方法。被观察的两个事件以一种有序的方式相互联系，则说明这两个事件是相关的。相关不一定是因果关系；可以包含因果关系，也可以不包含。

a. 相关性

若有 X 和 Y 表示两个参数，则这两个参数之间的相关性可以分为以下几种。

完全正相关：一个参数值随着另一个参数值的增加而增加，即 X 值增大，Y 值增大。

完全负相关：一个参数值随着另一个参数值的增加而减小，即 X 值增大，Y 值减小。

不相关：表示两个参数值之间没有相关性，即 X 值与 Y 值零相关。

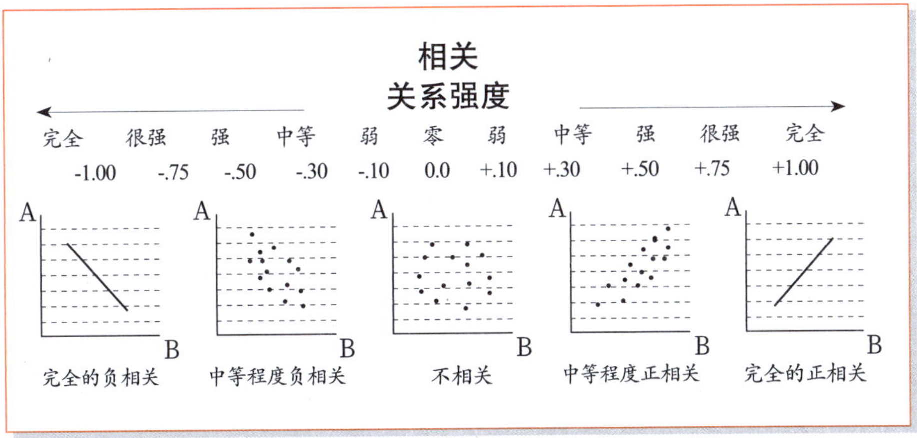

此外，介于完全正相关与不相关之间的称为中等程度正相关，介于完全负相关与不相关之间的称为中等程度负相关。

b. 相关系数

相关系数是用于准确表达两个相关事件相关程度的统计量。这个数值在 -1.00 到 +1.00 之间变化。当数值为 +1.00 时表示完全正相关，当数值为 -1.00 时表示完全负相关，当数值为 0 时表示不相关。

心理测量

测量法是用标准化的量表来测量被试心理特征的方法，测验有很多种，可以测量被试的智力、性格、态度、兴趣等。测量法按照每次测量的人数可以分为个别测验和团体测验，按照目的可以分为智力测验、特殊能力测验、人格测验、成就测验和态度测验，按照形式可以分为文字测验和非文字测验。

信度和效度

信度和效度是心理测量的两个基本要求。信度是测量的可靠程度，效度是测量达到实验目的的有效程度。

	概　念	关　系
信度（可靠性和一致性）	用来衡量测量过程中，由于各种各样的因素导致的测验结果与真实结果的不一致。	信度低，效度不可能高。因为如果测量的数据不准确，那么就不能有效地说明研究对象。
		信度高，效度未必高。例如，心理学家想了解烟民吸烟的原因，却测量烟民的经济收入，虽然数据精确，但未必能达到目标。
效度（有效性和可用性）	用来评估测量结果有多少是研究者想要的，或者是有效和有用的。	效度低，信度可能很高。例如，心理学家收集到烟民的一些与吸烟无关的资料，虽然它们对本次调查没有帮助，它们的准确性和可靠性很高。
		效度高，信度也必然高。只有高信度的数据才能得到有效的测量结果。
为了保证心理测量的信度和效度，一方面要加强对心理品质的研究，以完善量表的内容；另一方面要保证测验过程的科学性。		

个案法

个案法是对某个个体进行深入和广泛的研究，这种研究通常是针对个体的人格特质、经历、人际关系、他人对个体的感知等因素进行的。这种方法与精神分析相类似——一般只关注某个个体。通过个案法的分析，可以了解特定的个体出现某种行为或心理现象的原因。个案法可以加深对特定个体的了解，但其研究结果针对面较窄，局限于个别情况。个案法通常只提出理论和假说，再借助其他研究方法来验证。

由于个案法的研究仅限于少数案例，研究的结果只适合个别情况，所以对个案法的研究结果的推广要谨慎。一般来说，个案法多用于提出理论或假设，需要借助其他方法来进一步检验这个理论或假设。

个案法需要收集被试各方面的信息，通常包括个人的生活史、家庭成员、生活环境和人际关系等。根据不同实验目的，需要对被试做智力测验或人格测验等，并收集被试的相关资料，包括被试个人的书信、日记、自传，或他人写的关于被试者的传记、病例，以及从熟悉被试者的人那里获得的资料等。

个案法、观察法、调查法、测量法都属于心理学研究的相关方法，可以用来发现两个或多个变量之间的关系，但这些研究方法收集的资料只能详细地说明“是什么”，却不能像实验法那样找到变量之间的因果关系，不能科学地解释“为什么”。如果要寻找到各变量之间的因果关系，还是需要进一步借助实验法。

心理学研究的道德困境：不得不故意欺骗？

对人和动物基本权利的尊重是所有研究者的基本义务，但是在实验过程中，研究者会通过一些故意欺骗的行为来对人和动物进行研究，使人和动物在实验过程中可能遭受痛苦、压迫等不好的感觉。心理学家一直在思考，这样做是否有违道德。

实验前的沟通

一般来说，在被试参与实验之前，研究者会向他们解释实验的程序和存在的风险以及他们可能感受到的体验，并且确保被试的隐私得到了保护，公开发表的内容会经过被试同意，以及告知被试实验停止的时间。大多数的心理实验不需要承担风险，尤其是只需要被试完成常规任务的实验。涉及对被试造成不良感觉的实验，研究者会将风险尽量降到最低，除提前告知被试外，还会做好适当的防范措施来防止和纠正错误的反应。总之，研究者必须仔细权衡被试个人、研究和社会等多方的利益。

故意欺骗

在一些实验中，如果事先告诉被试实验的进行程度，那么实验的结果将会受到影响，如研究者个人的预期会对被试产生引导，或者被试个人的信念产生了安慰剂效应（行为反应受到个人预期的影响）等。为了确保实验的顺利进行，只能对被试故意欺骗，甚至实验的观察者也不被告知实验的程序，即双盲控制。

但是，故意欺骗的正当性尚有争议。

美国心理协会关于故意欺骗提出了以下指导方针：要使研究中的欺骗获得批准，研究必须具有充分的科学价值和教育价值；研究者必须证明除了欺骗之外没有其他同等有效的程序；实验中在与被试个人参与意愿有关的问题上不欺骗被试。

实验后解说

在实验结束后，被试会填写一份详尽的事后结果报告，在报告中，被试需要提供尽可能多的相关信息，以确保被试没有疑惑、没有心烦、没有尴尬。参与心理学研究需要研究者与被试相互交换信息，研究者要认真解释故意欺骗的原因，如果被试感到他们的数据有误或者他们的权利被滥用，被试则有权收回数据。

以人为被试的研究

为更好地指导研究者进行以人为被试的心理学研究，美国心理学会（The American Psychological Association，简称“APA”）制定了一系列严格、明确的准则，根据这些准则，总结出以下几条原则：

1. 知情同意。被试有权事先了解实验的目的和程序，以决定是否参加实验。若因特殊原因不能事先告知被试实验的真正目的，研究者仍应尽量提供被试足够的信息。

2. 随时退出实验的自由。在以人为被试的研究中，被试享有在整个实验过程中随时退出实验的自由。付费被试只要参与实验，就应在实验前得到相应的报酬。

3. 事后解释并保护被试不受到伤害。有些看起来无害的实验程序可能给被试带来沮丧、尴尬、忧虑等负面影响，这就要求研究者应在事后将真相告知被试。

4. 保密。在未得到被试同意前，所有的实验数据都应保密。研究结果公开的前提条件是必须隐匿任何与个人身份有关的数据信息。

5. 在以儿童为被试的研究中，研究者必须得到被试父母的同意。同样，儿童研究也须遵守其他的伦理准则。

以动物为被试的研究

随着动物保护组织不断增多，在科学研究中，有关动物被试的争论比人类被试的还要多。一些激进的动物保护主义者认为，动物和人类具有同样的价值，任何一种对动物的利用形式都是不道德的。然而，在科学研究中，以动物为被试是必须且有益的，但前提是做到有限制地、人道地使用动物。在心理学研究中，在以人为被试明显不道德的情况下，若用老鼠来进行研究既可以获得重要的研究发现，又可以避免道德问题。例如，研究者常用动物来研究抑郁、大脑的发育、过度拥挤和学习过程等问题。

第3讲
形神一体
——脑是心理的生理约束

心理学的任何一个分支都是在生物学基础上建立的，重点研究大脑和神经的相互作用：研究人类通过感官获取外界环境中的刺激和信息的过程，研究人类对客观世界的知觉方式。

神经系统是形，心理活动是神

随着神经科学、认知科学、物理学和生物化学等的飞速发展，人们越来越多地了解了神经系统的结构和功能。心理是神经系统的功能，所以了解神经系统的发生和发展对了解心理学有重要作用。

神经系统的基本单位

神经元是神经系统的基本结构和机能单位，它的结构大致可分为细胞体和突起两部分，形态、大小和类型都很复杂。突起分为树突和轴突。树突多而短，分支较多；轴突比较长，但只有一个。离细胞较远的位置是髓鞘，构成神经纤维。神经就是众多神经纤维的集合体。树突和轴突传导神经冲动在方向上有所不同：树突接受刺激后，把冲动传到细胞体；轴突则是把冲动从细胞体传出去。

神经元的机能很多，可分为三类：感觉神经元、运动神经元和联络神经元。感觉神经元收集和传导身体内外的刺激，传到脊髓和大脑；运动神经元将脊髓和大脑发出的信息传到肌肉和内分泌腺，支配效应器官的活动；联络神经元在前二者之间起联络作用。

当神经受到刺激的作用时，神经元由比较平静的状态转化为比较活跃的状态，从而产生了神经冲动。由于神经元具有接受刺激和传导兴奋的功能，因此神经系统的活动依赖于神经元的各项特性。

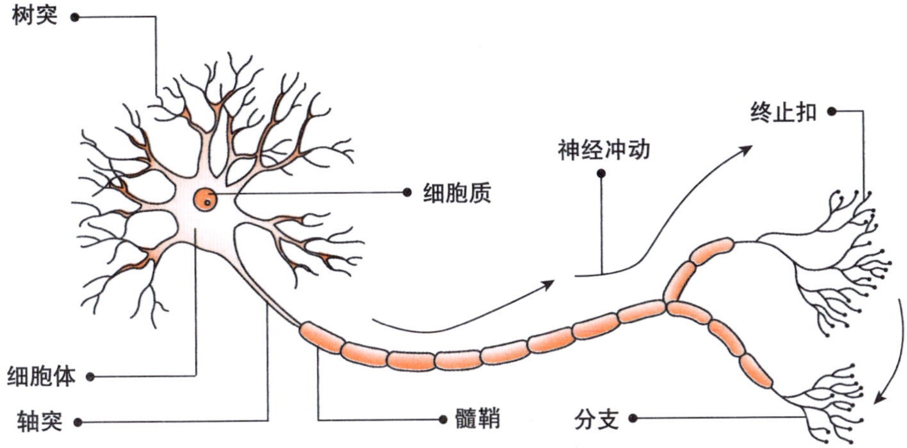

神经元的结构

神经系统的两大部分

神经系统由周围神经系统和中枢神经系统两大部分组成。

周围神经系统由脑神经、脊神经和植物性神经组成，三者分别分布在头面部、躯干和四肢、内脏和心血管以及腺体。周围神经系统的主要机能是传导信息，附有传入神经和传出神经，它们是中枢神经系统同有机体的感受器和效应器建立联系的机构。

中枢神经系统包括脑和脊髓，二者分别位于颅腔和脊椎管内。脊髓的上端与延髓相连，延髓与它上端的脑桥、中脑合称为脑干。间脑位于脑干上方，主要包括丘脑、丘脑上部和丘脑下部。在延脑和脑桥的背侧是小脑。大脑位于中枢神经系统的最高部位，分为左右两半球。

心理学家是怎样给大脑格式化分区的?

大脑是各种心理活动的中枢，体积超过中枢神经系统的一半。大脑分为左右两半球，两大半球看起来相似，在功能上却有很大差异。

大脑半球的表面是大脑皮层，皮层厚薄不一，由不同类型的神经细胞组成。细胞中颗粒细胞的作用是感觉信号，再由锥体细胞进行传递。大脑半球的内面由白质组成，它负责大脑各部分之间的联系。位于大脑半球底部的胼胝体，对大脑两半球的活动有重要作用。

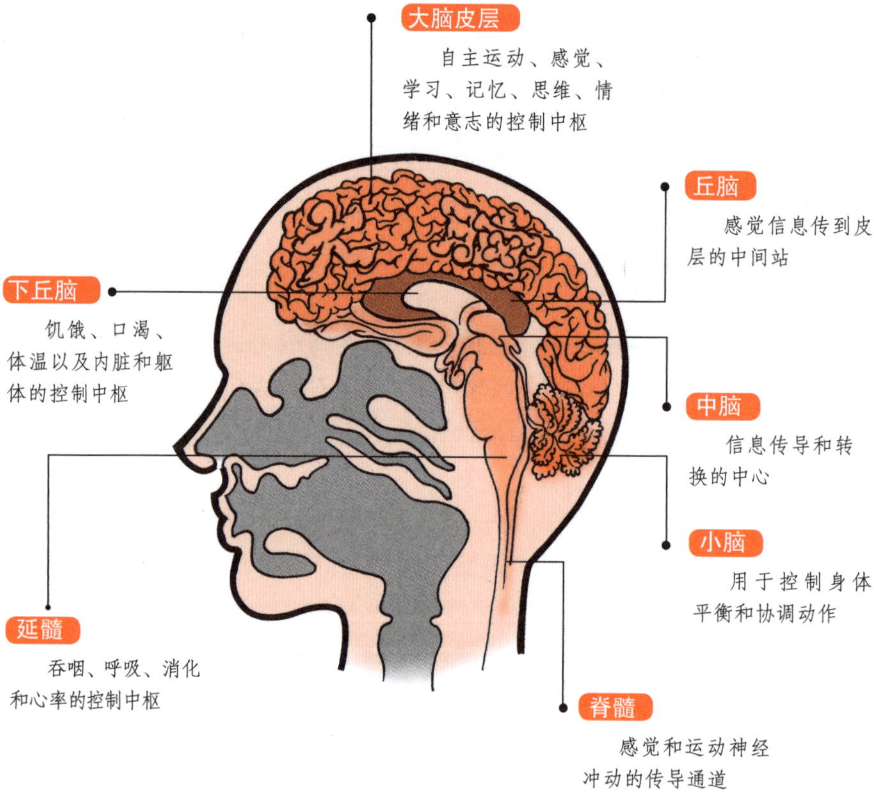

中枢神经系统的结构

大脑皮层的分区

大脑皮层大致分为初级感觉区、初级运动区、言语区和联合区。初级感觉区接收来自眼睛的刺激、来自耳朵的刺激以及来自皮肤表面和内脏的多种刺激，并对这些信息进行加工。

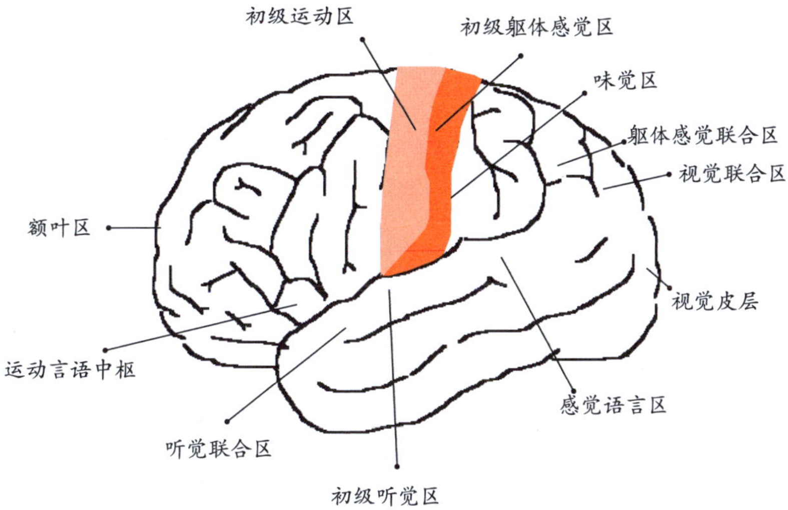

初级运动区的作用是发出动作指令，支配和调节身体在空间的位置、姿势和身体各部分的运动。

言语区对理解口头言语和语言表达有重要影响。

联合区的范围很广，它不接受任何感觉系统的输入，与高级心理机能有着密切关系，对提供更高水平的知觉、更精细的运动活动、更高层次的认知功能有重要作用。

大脑两半球的一侧优势

脑的两半球非常相似，但在结构和功能上有明显差异。大脑右半球略大于和重于左半球，在正常情况下，二者协同活动。信息进入大脑的任何一侧，都将迅速由胼胝体传达到另一侧，做出统一的反应。假如切断胼胝体，那么两半球的功能也将被分开，于是每个半球只对来自身体对侧的刺激做出反应，并且只调节对侧身体的运动。

关于两个半脑具有的功能：语言功能主要位于左半球，具体负责言语、阅读、书写、数学运算和逻辑推理等；而位于右半球的知觉功能，则负责把握物体的空间关系、情绪、欣赏音乐和艺术等。但大脑功能的一侧化并不是绝对的，近几年来的研究也发现，右半球对语言理解同样起到重要作用。在加工比较复杂的句子时，右半球与左半球负责语言的区域都得到了激活，只是在强度上右半球要低于左半球。

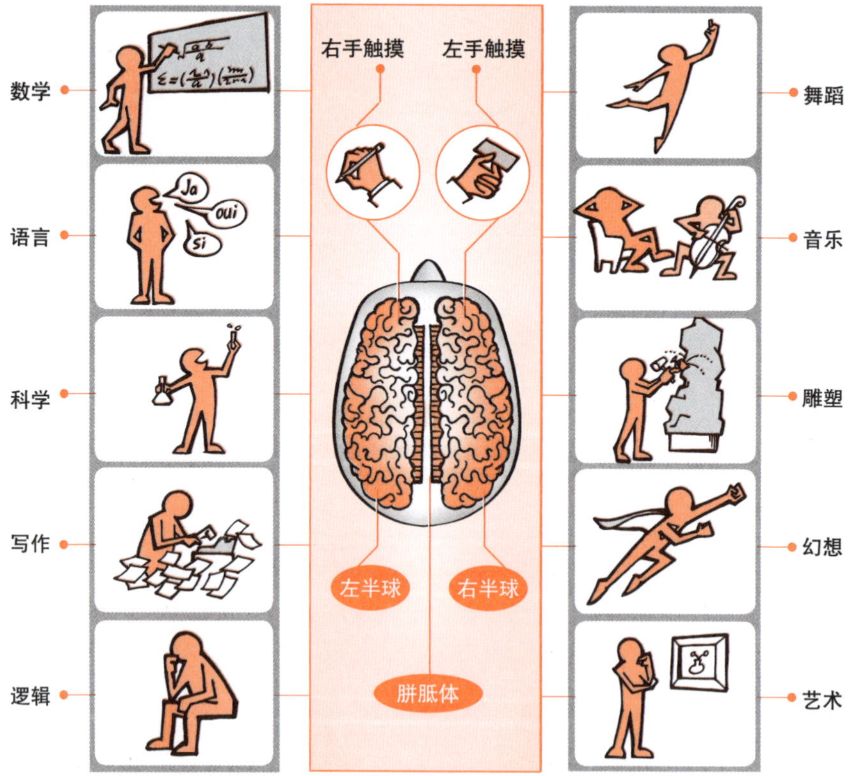

脑的两半球非常相似，但在结构和功能上有明显差异。

第 4 讲
是人格决定命运，而不是性格

美国人格心理学家戈登·奥尔波特（Gordon W.Allport）说：“人格这种东西极其复杂，我们不能简单地用概念来束缚它。”

人格是稳定不变的吗？

人格的形成是人们争论不休的论题：是先天遗传的作用，还是后天环境的影响？通常，心理学家们会说，人格是在遗传与环境的交互作用下逐渐形成的。

人格的含义

人格是构成一个人思想、情感及行为的特有综合模式。这个独特模式包含了一个人区别于他人的稳定而统一的心理品质。人与人没有完全一样的，不同的遗传、生存及教育环境，形成了各自独特的心理特点。另一方面，生活在同一社会群体中的人也有一些相同的人格特征，这是人格的稳定性。如果人格结构在各方面出现适应的困难，那么就会导致“人格分裂”。

人格有着复杂的结构，包括气质、性格等许多成分。

气质是表现心理活动的强度、速度、灵活性与指向性等方面的一种稳定的心理特征，即常说的脾气、秉性。气质是人的天性，对人们的言行倾向有影响，但不能决定人的社会价值。

性格是人们对现实和周围世界的态度，表现了一个人的品德、价值观、人生观、世界观，流露于人们的行为举止中。性格是在后天社会环境中逐渐形成的，同时也受个体生物学因素的影响，如脑损伤或脑病变对人的性格的影响。

气质与性格对人有很大影响，但不能决定人的命运。而人格的功能却很强大，完善的人格可以促使人们在遭遇挫折时发奋拼搏，而不是一蹶不振。因此，人格决定一个人的生活方式，命运是由人格决定而不是性格决定。

环境与遗传

人格的形成与个体的遗传生物基础密不可分。个体神经系统的特性、体内的生化物质是人格形成的基础。

个体生存的环境是人格形成离不开的因素。有些环境因素影响着所有个体，有些则仅影响特定的个体或某些个体。

人格的形成离不开环境的影响，而个体也能主动作用于环境，两者的交互作用在不断进行着。

环境因素

人格

1 胎内环境

每一个婴儿都是遗传与环境的共同产物，子宫是最早的环境，不同母体的子宫会形成新生儿不同的特征。

2 自然环境

人们处于不同的自然环境中，受到不同的气候和地理环境等不同因素的影响，会形成不同的人格特征。

3 家庭环境

孩子出生后，最早接触到的世界是家庭，家庭的结构类型、家庭的气氛、父母的教养方式、家庭子女的多少等，都会对儿童的人格形成产生作用。

4 学校教育

学校从思想上、知识上、行为上给予学生全面的指导，对学生形成完善的人格和良好的态度有重要作用。

5 社会阶层

不同的社会阶层在培养孩子的方法上也有差别，孩子所受的教育和在此后的工作中所担当角色的不同将形成不同的人格。

6 社会文化

不同类型的社会文化为了使自己延续和发展，需要不同的人格特征，不同社会文化下的人从而具有不同的人格特征。

遗传因素 **人格**

1 脑

人格和行为都是脑工作的产物，大脑是人格的主要物质基础。人格特征与大脑皮质细胞群的配置特点和细胞层结构的特点有关。

2 生化物质

人们体内生物化学物质的变化会影响一个人的行为模式或人格特征。

3 身体外貌

身体外貌对人格特征有一定影响，如符合社会期望的身体外貌可能使人更有自信和获得满足，而有生理缺陷的人往往容易产生自卑感。

本我、自我、超我之间的制衡

20 世纪 20 年代，弗洛伊德在《快乐法则之外》一文中首次提出了本我、自我和超我的概念。

人格的“三我”结构

本我处于人格结构的最底层，由本能和欲望（如饥、渴和性冲动）构成。它由欲望驱使，寻求最基本的快乐和满足。

自我处于人格结构的中间层，属于意识。它一面利用理性、合理的方式让本我的欲望得到满足；一面控制着本我的冲动，并做出如何行动的判断。

超我处于人格结构的最高层，它告诉我们什么是该做的，什么是不该做的。在它的规范下，我们向着更高的目标前进。

自我防御机制

弗洛伊德认为人格存在一个动态的平衡系统，即自我不断地用超我的道德去平衡本我的需要和欲望，从而决定人们的行为。

按照弗洛伊德的观点，由于人格三部分之间有检查和平衡系统，大多数人不存在反社会或越轨行为。但如果这个系统出现故障——平衡丧失，那么可能会发生本我的要求太强烈而自我无法适当地控制。如果不被接受的本我欲望挤进意识并且试图击败自我，你将会感到焦虑和害怕。

一旦产生了这种焦虑感，人就不舒服，并试图改变它。为了达成改变的目的，自我就会拿起它的武器——“防御机制”。防御机制的任务是阻止本我被禁止的冲动进入意识。防御机制通过自我欺骗和歪曲事实，使本我的欲望未能得到承认。

如今被认可且常用的五种原始防御机制为：压抑、投射、退行、反向作用和升华作用。

压抑	压抑是防御机制中最基本、最常用的一种。压抑的作用就是把烦恼冲动挤出意识层。如果成功完成，与“被禁止的”想法相连的焦虑就可避免。
投射	当你的自我正被你的本我攻击时，你会感到非常焦虑。这时如果你的自我用投射机制来消除焦虑，你就会把无意识中的欲望看成是别人的行为，即把你的冲动投射到别人身上。投射机制就是把引起的焦虑外化，进而减少焦虑。
退行	退行是自我用来防止焦虑的防御机制。这种防御机制使人在焦虑时退回到发展的早期阶段中某种要求很少和相对安全的行为。例如，当一个人感受到了“中年危机”——害怕变老而死去时，为了避免与无意识恐惧相连的焦虑，他可能会退行到青年时期：变得不负责任，追求新鲜感和刺激，甚至吃儿童食品。
反向作用	当一个人感受到不可接受的、无意识的“邪恶”冲动时，为了避免焦虑，他就会表现出与本我真实欲望相反的行为。这些行为通常被夸大甚至是强迫性的，人们采取表面的、完全与本我真实欲望相反的态度和行为来阻止焦虑。
升华作用	大多数防御机制，包括以上描述的四种，在心理调适（神经症）中常作为心理有问题的指标。但是，升华这种防御机制不仅被看作是正常的，而且是人人希望拥有的。使用升华机制，人们就能够找到社会认可的方式，使得无意识中被禁止的欲望所产生的能量得到转化。

第 5 讲 这世界是我们心理投射的镜像

人格在人的一生中不是一成不变的，随着生理的成熟和环境的改变，人格也可能产生或多或少的变化。人格是由多种成分构成的一个有机整体，具有内在的一致性，受自我意识的调控。

正面人格和变态人格

美国精神分析学家埃里克·弗洛姆（Erich Fromm）将一些人格类型称为“非生产型”，因为这些类型会让人逃避真正的行为责任，阻碍生产和个人成长。

主要人格类型

在现实中，我们的人格往往是由四种主要人格类型混合而成。弗洛姆提出四种主要人格类型分别是：承受型、剥削型、囤积型和交易型。这四种人格类型都是非生产型人格，都有正负两面。

此外，还有一种完全负面的人格类型——恋尸型。而第六种人格类型是弗洛姆的理想型——生产型。

承受型

承受型的人活得很被动，默默承受着各种管控。他们是追随者而不是领导者；他们总被事情压制而不是做事情。当然，从积极的一面讲，这类人可以得到很多的捐助和接纳。弗洛姆把这种类型的人比作历史上的农民阶级和外来劳工。

剥削型

剥削型的人，通过从别人那里索取来满足自己，他们获取所需要的东西并不是靠赚取或创造的方式。他们极度自信并具有强烈的主动性。这种类型可看作剥削阶级，通过剥削广大人民群众的财富来填满自己的口袋。

囤积型

囤积型的人总是在寻找地位高的朋友，并且喜欢根据价值大小来给朋友们排序。他们渴求权力且吝啬，脑子里常常打着小算盘，是实用主义者。从历史上

人格类型

承受型

别无选择，只能接受自己的角色，从不会为了改变现状而抗争。

剥削型

具有攻击性，以自我为中心，其行为往往带有强迫性和欺骗性。

囤积型

为维护自己拥有的东西而战，渴求权力且吝啬，总是在脑子里打着小算盘。

交易型

投机取巧、肤浅，执迷于自己的形象，什么都交易，尤其热衷宣传和推销自己。

恋尸型

希特勒对死亡和毁灭的执着说明他是典型的恋尸型人格，渴望拥有控制感并建立秩序。

生产型

生产型的人能够真正爱上另一个人，而不是把他当作战利品或避风港。

说，他们就像是中产阶级或资产阶级，崛起于经济大萧条时期。

交易型

交易型的人执迷于自己的形象，以及如何成功地宣传和推销自己。他们会对每一种选择进行评估，根据衣着、座驾等判断其他人的地位，并且一心想把自己“嫁入豪门”。说得不好听一点，他们是肤浅不堪、投机取巧的机会主义者；说得好听一点，他们目标明确、富有激情、精力充沛。这种类型的人最能代表这个占有欲和自我意识不断膨胀的现代社会。

恋尸型

恋尸型人格是最消极的人格类型，他们一心寻求毁灭。恋尸型的人热衷于谈论疾病和死亡，他们强烈地害怕人生无序和不可控的本质，渴望建立“法律和秩序”。他们一味地给他人强加固化的目标。这样的人就是在现代社会中的悲观主义者，他们的眼中永远只有半个空杯子，而看不到半杯水。

生产型

生产型的人通过灵活性、学习和社交能力真诚地寻找人生合理的解决之道。为了成为世界中的一员并摆脱孤独感，生产型的人用理性和开放的心灵与世界互动，愿意接受新的事实，改变他们的想法。生产型的人能够真正爱上另一个人，而不是把他当作战利品或避风港。弗洛姆称这样的勇者为“不戴面具的人”。

心理学家说你有气质，绝不是在夸你

气质是人生来就有的心理活动的动力特征，是人格的先天基础。气质的差异是造成人与人心理特性不同的原因。气质是一个很古老的概念，有多种分类。

体液说

古希腊哲学家恩培多克勒（Empedocles）提出：所有物质都是由土、空气、火和水这四种基本元素构成，而这四种元素又分别对应寒冷而干燥、温暖而潮湿、温暖而干燥、寒冷而潮湿四种属性。基于这些元素，医学之父希波克拉底建立了一个医学模型，提出人体中存在四种体液：血液、黏液、黄胆汁和黑胆汁。而后，罗马哲学家和医生克劳迪亚斯・盖伦（Claudius Galenus）将体液说扩展到人格，把人格分为四种气质，即多血质、黏液质、胆汁质和抑郁质。

体液的不均衡状态决定了人格类型以及特定心理疾病的倾向。

体型说

德国精神病学家克瑞奇米尔（E. Kretschmer）提出按体型划分人的气质类型的理论，把人分为肥胖型、瘦长型和斗士型三种。

美国心理学家谢尔顿（Sheldon）根据胚胎发育的意义把人的体型分为内胚叶型、中胚叶型、外胚叶型三类。内胚叶型：柔软，肥胖，好逸恶劳，是内脏气质型；中胚叶型：结实，强壮，性格独立，喜欢冒险，是肌肉气质型；外胚叶型：虚弱，瘦长，爱思考，谨言慎行，喜欢独处，是脑髓气质型。

关于人格气质的理论除了体液说和体型说，还有四根说、阴阳五行说、血型说、星座说，这些理论都具有一定的代表性，因此广为流传，但在科学依据上尚有欠缺。

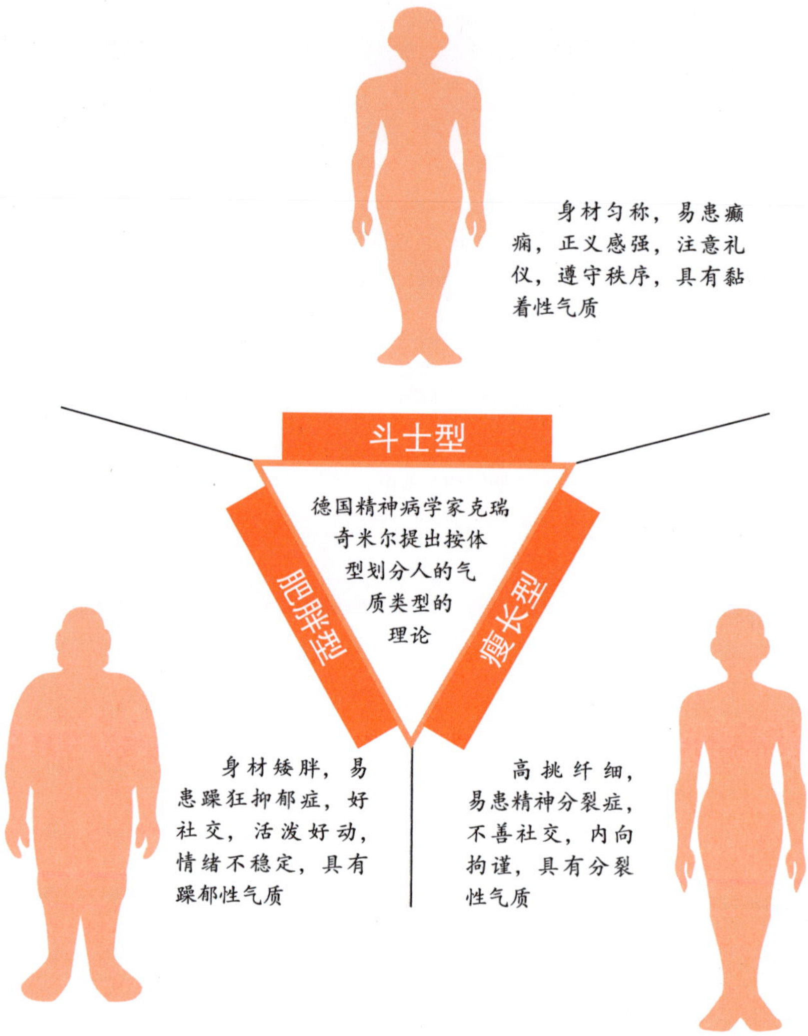

用 4500 个形容词来描述的人格特质

自希波克拉底和盖伦的四种体液说之后，仿佛再没有人尝试对人格进行细化分类。直到 19 世纪，人们针对个体的自我开展了诸多讨论，然而心理学领域对人格方面的研究仍然是空白。

研究人格的方法

研究人格的方法有两种，分别是通则式研究和个案研究。这两种方法是由德国哲学家威廉·文德尔班（Wilhelm Windelband）和威廉·狄尔泰（Wilhelm Dilthey）所创。

通则式研究法

这种方法力求客观、科学。在进行人格研究的过程中，通常需要对大量被试进行关于外倾性和内倾性的人格特质的测验，然后再对所得数据进行精密的分析，从而得出一系列结论。例如，人群中属于外倾性和内倾性的比例分别是多少，这种特质与性别、年龄、所处地域有着怎样的关系，等等。这种方法并不是要在个体的水平探讨某一特质，而是要从群体的角度探讨某个特质，通过比较研究得出结论。行为主义学家伯尔赫斯·弗雷德里克·斯金纳观察老鼠行为的研究用的就是这种方法。

个案研究法

与通则式研究方法相反，个案法是针对个别案例进行广泛而深入的考察或发展一般性理论，从而发现研究对象行为和心理现象的规律。这种方法在第一章中已有介绍，此处不再赘述。

词汇学假说

戈登·奥尔波特是第一个专门研究人格的近代心理学家，被认为是人格心理学的奠基人之一。他认为，对于人格的研究应该采取合理、综合且开放的观点。他的核心观点是：个体的独特性及其人格主要受到个体人际关系的影响，也可以说，人格是在个体与他人的人际关系中逐渐形成的。同时，他还主张个体的人格还应从其人际关系、个性特质、当下背景以及动机等方面综合看待。

戈登·奥尔波特指出，如果用通则式研究方法来描述个体特质可能会缺乏解释能力，而个案研究虽然无法得出普遍结论，却可以对个体特质进行详细解释。因此，在他的人格研究中两种方法都会看到。他早期与兄弟弗劳德·亨利·奥尔波特（Floyd Henry Allport）合著的论文《人格特质：分类和测量》是一个关于通则式研究方法的范例。而后来他对珍妮·马斯特森的分析则是一个很好的个案研究范例。

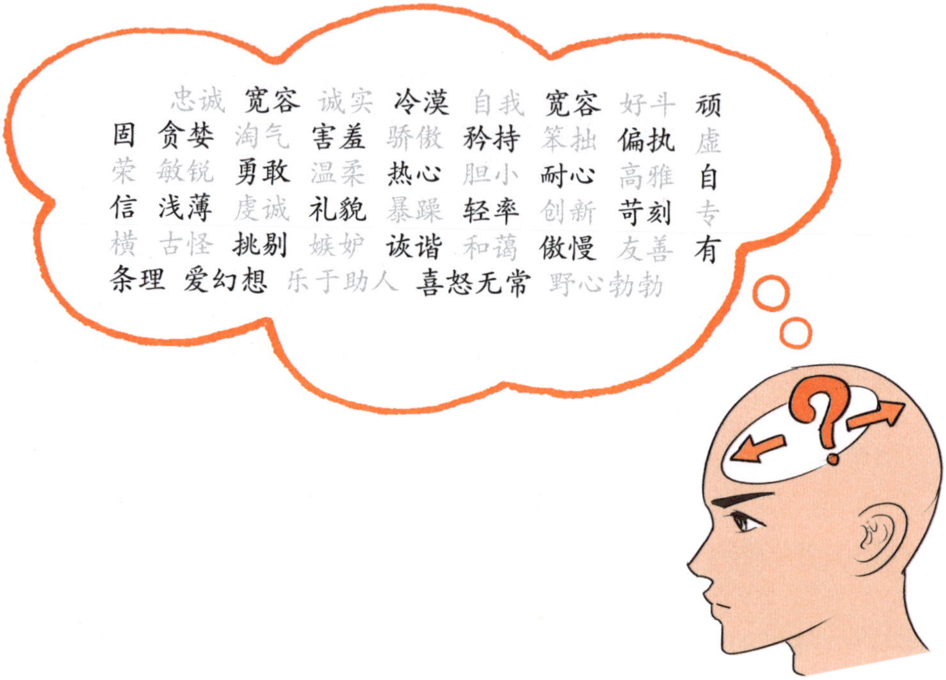

戈登·奥尔波特对于人格特质的第一个研究是与他的兄弟一起完成的。他们通过问卷调查法，最终得出结论：特质可以被区分，并且他们还尝试对特质进行测量。

1936 年，戈登·奥尔波特和他的同事奥德伯特（H. S. Odbert）提出，那些与个体人际生活息息相关且最为显著的个体差异可以通过语言进行表达；并且差异越重要，越有可能用一个单独的词语描述。后来人们把这一观点称为人格的词汇学假说。当时，这两位研究者检索了最全的英文词典，从中找到 18000 个描述个性的词语，并选择了 4500 个可以描述个体可被观察的、稳定的人格特质的形容词。

三种人格特质

经过对词汇学假说的深入研究，戈登·奥尔波特提出了人格特质理论：首要特质、一般特质和次要特质。不是每个人都拥有首要特质，当个体缺乏首要特质时，一般特质会塑造个体的人格，而次要特质则是在特定的情境下才会被激发出来。

首要特质	首要特质影响着个体的方方面面，是个体最典型、最具概括性的特质。然而，并不是每个人都拥有首要特质，那些拥有首要特质的个体必然会因为他们的这项特质而闻名。例如有些人的名字已经成为其首要特质的代名词，比如拜伦（偏激、愤世嫉俗）、马基雅弗利（不择手段、诡计多端）。 戈登·奥尔波特甚至认为，个体的首要特质能够促进自我基本内驱力、核心需求及个体愿望的形成。这个观点将人格描述为一种迫切需要被表达的导向性目标。
一般特质	一般特质是个体所具备的比较普遍的特点，比如诚实。这些特点会塑造我们的行为，但是它们的重要性却远比不上首要特质。一般特质是后天形成的，其发展主要受到个体父母的影响。通常，同一文化下的个体所拥有的特质类型相同但水平不同，例如，攻击性这一特质的水平就因人而异。戈登·奥尔波特提出，大部分人都拥有 5~10 种一般特质，这些就是我们的突出特点。
次要特质	与首要特质或一般特质相比，次要特质对我们的影响相对较弱。这类特质是由环境来决定的，因此它们只有在特定的场合下才会出现。例如，我们会说某个人“在飞机上会紧张”或者说“会在睡眠不足时发脾气”。这些特质所反映出的个体的态度和偏好都是可以改变的。没有其他人在场时，次要特质也会显现出来，但是几乎难以被察觉。

第 6 讲
了解了你的人格，就可以预测你的行为？

由于人格被认为是了解和预测个体行为的必要因素，因此心理学家们一直致力于对它进行定义和测量。

因为你的人格，你才与众不同

美国心理学家雷蒙德·卡特尔（Raymond Bernard Cattell）提出了十六种人格特质，英国心理学家汉斯·艾森克（Hans J. Eysenck）提出的人格模型中只有四种人格特质，而麦克雷（McCrae）和科斯塔（Costa）认为只需五大因素就可以很好地描述人格结构。

十六因素人格模型

卡特尔用因素分析的方法对人格特质进行了分析，提出了人格特质的四层理论模型，分别是：个别特质和共同特质，表面特质和根源特质，体质特质和环境特质，动力特质、能力特质和气质特质。

各个层次间都有一定的联系。表面特质指从外部行为能直接观察到的特质，根源特质是以相同原因为基础相互联系的行为特质，二者是人格层次中最重要的一层。根源特质又分为体质特质和环境特质两类，体质特质由先天的生物因素决定，而环境特质则由后天的环境因素决定。特质模型的最下层是动力特质、能力特质和气质特质，同时受到遗传与环境两方面的影响。动力特质是具有动力特征的特质，使人趋向某一目标；能力特质是表现在知觉和运动方面的差异特质；气质特质决定一个人情绪反应的速度与强度。

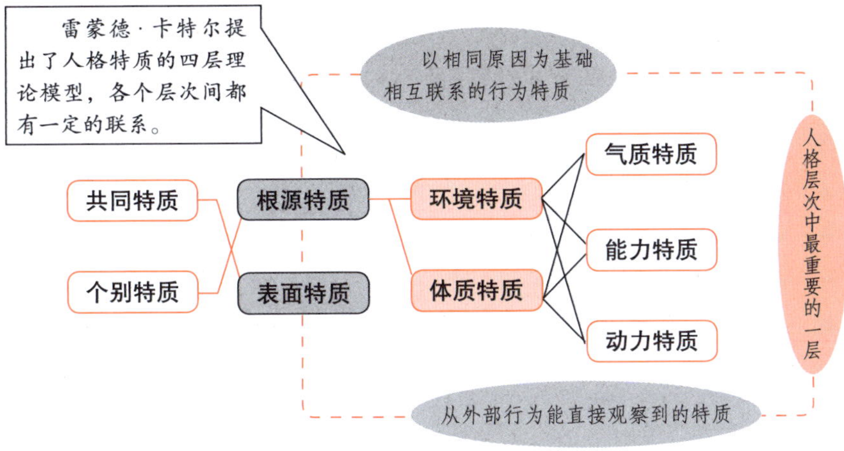

卡特尔的十六种人格特质

	人格因素	低分者的表现	高分者的表现
A	乐群性	缄默，孤独	外向，乐群
B	聪慧性	迟钝，不善于抽象思维	善于抽象思维
C	稳定性	情绪易激动	情绪较稳定
D	恃强性	谦逊，驯服	独断，好强
E	兴奋性	严肃，慎独	放松，随和
F	有恒性	敷衍，自私	负责，尽职
G	敢为性	畏惧，自卑	冒险，胆大
H	敏感性	理性，现实	感性，敏感
I	怀疑性	随和，信任	多疑，固执
J	幻想性	墨守成规	充满幻想
K	世故性	坦率，天真	精干，世故
L	忧虑性	沉着，自信	抑郁，烦恼
M	激进性	保守，传统	激进，先锋
N	独立性	依赖，从众	自立，果断
O	自律性	矛盾，片面	自律，全面
P	紧张性	平和，安静	紧张，困惑

1949年，卡特尔运用因素分析的方法，提出了十六种特质。这十六种特质每个人都具有，但表现程度不同，从而造成了人们之间的差异。

艾森克人格模型

英国心理学家汉斯·艾森克认为生理因素决定气质，他提出的人格两维度测量标准分别是“神经质”和“内倾—外倾”两个维度。在这两个维度周围，环绕着各种细节性的特质。

“神经质”这一人格维度的一端是情绪平静、稳定，另一端是紧张、易怒（不稳定）。神经质中处于不稳定一端的是大脑激活“战斗或逃跑”反应的重要组成部分，这一特质说明人的交感神经系统激活阈限较低。也就是说，这一类人非常敏感，容易过度反应，所以即使是轻微的威胁，他们也会像遇到严重的危险时一样出现血压升高和心率加快、出汗等现象。

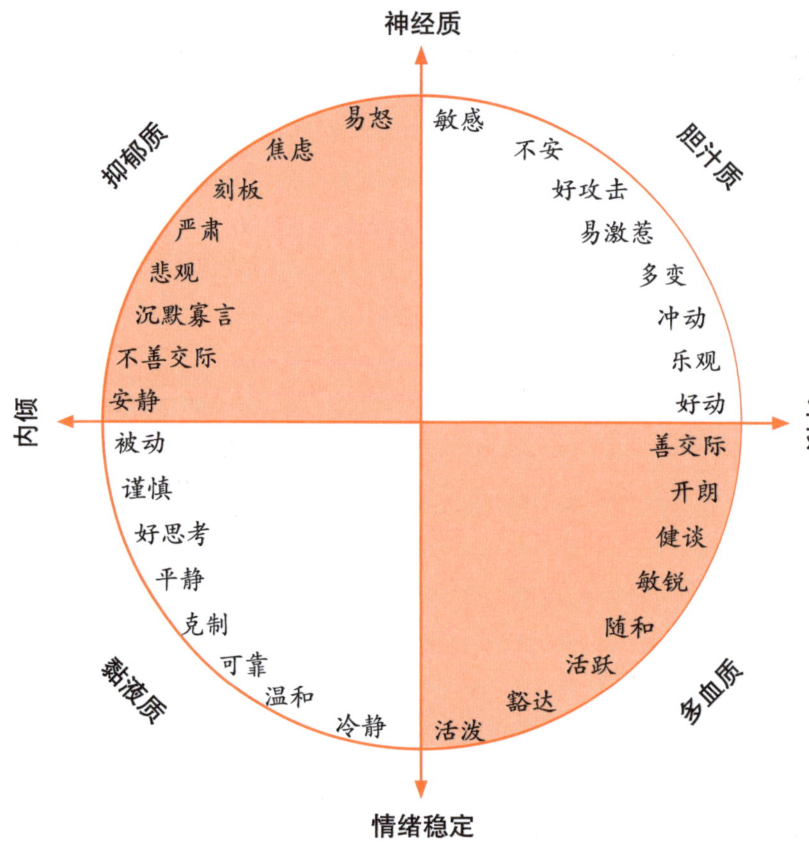

在日常生活中“内倾—外倾”这一维度也非常重要。外倾性的人善交际、善言辞，内倾性的人则害羞而安静。艾森克称，内倾性的人处于长时间的神经过敏以及过度被唤起的状态，而外倾性的人则处于长时间的无聊或唤起不足的状态。所以当大脑通过和他人的互动寻求更加深入的刺激来保持自己的觉醒状态时，人就表现出外倾性；当大脑通过寻求平静和孤独而让自身平静下来时，人往往表现出内倾性。

“大五”人格模型

1961 年，麦克雷和科斯塔提出“大五”人格模型：开放性（创造性）、尽责性（公正性）、外倾性、随和性、情绪性（神经质或情绪稳定）。

研究者们把奥尔波特众多的特质词汇压缩成大约 200 个同义词类群，这些类群有最高和最低两个极点，如负责任和不负责任。然后要求被试在两级维度上为自己和他人评分，再用适当的统计方法来处理这些评分结果，最终确定这些同义类群之间的联系。许多独立的研究小组得到了相同的结论：人们用来描述自己和他人的特质时仅有五个基本维度。

因素	双极定义 正面 ⟷ 负面
开放性	有创造性的、聪明的、开放的、简单的、肤浅的、不聪明的
尽责性	有组织的、负责的、谨慎的、马虎的、轻率的、不负责任的
外倾性	健谈的、精力充沛的、果断的、安静的、有保留的、害羞的
随和性	有同情心的、善良的、亲切的、冷淡的、好争吵的、残酷的
情绪性	稳定的、冷静的、满足的、焦虑的、不稳定的、喜怒无常的

这五个维度非常宽泛，在每个维度中都包含许多特质，这些特质有一个共同的主题，而每个特质又有着各自独特的内涵。人格的这五个维度则被称为“大五”人格模型。

每一个人都有多重人格

人格一词源于古希腊语 persona——原意是希腊戏剧中演员戴的面具。人格具有两层含义：人格的“面具”是人们遵从社会文化习俗的要求而做出的反应和人的外在品质，就像演员舞台上根据角色要求所戴的面具；人格的内在特征是面具后面的真实自我，是一个人不愿展现的人格成分，如同演员摘掉面具回到真实的生活。

原　型

原型的本质是我们在对它产生即刻的认识后，赋予它特定的情绪化的意义，它与我们的多种行为和情绪模式密切相关。原型的种类非常多，在不同文化中的原型可以互相融合、改造，我们每个人心中都有着各种各样的原型。有些原型是广为人知的，例如智慧老人、女神、圣母马利亚、伟大母亲，还有英雄。

瑞士心理学家卡尔·古斯塔夫·荣格（Carl Gustav Jung）认为，人格主要有四个原型：人格面具、阴暗自我、阿尼玛和阿尼姆斯。

人格面具

人格面具是荣格描述的最重要的原型之一，它是人们在社会情境中扮演的角色，和真正的自我并不一致。荣格发现人们把自己的人格分成多个部分，并根据环境和情景选择性地只展现某一部分的自我。我们展示给外界的这种形象就是一种原型，荣格称之为“人格面具”。

阴暗自我

我们都有不愿意让外界看到的原型，这样的原型是人格面具的对立面，被荣格称为阴影。阴暗自我是人内心深处的自我，包括有违道德的欲望、情绪和动机，是人们被压抑的心理。它不完全是消极的，也代表了我们选择压抑的方面——这些方面只在特定的情境下令人难以接受。

阿尼玛和阿尼姆斯

阿尼玛在拉丁文中的原意为“魂”，是男性身上的女性特质；阿尼姆斯在拉丁文中的原意为“魄”，是女性身上的男性特质。当阿尼玛高度集中时，男性会倾向于女性化；当阿尼姆斯高度集中时，会使女性倾向于男性化。荣格认为每个人身上都有一个女人的原型和一个男人的原型，这样男性和女性才能相互吸引和理解。这些原型存在于我们的无意识之中，它们影响着我们的心情和反应，并让我们表现出自己感性的一面（阿尼玛）或理性的一面（阿尼姆斯）。

真实自我

我们所拥有的每一个原型对真实自我都是至关重要的。而核心原型试图让所有部分在相互协调后形成一个统一完整的自我。荣格提出，人类生存的真正目标是“自我实现”，即达到高级愉悦的心理状态；要实现这一目的，真实自我的原型具有非常重要的意义。荣格强调自我实现必须有意识地去追寻，因为它不是自动发生的。当充分自我实现时，原型将会是智慧和真理的来源，而且能够连接自我和精神。

原型

原型的本质是我们在对它产生即刻的认识后，赋予它特定的情绪化的意义，它与我们的多种行为和情绪模式密切相关。

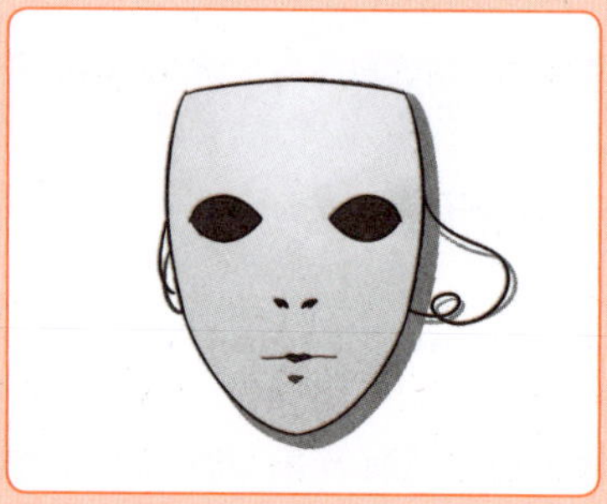

人格面具

对人类发展影响最深刻的原型，是个人在社会中为了符合各种规范和要求而做出的外在表现，仿佛演员的面具。

真实自我

荣格提出，人类生存的真正目标是“自我实现”，即达到高级愉悦的心理状态；要实现这一目的，真实自我的原型具有非常重要的意义。

阴暗自我

与人格面具相对立，它是人在社会中无法完全表现出的动物性，是一切原型中能量最大、最危险的潜在意识。

阿尼玛和阿尼姆斯

比人格面具和阴影原型隐藏更深。阿尼玛是男性身上女性原始意象的集中表现，阿尼姆斯则是女性身上男性意象的表现。

第 7 讲 动机基本上仍属于无意识范畴

“动机”这个词语源于拉丁语 movere，本意为“趋向于”。一般认为，动机是心理活动的过程，而不是心理活动的结果；动机是由目标引导和激发人们行为的心理过程或内在动力。

口述动机不可信?

动机理论认为，动机是人类行为的基础，从多方面影响着人们日常的行为和偏好。但是人们口述的动机往往并不与其实际动机水平相称，因为动机基本上还是属于无意识的范畴。

动机是人们行为的原动力，也是人们行为的目标。它是心理活动的内部过程，不为人们所觉察，但是可以根据人们做出的选择、努力的程度、言语的表达等外部行为来推断。

动机的种类很多，根据动机的性质不同，可以分为生理性动机和社会性动机。

动机与功能

1 **激活功能**

动机具有发动行为的作用，能推动个体产生某种活动。

2 **指向功能**

动机能将行为指向一定的对象或目标。

3 **调整功能**

行为能否坚持下去，同样要受动机的调节和支配。

动机发挥作用时会涉及效率、价值观和意志三方面因素

动机与效率 1

动机强度越高对行为的影响越大，效率越高；动机强度越低，效率越低。

动机与价值观 2

动机是个体行为调节系统的一个组成部分，其中价值观起着核心的作用。价值观决定着动机的性质、方向和强度。

动机与意志 3

动机是人类行为的基础，而意志是有意识地支配、调节行为。

生理性动机
生理性需要

1 **进食动机**（进食的需要）

体内缺乏食物或营养引起的一种生理不平衡状态，表现为紧张不安或饿的状态，使个体产生求食的活动。

2 **饮水动机**（饮水的需要）

体内水分不足引起的一种生理不平衡状态，会推动有机体产生找水的活动。

3 **性动机**（性的需要）

不是个体生存和维持生命所必需的，性驱力与个体的性成熟有着密切的关系。虽然在婴幼儿身上也存在某种性驱力，但强烈的性驱力却只发生在性成熟的有机体身上。

4 **睡眠动机**（休息的需要）

使个体由活动状态趋于休息。

社会性动机
社会性需要

1 **好奇动机**（认知的需要）

推动人们认识事物、探求真理。

2 **成就动机**（获得成就的需要）

人们希望从事有重要意义和挑战性的活动，并取得完满的结果和超过他人的动机。

3 **权力动机**（说服和控制的需要）

人们具有的某种支配和影响他人以及周围环境的内在驱动力，使人们表现出积极主动的参与精神，并有成为领导者的愿望。

4 **交往动机**（社交的需要）

促使人们结交朋友，寻找支持，参加团体活动，获得安全感和依靠感。

生理性动机以人们自身的生理需要为基础，如饥、渴、缺氧、疼痛、母性、性欲、睡眠、排泄等动机。生理性动机体现了人们的生理需要，推动人们去从事满足生理需要的活动。

社会性动机是以人们生理需要以外的动机为基础。由于人们有权力的需要、社会交往的需要、成就的需要、认识的需要等，相应的，人就有权力动机、交往动机、成就动机和认识动机等。这些动机是人们相互交往、希望得到认可和获得自我实现的内在动力。

因为不满足，所以产生动机

需要是在动机产生的基础上产生的。如果人们的某种需要没有得到满足，那么将引发人们产生满足需要的行为，从而导致了动机的产生。

动机与行为

调节身体的平衡。作为一个生物有机体，人们的体内有复杂的内部机制，它们用来调节身体的机能以维持人们生存。当人们感到冷热、饥渴时，体内的内部机制就会刺激身体做出反应，以促使人们采取行动来保持身体各个部分的平衡。

解释行为的多样化。在相同的情境中，在知识、技能、经验和机会同等的条件下，不同的人往往会有不同的行为。这是由人们有不同的需要和偏好等因素造成的。因此，动机理论可以详细解释人们行为呈现多样化的原因。

推测内潜的心理状态。人们内潜的内心世界无法直接观察，但可以通过观察外显的行为来推测。不同的动机会引发不同的行为，因此通过行为可以推测人们的不同动机以及人们的内心状态。

指导人们正确的行为。人们在社会环境下，道德、法律以及伦理观念等会对人们的行为有约束作用。这是因为社会文化会对人们的动机造成影响，赋予人们道德感、责任感和法制观念，促使人们将这些观念付诸行动。

在逆境中激发人的斗志。在生活中，人经常会遇到困难和阻碍，而动机可以在人遭受挫折的同时激发人的斗志，发掘人的潜能，使身处困境和弱势状态下的人爆发出惊人的力量。

需要的五个层次

美国心理学家亚伯拉罕·马斯洛用高度结构化的方式解释了人类动机的轨迹，他提出可以将人类的需要分为若干层次，从而达到自我实现的终极目标。马洛斯的需要层次理论可以用金字塔来描绘，大致分为五个等级。金字塔中最初级的四个层次是基本需要，包括生理的需要、安全的需要、归属感和爱的需要、尊重的需要；而位于最上层的是发展需要，即实现自我的需要。

马斯洛认为，需要的层次越低，力量越强；层次越高，力量越弱。只有低层次需要得到相对满足后，高层次需要才会出现。在人们的成长过程中，低层次需要直接关系到个体的生存，出现得较早；高层次需要不是维持人们生存必需的，出现得较晚。但是，高层次需要也不是与人的生存毫不相干，满足这种需要可以使人们生活得更好。

马斯洛没有把低层次需要和高层次需要对立起来，他认为，在高层次需要产生之前，低层次需要部分得到满足就可以了。同时，在人类历史上，有许多事例可以说明，很多人可以在自己的生理需要和安全需要没有得到满足的情况下，却可以为更高的理想和成就抛却一切。在日常生活中，不同的人对不同层次需要的追求也不尽相同，如有的人更重视安全需要层次，而有的人则更重视归属感和爱的需要层次。

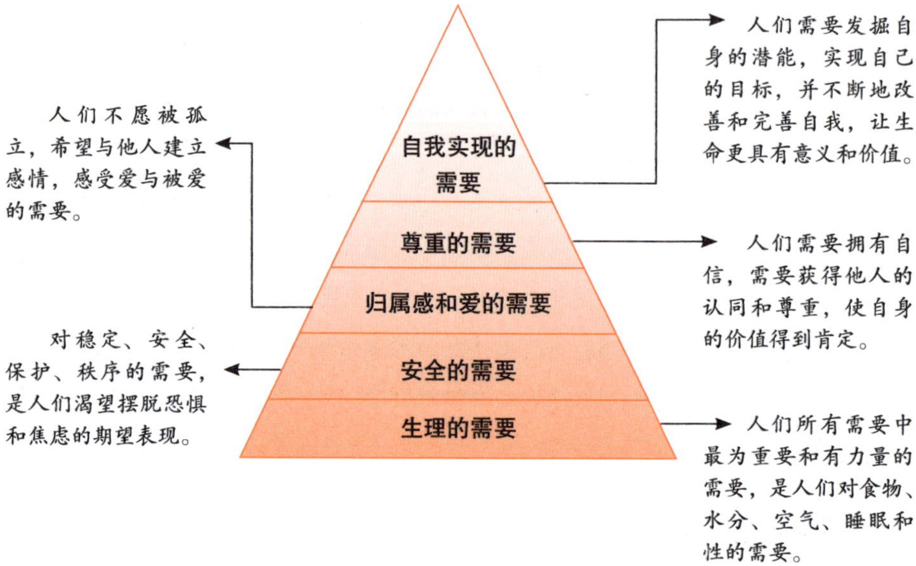

饥饿不仅是生理反应，也有心理动机

饮食不仅是人们的生理需要，同时也包含着复杂的心理过程。

在日常生活中，如我们把平时进食的时间延后，就容易产生饥饿的感觉。当饥饿的感觉超出一定程度时，就会引发我们进食的动机。这是因为饥饿是人们体内缺乏食物或营养引起的一种生理不平衡状态，它会让人感到紧张不安，严重的时候会觉得十分痛苦，从而使人们在压力的驱使下产生进食的活动。空胃运动和血糖水平降低是饥饿产生的原因。

下丘脑的调节作用

在进食过程中，下丘脑中的两个部位调节着人们的摄食反应。下丘脑的外侧核是进食中枢，在心理学家的动物实验中，如果用弱电流刺激下丘脑外侧核，刚进食过的动物又会不停地进食；如果完全损坏这个部位，那么动物则是没有食欲的表现，直至饿死也不愿进食。下丘脑腹内侧核是厌食中枢，在实验中，如果用弱电流刺激这个部位，动物会对它面前的食物不感兴趣；如果损坏这个部位，那么动物则会表现出食欲旺盛的状态。

进食的外部因素

进食动机的产生除了下丘脑的作用外，也受到许多外部因素的影响。如食物的色、香、味，进食的习惯时间，对食物的好恶和社会文化都会影响人们的进食动机。生活压力会造成人们情绪紧张，从而影响人们的进食动机。同时，社会文化也对饮食有影响。据有关资料显示，多数有进食障碍的患者是女性，这与发达国家对纤细、苗条的女性美的认同密切相关。

神经性厌食症是由节食不当引起的严重体重失常，主要症状除体重急剧下降外，还包括患者极度厌恶食物。但神经性厌食症完全由心理因素造成，没有生理上的病因。按照弗洛伊德的性本能观点，患者被认为是将进食活动看作一种性的活动，拒绝进食则是拒绝性欲冲动的表现。

影响进食的多种因素

生理因素

- **胃** 体内缺乏食物或营养引起空胃运动使人有“饥饿”的感觉。
- **下丘脑** 血糖水平的降低会向大脑传递“饥饿”的信息。
- **十二指肠** 十二指肠是小肠连接胃的最前面的一段，当食物通过十二指肠时，肠壁会向大脑传送“饱”的信息。
- **肝** 体内多余的葡萄糖会转化成葡萄糖酸酐贮存在肝的里面，肝脏内的感受器就会向大脑传递“饱”的信息。
- **体重定点** 一般来说，人们的体重在一定时间是相对稳定的。如果体重由于外部因素突然下降，就会引发进食的动机。

心理因素

- **感官刺激** 食物的色、香、味对人们感官的刺激会引起进食的欲望。
- **个人偏好** 人们更容易被自己喜爱的食物吸引，引起进食的行为；同时排斥个人不喜欢的食物，放弃进食。
- **饮食习惯** 长期的进食习惯会让人们产生“路径依赖”——固定的进食方式和食物选择。
- **饮食氛围** 优雅、舒适、干净的环境会使人们心情愉悦，增强人们进食的动机；令人不适的环境则会让人们放弃进食。
- **饮食文化** 在丰富多彩的饮食文化影响下，人们进食是有多重动机的，不仅要获得身体上的满足，更要感受心情上的愉悦。

第 8 讲
人类性动机是可控还是不可控？

对有的人而言，发生性行为是因为互相爱慕、互相吸引；而对于另一些人而言，性行为是为了取暖或者消耗热量。通常认为，女性更多倾向于由爱而性，而男性可能只是由性而性。

性的快乐与原罪

《圣经》记载，很久以前，世界还处于混沌阶段，只有在伊甸园生活的一男一女——亚当和夏娃。有一天，夏娃被蛇诱惑，与亚当偷吃了“善恶树”上的禁果，于是他们的智慧开启，懂得了爱和性，并有了羞耻之心。违禁使他们无法继续住在伊甸园，只能背负着原罪离开，在人间受苦，繁衍生息。由此，“性”往往被人们赋予双重含义：快乐与原罪。

性动机的产生

当男女两性步入性成熟期时，男性的睾丸会分泌雄性激素，女性的卵巢会分泌雌性激素。人们产生性动机和性行为就是由性激素分泌的刺激引起的。性激素并不是产生性动机的唯一基础。如果在幼年时切除男性的睾丸，那么男性的副性器官就不能成熟发育；副性征不会出现，性动机和性行为就不会存在。但是，如果男性成熟后再将睾丸切除，成年男性的性需要并无多大改变。同样地，如果切除成年女性的卵巢，其性动机也不受影响。

性动机的控制

人类的性动机和性行为在很大程度上受意识控制，因此大脑皮质对性动机和性行为的控制起着重要的作用。但一些基本反射，如男性的勃起、射精不受大脑的影响，只受脊髓的控制。如果大脑受到伤害，切断脊髓与大脑的联系后，男性仍然有这些基本反射。

外界环境和后天学习对人类性动机也有巨大的影响，可以简单分为情感因素、安全因素和功利性因素。

分类	内容
情感因素	男女两性相互吸引的主要原因。恋爱关系会增强性行为发生的概率，性行为也对男女双方的情感有影响。人们可以通过性行为的方式交流情感，从而促进双方的亲密程度。
安全因素	指人们的内心对安全感和归属感的需要。而牢固的性关系可以降低孤独感和恐惧感，使人们在性行为中获得身心的舒适。
功利性因素	指人们需要通过建立性的关系来组成家庭、繁衍后代，使人类的基因得到延续。

动机水平是预测职场成就的最佳指标?

动机是职业表现中十分关键的一个组成部分。20 世纪六七十年代，人们习惯于用学业成绩、人格和智商测验的结果作为招聘人才的依据。而美国心理学家大卫·麦克利兰（David C. McClelland）认为，预测一个人在职场上取得成就的最佳指标应该是动机水平。

预测工作表现的三种动机

通过广泛研究，麦克利兰提出了三种可以预测人们工作表现的动机，他认为这三种动机中在每个人身上占据主导地位的那个将会决定一个人的职场表现。

权力动机。权力动机是影响和管理他人的内驱力。麦克利兰认为，对于那些想要成为优秀经理或领导的人来说，对权力或对控制别人的需要是非常重要的动力。然而，这种需要必须以公司或组织的利益为基础。个人权力欲较强的人或许无法成为优秀的团体协作者。

成就动机。成就动机即不断完善自己、超越他人的内驱力。麦克利兰认为，高品质的工作来自人们追求成就的高水平动力，因此与智力相比，追求成就的内驱力能够更准确地预测个人的工作成就。他认为，成就动机可以赋予人们竞争优势，帮助他们制定新的目标，并不断完善自我。

归属感动机。归属感动机是形成并维持与他人关系的内驱力。麦克利兰指出，追求与他人的良好关系对于团队协作具有重要意义。他还指出，明显具有归属感需要的人不太可能成为一个成功的管理者。

成就动机感强烈的 10 个倾向

麦克利兰通过对人的成就需求和动机进行深入研究，归纳出了成就感强烈者的 10 个倾向。

1. 喜欢难度适度的目标，不喜欢接受感觉过于容易或过于困难的任务。
2. 对工作的胜任感和成功有强烈的要求，但会对失败产生忧虑。
3. 敢于承担风险，又能以理性的态度对待风险。
4. 不会侥幸地对待未来，而是会认真分析和估计。
5. 希望任务完成后得到明确而迅速的反馈。
6. 喜欢长时间、全身心投入工作，并从工作中获得满足感。
7. 喜欢表现自己。
8. 不会漫无目的地随波逐流或随遇而安，想要有所作为。
9. 喜欢自己做决定，很少接受别人的建议，除了提供技术支持的专家。
10. 如果成功了，会要求应得的荣誉；要是失败了，会勇于承担责任，也不会过分沮丧。

第 9 讲
人最容易沦为情绪动物

当代心理学家将情绪界定为一种躯体和精神上的复杂的变化模式，包括生理唤醒、感觉、认知过程以及行为反应，这些都是对个人知觉到的独特处境的反应。

情绪也是一种动机

情绪是一种动机，是自发的生理过程，并且常常在我们察觉到它之前就已经出现。因此，情绪是一个无意识的过程。我们能够通过无意识的身体表现觉察到我们的情绪，比如大笑。

情绪理论

当人们的愿望和需要得到满足的时候，会有积极、肯定的情绪；当人们面对失败、攻击的时候，会有消极、否定的情绪。因此，情绪是人们与环境之间变化的关系。

詹姆斯 – 兰格理论

19 世纪 80 年代，美国心理学家威廉·詹姆斯和丹麦生理学家兰格（C. G. Lange）提出了内容相同的情绪理论，强调情绪产生的原因是植物性神经系统的活动。他们的理论都认为情绪刺激会引起躯体反应，被称为情绪的外周理论。

威廉·詹姆斯认为，情绪是对躯体变化的一种觉知。在情绪发生时，会引起植物性神经系统的活动，接着会引起一系列的机体变化。当情绪作用于人们的感官时，会立刻引起身体变化；激起的神经冲动传到中枢神经，情绪就产生了。兰格认为，内脏活动是情绪产生的结果，如在植物性神经系统的支配下，血管舒张会产生愉快情绪，血管收缩则产生恐惧情绪。

坎农 – 巴德理论

1927 年，美国生理心理学家沃尔特·坎农（Walter B. Cannon）对詹姆斯 –

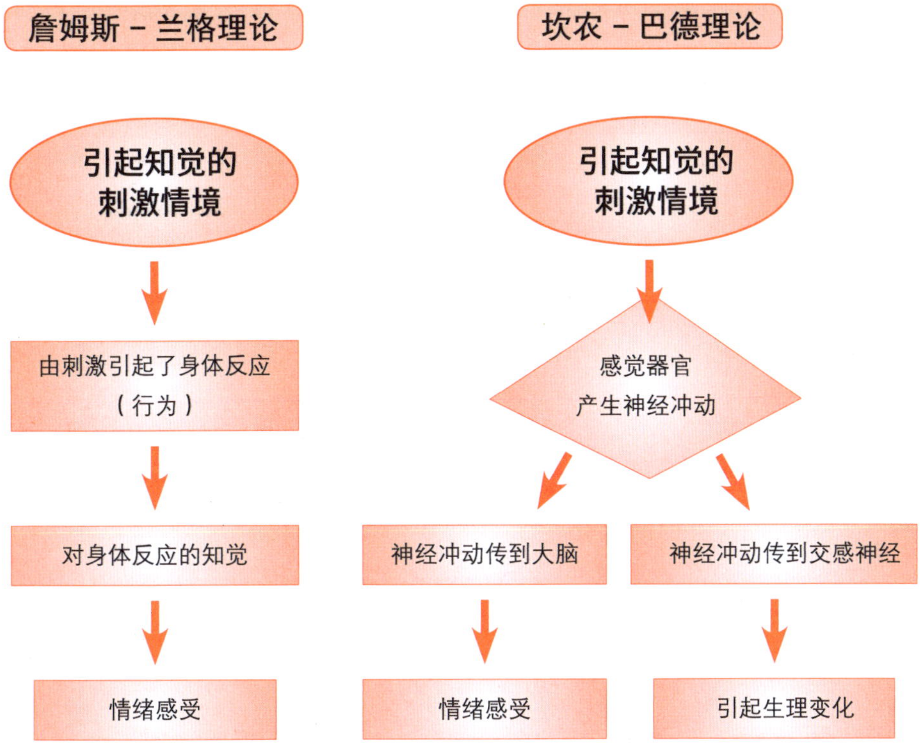

兰格理论提出了质疑，并得到了菲利普·巴德（Philip Bard）的支持和发展，所以他们的理论被称为坎农－巴德情绪理论。坎农认为，当外界刺激感觉器官时，感觉器官产生的神经冲动会传到大脑，产生情绪；同时也会传到交感神经，引起人们的生理变化。所以，情绪感受和生理变化是同时发生的，两者都受到丘脑控制。

情绪的认知理论

20世纪50年代，美国心理学家阿诺德（M. B. Arnold）提出了情绪的评定——兴奋学说，认为情绪的产生要在受到情境的刺激后经过评估的过程，对相同情境刺激的不同评估结果会产生不同的情绪。

20世纪60年代初，美国心理学家沙赫特（Stanley Schachter）和辛格（J. E. Singer）提出，个体生理的高度唤醒和个体对生理变化的认知性唤醒是产生情绪的必要条件。情绪是认知过程、生理状态和情境刺激三者在大脑皮层中整合的结果。

美国心理学家理查德·拉扎勒斯（Richard Stanley Lazarus）认为，情绪是人们与情境互动的结果。在情绪活动中，人们在对情境刺激做出反应的同时也在调节自己的反应。因此，情绪是在认知的指导下产生的，具体可以分为初评价、次评价和再评价三个层次。初评价是确认情境刺激与自己是否有利害关系，次评价是对个人反应的调控，再评价是对个人情绪和反应的有效性和适应性的评价。

情绪具有普遍性

神经文化理论认为，当某种特定的情绪被唤起时，相应被大脑控制的面部肌肉就会运动，从而做出相应的表情。

许多研究都证明，恐惧、厌恶、高兴、惊奇、轻蔑、生气和悲伤这七种表情可以被全世界的人识别并做出来。文化、种族、性别或教育差异都不会影响人们根据他人面部表情来推断他人的情绪，但仅局限于这七种普遍情绪的表情，而不是所有的表情都具有普遍性。例如，有的文化鼓励人们表达情绪，而有的文化则促使人们控制情绪。普遍来说，文化对表达积极情绪的限制较小，而对消极情绪的表达约束较多。

① 恐惧　② 厌恶　③ 惊奇
④ 轻蔑　⑤ 生气　⑥ 悲伤　⑦ 高兴

即使是正面情绪，也是需要调节的

情绪调节是人们对自己或他人的情绪进行管理和调控的过程。在这个过程中，人们需要通过一些特定的策略和方式，使情绪在生理、知觉、表情或行为等各方面发生改变。

正面情绪也需要调节

情绪调节的内容包括所有的正面情绪和负面情绪。通常，人们较多地关注负面情绪的调节，希望悲伤得到缓解、愤怒得到克制。其实，正面情绪也需要调节，如取得成功后不能过于高兴，使大脑处于极度兴奋状态而影响健康。

情绪调节的目标是对个体情绪的唤醒水平进行调节。通常情况下，主要是调节高唤醒的强烈的情绪感受，偶尔对低强度的情绪进行调节。一般来说，高唤醒会对人们的认知产生较大的负面影响，包括瓦解和破坏作用，如极度愤怒会使人失去理智。另一种说法认为，情绪调节是削弱或消除进行中的情绪，即激活一种新的情绪，用来掩盖或伪装此时的情绪。

情绪调节的过程

情绪调节的内容除了情绪本身，还包括对认知和行为的调节。据此，情绪调节的基本过程包括生理调节、情绪体验调节、表情动作调节、认知调节和人际关系调节等。

生理调节

生理调节是以一定的生理过程为基础的，在调节过程中会存在某些生理反应的变化。生理唤醒是情绪生理反应的典型，常用的生理指标有心率、血管舒张、瞳孔放大和神经内分泌的变化等。

德国心理学家格罗斯（K. Groos）等人的研究结果表明：当快乐的情绪受到抑制时，会引起躯体活动、心率、皮肤电水平的明显降低，呼吸不发生变化；当悲伤的情绪受到抑制时，躯体活动降低，心率区间不发生变化，皮肤电和心血管系统的交感神经激活水平和呼吸会明显地升高。

体验调节

体验调节是情绪调节的一个重要方面，旨在情绪体验过于激烈的时候有意识地调整情绪。对于不同的情绪体验可以采取不同的情绪调节过程，萨尔利发现，人们在愤怒的时候会运用“问题解决”的策略，而在悲伤的时候会运用寻找帮助的策略，在恐惧的时候则会运用逃避的策略。

格罗斯等人认为，忽略感受可以相对有效地降低厌恶情绪，而抑制快乐的表情会降低快乐的感受。

行为调节

行为调节是个体同时控制和改变行为和表情来调节情绪。通常情况下，人们经常采用的情绪调节有两种：抑制和掩盖不合适的情绪表达，呈现合适的交流信息以保证信息表达和交流的顺畅。如当人们向他人提出的请求遭到拒绝时，会通过控制情绪来继续信息的传递和表达。也有研究表明，行为的调节可以影响情绪感受，如快乐和愤怒的表情使人们产生相应的感受。

认知调节

道奇（Dodge）等人认为，信息加工系统由情绪系统和认知形态两个子系统组成。情绪既是信息加工系统的启动状态，又是信息加工的背景。完整的认知调节分为知觉、解释、决定、调节、评价和实践六个环节。

人际调节

人际调节是进行社会调节或外界环境的调节。在这个过程中，社会和自然环境、人们的动机状态、记忆等因素都会影响人际调节的进行。

坎培斯（Compas）认为，人们正在追求的目标可以称为动机状态，与人们的动机状态相关的外部事件会引起人们的情绪感受。同时，社会和自然环境以及他人的情绪也会对情绪起调节作用。而人的回忆常常让人们时而愉快时而伤感，从而也可以调节情绪。

情绪调节的作用

美国心理学家阿伦·贝克（Aaron T. Beck）和马丁·塞利格曼 (Martin E. P. Seligman）认为，情绪调节的认知策略可以预防或降低抑郁。格罗斯则发现，通过调节情绪可以减少表情和情感体验，可以起到减轻焦虑等负面情绪的不良影响，有益于健康。如果人们的负面情绪——如过度的悲伤或压抑——没有得到调节，则会导致心理和生理上的疾病。因此，对于心理和生理的健康来说，良好的调节有促进作用，而不良的调节有破坏作用。

情绪改变

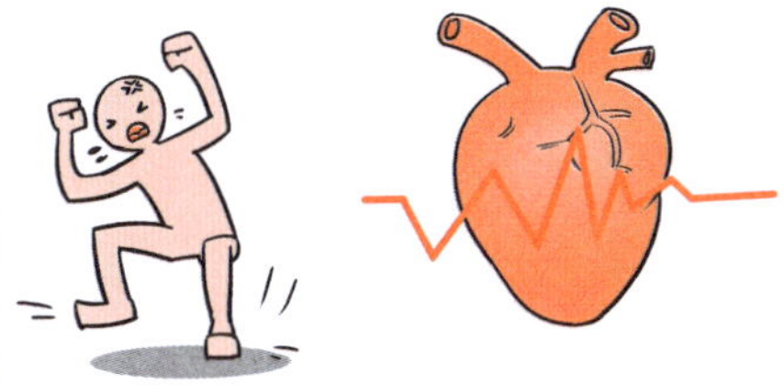

生理调节

在调节过程中会存在某些生理反应的变化，如快乐的情绪受到抑制时，会引起躯体活动、心率、皮肤电水平的明显降低。

体验调节

旨在情绪体验过于激烈的时候有意识地调整情绪，如人们在愤怒的时候会运用“问题解决”策略，而在恐惧的时候会运用逃避的策略。

行为调节

通过控制和改变行为和表情来调节情绪，如当人们向他人的请求遭到拒绝时，会通过控制情绪来继续信息的传递和表达。

认知调节

知觉　唤醒所需要的情绪调节；

解释　对情绪唤醒进行解释并明确情绪改变的方式和途径；

决定　做出改变情绪的决定并设立目标；

调节　形成个体可以达到的调节反应；

评价　对个体的反应进行评价并与目标进行比较；

反馈　将调节付诸实践。

人际调节

进行社会调节或外界环境的调节。在这个过程中，社会和自然环境、人们的动机状态、记忆等因素都会影响人际调节的进行。如回忆常常让人们时而愉快时而伤感，从而也可以调节情绪。

情绪智力的正确解读方式

情绪智力，又称为情感智力、情感智慧和情绪智能，是由美国耶鲁大学第23任校长彼得·沙洛维（Peter Salovey）和新罕布什尔大学的玛依尔（D. J. Mayer）提出的，含义是个体对自己与他人的情绪和情感掌控、识别和利用，并将获得的有关情绪的信息用于指导自己的思想和行为的能力。

情绪智力的五种能力

沙洛维认为，情绪智力主要表现在五个方面。

对自身情绪的认识能力	能准确地了解个人的感觉、情绪、情感、动机、性格、欲望和价值取向等，并以来自个人情绪的信息为行动导向。
对自身情绪的管理能力	能够意识到自己的快乐、愤怒、恐惧、喜爱、惊讶、厌恶、悲伤和焦虑等多种情绪体验，并可以协调自己的情绪，如自我安慰、自我减压等。
懂得自我激励和自我约束	能够了解自己的需要，可以积极面对自己希望实现的目标，长时间保持对目标追求的高度热忱、专注，懂得自我勉励、自我说服和自我约束。
能够识别他人的情绪状态	能够了解对他人的各种感受，具有敏锐的直觉，懂得换位思考并快速地判断出他人的情绪，能对他人的情绪、性格、动机、需求等做出适度的反应。
善于管理人际关系	善于通过他人的表情来判定其内心感受，能够与任何人愉快相处，具有领导力，可以协调多人之间的关系，并通过合作完成共同的目标。

正确解读情绪智力

情绪智力的水平不同于智力水平，与先天遗传没有关系，也不是在儿童阶段形成和定型，而是伴随人们一生的发展而变化。情绪智力可以通过人们不断地学习得到改善。

客观地说，男性和女性在情绪智力方面各有优势和不足。一般来说，女性较之男性更能清醒地意识到自己的情绪，更富有同情心和擅长人际交往；男性则更为自信、乐观，易于适应环境的变化和应付各种压力。

把生活中的压力转化为向上的动力

当某种刺激事件打破了我们一贯的心理平衡或超出我们的承受能力时，那些刺激就是压力。为了应对这些刺激，人们会做出各种反应，通常是多种反应形式的综合体，包括生理上的、行为上的、情绪上的和认知上的。

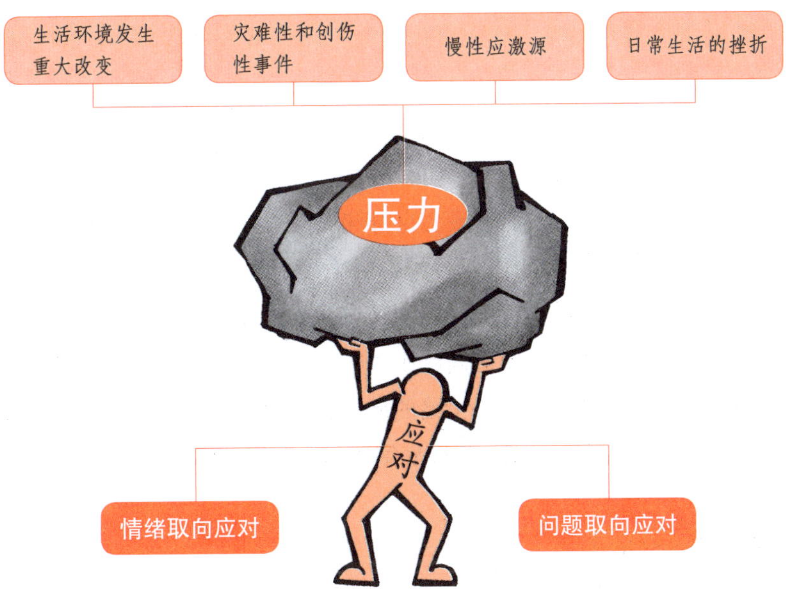

法瑞斯的应对策略

放松情绪，把压力转化成要解决的问题，转移自己的注意力，重新评估压力情境，寻求社会的支持。

应激源

压力的来源称为应激源，每个应激源都是一个刺激事件。人们压力的根源是生活环境发生了重大改变。这些重大改变会打破人们生活的常规，需要人们在短时间内适应新的生活。灾难性和创伤性事件常常带给人们消极和失控的感觉，从而造成压力。压力的来源还包括日常生活的挫折，这属于比较小的应激源。研究表明，经常遭受频繁、强烈的挫折会损害身体健康。

一般来说，应激的情绪反应会在创伤后或灾难后立刻发生，数月后平息。应激反应也有长时间持续的可能，这时它将转变为慢性综合征，且在数月或数年后再次爆发。慢性应激源是一种持续性的压力，多由社会和环境因素引起，会引起人们生理、心理和认知能力上的问题。

压力应对

无论是动物还是人类，在遇到来自外界的刺激时，都会有一种自发的本能反应，主要表现为攻击他人和逃离现场，目的在于进入一种保护生命安全的应激状态。这是人们对短期压力的生理反应。如果面对长期的压力，人们则可能出现衰竭。

应对的方式可以分为情绪取向应对和问题取向应对。情绪取向应对是人们在压力情境中尝试减轻自己的焦虑，而不是直接改变带来压力的情境；问题取向应对是人们在估量压力情境后，通过改变自身和环境的关系来减压。

问题取向应对是一种健康的途径，但过于理想化，因为不是所有的问题都可以得到解决，所以多数人会综合运用两种应对方式，如可以在突发事件中先稳定情绪，再设法解决问题。在应对高度压力时有急性期和重组期两个时期。急性期是为了防止刺激事件的冲击进行情绪的调节；重组期是为了对压力来源进行评价，设法改变人们和环境的关系，以彻底解决问题。

一般适应症候群

加拿大内分泌学家汉斯·塞里（Hans Selye）曾用白鼠进行了多项压力的实验研究。实验采用的威胁性刺激有冷气、热气和有毒但不致命的食物。在实验中，有时只用一种，有时多种并用，并观察白鼠的反应。实验表明白鼠的适应能力与压力持续的时间有关，可以分为警觉反应阶段、抗拒阶段和衰竭阶段。如果再增加新的压力，个体的适应能力会更快地降低，使衰竭阶段提前出现。整个适应过程的生理反应被赛里称为一般适应症候群。

赛里认为，这一原则同样可用以解释人类在长期压力下的反应：

个体对压力具有很大的抗拒力与适应力，在抗拒阶段如果不增加新的压力，或者将压力在衰竭阶段出现之前减低或停止，个体可以得到恢复；

在个体适应压力的过程中增加新压力，会大大降低个体的适应能力，使衰竭阶段提前。

我们如何应对压力

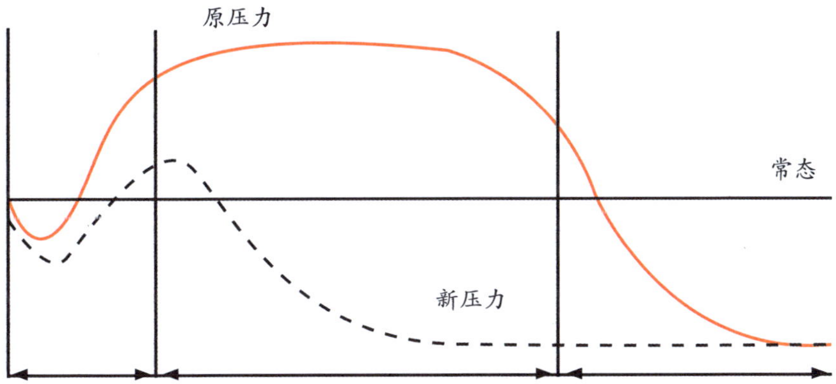

警觉反应阶段

又可以分为震撼期和反击期。震撼期表现为刺激突然出现时产生的情绪震撼，接着体温、血压下降，肌肉松弛，表现为缺乏适应能力。反击期表现为肾上腺分泌增加，接着全身生理功能增强，进入应激反应阶段。

抗拒阶段

此时个体生理功能大致恢复，基本适应压力情境；但如果压力持续，个体的适应能力会下降。

衰竭阶段

个体适应能力丧失，精疲力竭，濒临崩溃，接着死亡。

应激中的躯体反应

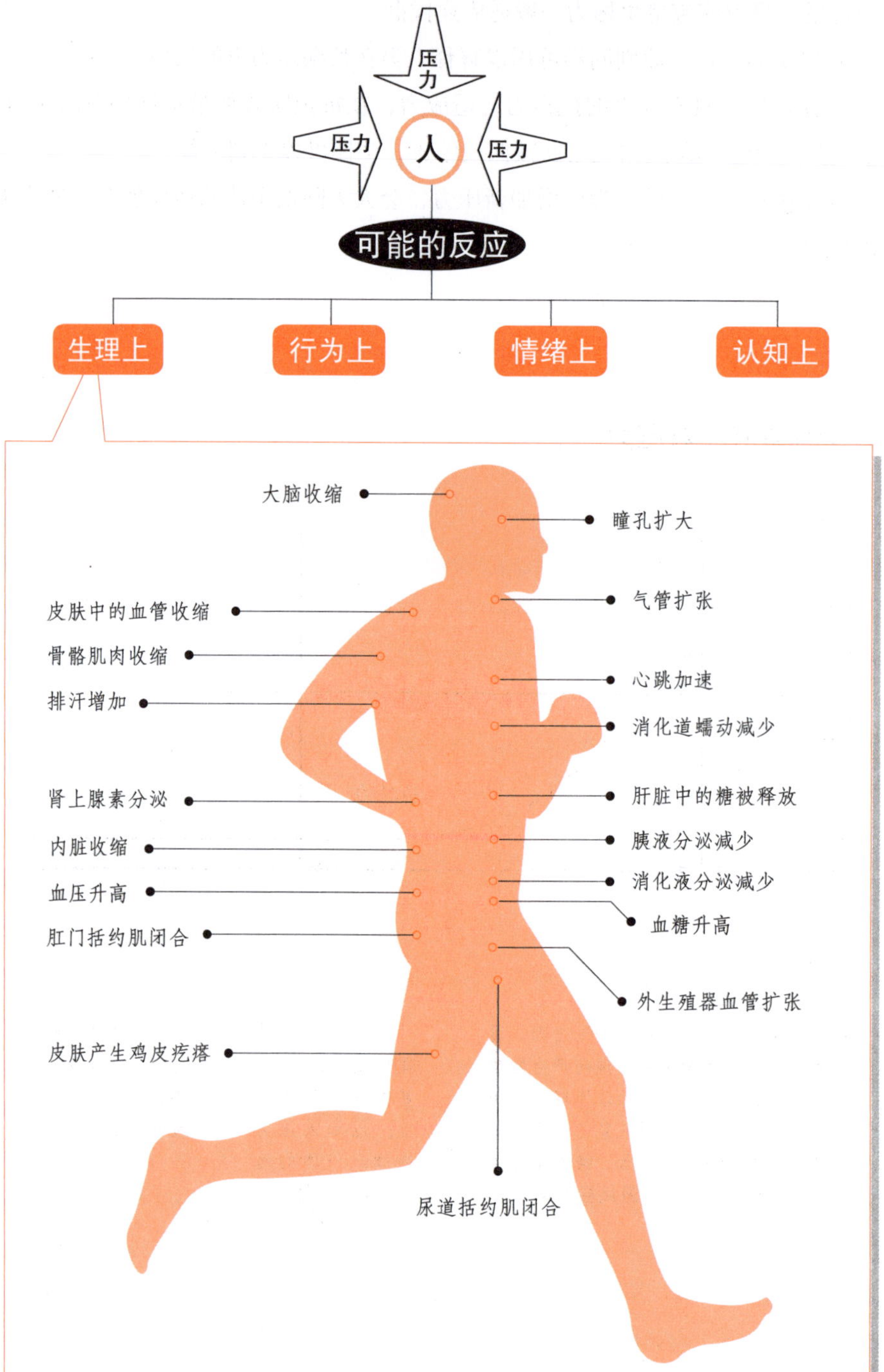
压力
压力
压力
人
可能的反应
生理上
行为上
情绪上
认知上
大脑收缩
瞳孔扩大
皮肤中的血管收缩
气管扩张
骨骼肌肉收缩
心跳加速
排汗增加
消化道蠕动减少
肾上腺素分泌
肝脏中的糖被释放
内脏收缩
胰液分泌减少
血压升高
消化液分泌减少
血糖升高
肛门括约肌闭合
外生殖器血管扩张
皮肤产生鸡皮疙瘩
尿道括约肌闭合

第 10 讲

习得性反射——奖赏与惩罚式学习

心理学家对于学习的研究主要是关注人类和动物学习行为的特征，解释有机体学什么、怎样学和为什么学，是对学习规律和学习条件的系统总结。

巴甫洛夫的狗——经典条件反射

在“望梅止渴”的故事中，曹操和他的将士在行军途中口渴难耐。曹操则告诉大家，不远处有梅林，梅子可以解渴。“梅子”一词起着信号作用，代表着梅子的形状、颜色、味道等，所以将士们听到后想起了梅子的味道，嘴里流出了口水，一时间就不口渴了。

狗的唾液反应

俄国生理学家巴甫洛夫为了研究唾液在消化中的作用，以狗为被试，把各种可食用或不可食用的东西放入狗的嘴里，然后观察狗唾液分泌的情况。通过研

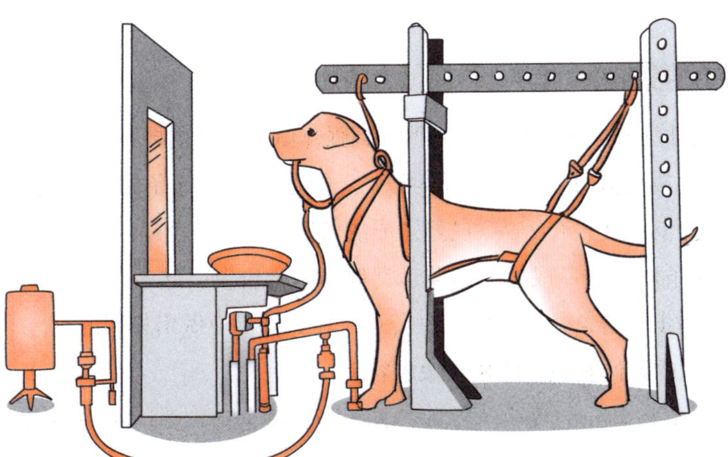

巴甫洛夫用于研究经典条件反射的设备

究，巴甫洛夫发现，狗在得到流质食物时只分泌少量唾液，而在得到比较干燥的食物时则产生大量唾液。这种在一定条件下分泌唾液的现象被巴甫洛夫称为“反射”（巴甫洛夫的发现，后来被称为经典条件反射）。

反射是一种对特定刺激自动发生的反应，不需要学习。同样地，人也具备这种在刺激下自动分泌唾液的反射。随着研究的继续，巴甫洛夫进一步发现，当食物还没有进入狗嘴而仅仅是闻到食物的气味时，狗就已经开始分泌唾液。一段时间之后，即便是在完全没有消化刺激的情况下，狗也会分泌唾液，例如给狗呈现喂食的容器或者让狗看到喂食的人，甚至仅仅听到喂食的人的脚步声，也会令狗产生这种反射。

无条件反射与条件反射

无条件反射不需要学习，先天具备而自动产生，并且同一物种的无条件反射大体相同。无条件反射的例子有：食物进入口中时人会分泌唾液，灯光熄灭后人的瞳孔会放大，听到巨大的声音时人会跳起来，等等。无条件刺激引起无条件反应形成了无条件反射。在巴甫洛夫的研究中，食物就是无条件刺激，而唾液分泌则是无条件反应。

条件反射则正好相反，它需要通过经验或学习获得，并且在同一物种的不同成员中可能存在很大的差异。巴甫洛夫实验室的狗听到脚步声时分泌唾液，或者人闻到牙科诊室的气味时会感到牙疼等，这些都是条件反射。条件反射的形成需要条件刺激，如脚步声（条件刺激）引起了狗的唾液分泌（条件反应）。

条件反射的特点与规律

消退 条件反射形成以后，如果得不到强化就会逐渐削弱，直至消失。例如，狗对脚步声形成唾液分泌的条件反射以后，食物的强化使条件反射进一步巩固；如果只提供脚步声而不给食物，已经形成的条件反射就会消退。

泛化 在条件反射形成后的初期，类似的刺激也会引起条件反应。如狗形成了对较重的脚步声的条件反应后，也会对较轻的脚步声做出相同的反应。新的刺激越接近原来的条件刺激，泛化现象越容易发生。

分化 对事物差异的反应。例如，狗可以只对较重的脚步声做出条件反射，而对较轻的脚步声没有唾液分泌的反应。

斯金纳的老鼠——操作性条件反射

斯金纳箱是心理学研究中最巧夺天工的装置之一；通过这个装置，心理学家可以完全控制动物被试所处的环境，同时还可以观察动物的行为。

斯金纳箱

伯尔赫斯·弗雷德里克·斯金纳可以说是最广为人知、最有影响力的行为主义心理学家。虽然他不是行为主义心理学的先驱，但是他很好地发展了巴甫洛夫、华生等人的观点，并实现了在严格的实验监控下进行行为主义理论的研究，充分证明了他“激进行为主义”的立场——心理学研究依靠的是可观察的行为，而不是不可观察的思想。

从实验中斯金纳得出结论，行为的形成主要是通过动作的结果习得的。这一观点成为行为主义心理学的转折点。

斯金纳在研究期间，对老鼠进行了一系列实验，他在实验中使用的装置被称为“斯金纳箱”——在一只空的笼子或者箱子里，安置了一个用来放食物的碟子或托盘。斯金纳箱中装有一个特殊的杠杆，当放进箱内的老鼠每次按压杠杆时，碟子或托盘上都会出现食物颗粒。该装置可以自动记录按压杠杆的频率。刚开始，老鼠或许是出于好奇或者偶然按压了杠杆，一段时间以后，老鼠就会发现只要按压杠杆食物就会出现，于是为了得到食物，它们学会了主动按压杠杆。

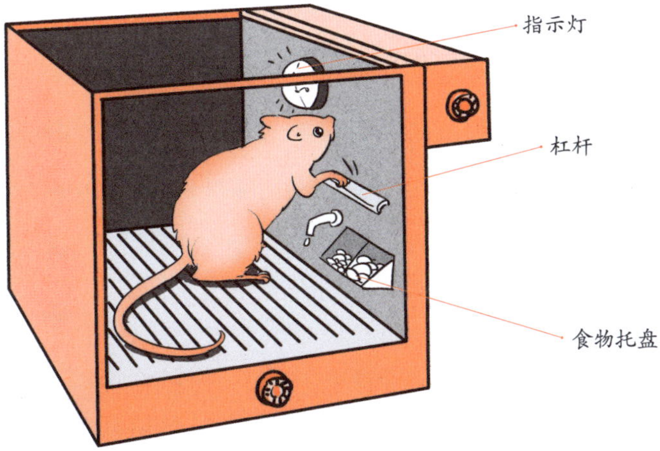

斯金纳箱

操作性条件作用

根据斯金纳一系列的实验可以得出结论，动物的行为会受到它们的动作或周围环境带来的反馈的影响。当老鼠在斯金纳箱中探索周围的环境时，它们的某些动作带来了积极的结果，而这样的结果鼓励它们重复那种行为。斯金纳说，动物操纵着它的环境，而它的这种操作性行为（按压杠杆）又会受到带来积极影响的刺激（得到食物颗粒）的强化。为了区别于巴甫洛夫的经典性条件作用，斯金纳提出了“操作性条件作用”的说法。

与经典性条件作用不同的是，操作性条件作用依赖于产生的行为结果而不依赖于先前的刺激。两者间的另一个差别是，操作性条件作用不仅通过动作或行为操纵环境，同时也通过环境塑造着行为，也就是说，它是一个双向的过程。

在实验后期，斯金纳重新安排了老鼠获得食物的速率，他让一些老鼠只有在多次按压杠杆后才能获得食物，而按压的次数有的是固定的，有的是随机的。改变了老鼠获得食物速率后的实验同样得出了先前实验的结论，并且还有新的发现：当强化刺激使行为发生的可能性较大时，突然停止强化刺激，行为发生的概率就会随之减小，其模式取决于刺激撤销的模式。

桑代克的猫——试错学习定律

跟随着满意结果的反应，以后出现的概率会越来越大；而跟随着不满意结果的反应，以后出现的概率会越来越小。这种行为与结果之间的反应被称为效果律。

猫与“迷笼”

当巴甫洛夫在俄国致力于用狗做实验时，爱德华·李·桑代克（Edward Lee Thorndike）在美国也开始了动物行为的研究。最初，桑代克试图让鸡学习走他为了实验专门设计和搭建的迷宫。随着研究的推进，桑代克开始用猫为被试做实验，并发明了“迷笼”来观察猫学习逃跑的能力。

他把饥肠辘辘的猫关在迷笼中，让其探索迷笼中的环境。这时，猫会碰到各种装置，如铃铛、线绳或者按钮、面板，其中有一种装置连接着打开箱门的门闩。如果猫发现了这一装置，它就可以跑出来并得到食物奖励。桑代克多次重复这个过程，观察并记录猫每次打开迷笼门所用的时间。

实验中，桑代克把不同的猫放到一系列具有不同开门机关的迷笼中。桑代克发现，猫在第一次尝试和犯错后发现了逃跑的机关，随后的尝试和犯错次数会逐渐减少，因为猫学会了哪些行为可以获得奖赏，而哪些则是无效的。这项研究使用特别创设的环境，使被试在其中接受特定的刺激或任务，这就是“工具性条件作用”或“工具性学习”。这为后来的行为主义实验技术提供了品质保证。

猫的迷笼

效果律

根据这些实验的结果，桑代克提出了效果律，即当某种情境引发的反应带来了令人满意的结果，那么在未来这种反应再次出现的可能性会更高；当对一种情境的反应带来了不好的结果，那么在将来再次出现这种反应的可能性就会很小。桑代克认为，一旦刺激与反应之间建立了联结，大脑中就建立了对应的神经连接。这种学习被桑代克称为“联结主义”。

桑代克提出的效果律是所有行为主义心理学的基础。效果律说明了动物是通过加强行动与结果之间的连接来学习的；积极的结果更容易被动物记住，而消极的结果则会很快被它们忘记。

正强化与负强化：无益的行为被淘汰出局

在学习过程中，有的行为被保留，有的行为被淘汰，这些通常取决于行为的结果，即这项行为的结果是会获得奖励还是惩罚。因此，桑代克和斯金纳都认为，强化的作用会对行为的取舍产生影响。

正强化与负强化

桑代克认为，在尝试—错误学习中，行为的结果是影响学习的关键因素：正确的行为会保留下来，错误的尝试被放弃；正强化会促进行为，而负强化或惩罚会削弱行为，即桑代克提出的“效果律”。斯金纳也认为，部分行为不是由刺激情景引发的，而是有机体的自发行为，行为的结果是使行为得以巩固或再次出现的关键因素，即强化的作用。

斯金纳把“凡是使反应概率增加，或维持某种反应水平的任何刺激”都归为强化物。他把强化分为两种类型：正强化和负强化。无论是正强化还是负强化，其所引发的结果都是使行为再次出现的概率增加，使行为的发生得到促进。正强化是指环境中某种刺激增加使行为反应出现的概率增加；负强化是指环境中某种刺激减少后使行为反应出现的概率增加，通常情况下，负强化表现为一种让有机体力图回避的厌恶刺激。

强化的控制

斯金纳认为，强化方式是在行为实验中最容易控制、最有效的变量。在精确控制的实验情景中，实验者可以精确地决定使用哪一种类型的强化、如何给予强化和在什么时间给予强化。

强化可以细分为不同的类型，有连续强化和间隔强化、固定比例强化和变化比例强化、固定时间强化和变化时间强化等。

通过不同的强化作用，可以影响行为的习得、反应和消退的速度。

类型	特点
连续强化	在每次行为后都给予的强化
间隔强化	间隔一定时间或比例才给予的强化
固定比例强化	间隔一定的次数给予的强化
变化比例强化	每两次强化之间间隔的反应次数是变化不定的
固定时间强化	间隔一定的时间给予的强化
变化时间强化	强化之间间隔的时间是变化的强化

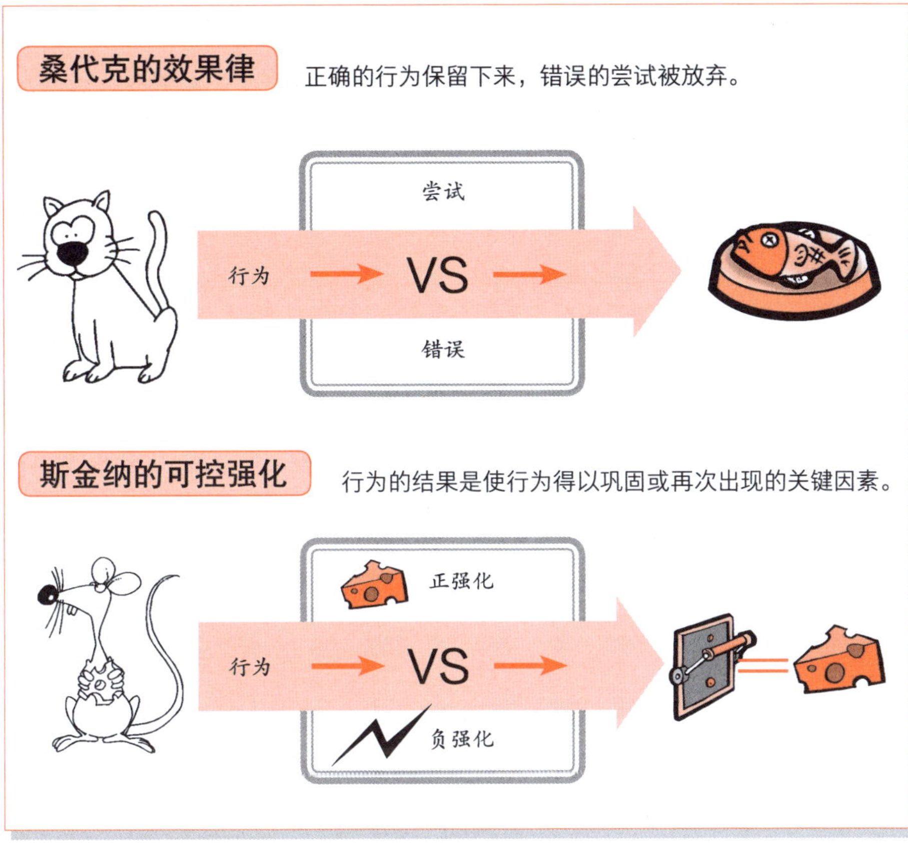

儿童是怎样习得攻击行为的

除直接的奖励和惩罚外，还可以通过简单地观察、模仿其他人的行为来塑造行为。

模　仿

美国当代心理学家阿尔伯特·班杜拉（Albert Bandura）指出，儿童能够通过模仿成人而学会攻击行为。一个人要完成对他人行为的模仿需要经历四个阶段：注意、保留、复制和动机。模仿首先需要注意到某一要进行模仿的行为，然后模仿者会记住自己所观察到的行为，并且学会这种行为，最后他会在合适的动机或原因的驱使下再现这一行为。

“波比娃娃”实验

研究人员从当地幼儿园招募3~6岁的男孩女孩各36名，将这些儿童分为3组，每组24人（男孩12名，女孩12名）。第一组不安排成人榜样，作为对照组；第二组安排一名攻击充气波比娃娃的成人，并让儿童与这位成人接触；第三组安排一位平静地与娃娃玩耍的成人，并让儿童与这位成人接触。为了确保被试不受到同龄儿童的干扰，在实验中所有的孩子都单独进行测试。

实验过程中，第二组的儿童会观察到成人用木棍击打娃娃、把娃娃抛到空中、用脚踢娃娃、把娃娃扔到地上用脚踩等行为。接着，每个儿童都被安排到一个单独的房间，房间里除了波比娃娃外，还有其他一些玩具。结果发现，这一组的儿童会模仿成人对娃娃实施大量的攻击行为，有的儿童甚至还会使用自发性的攻击行为去击打娃娃。这一组的儿童对枪械玩具表现出了高度的兴趣。

第三组的儿童，即那些接触到平静成人的儿童，几乎不表现出任何身体和口头上的攻击行为。儿童会模仿自己看到的行为这一事实表明：的确存在通过观察和模仿来实现学习的过程。

儿童在不同情况下产生攻击反应的次数

攻击类型		榜样类型				
		攻击性男性	无攻击性男性	攻击性女性	无攻击性女性	控制组（无成人榜样）
模仿身体攻击	男孩	25.8	1.5	12.4	0.2	1.2
	女孩	7.2	0.0	5.5	2.5	2.0
模仿语言攻击	男孩	12.7	0.0	4.3	1.1	1.7
	女孩	2.0	0.0	13.7	0.3	0.7
用木槌攻击	男孩	28.8	6.7	15.5	18.7	13.5
	女孩	18.7	0.5	17.2	0.5	13.1
自发攻击行为	男孩	36.7	22.3	16.2	26.1	24.6
	女孩	8.4	1.4	21.3	7.2	6.1

注：上表记录了被试在不同榜样类型影响下采取不同类型攻击的次数。

通过波比娃娃的实验，班杜拉得出以下结论：

1. 如果成人行为向儿童传递暴力行为被允许的信息，那么就会削弱对儿童发生的攻击行为的抑制。

2. 当儿童以后遇到挫折时，更容易表现出攻击行为。

3. 在世界大部分国家的文化中，攻击行为被看成是典型的男性行为，而不是女性行为，从而男性榜样的攻击行为对男孩的影响明显大于女性榜样的攻击性行为对女孩的影响。

小阿尔伯特的恐惧：泛化的习得行为

无论天性如何，任何人都可以被训练成任意的样子。

——约翰·B. 华生

小阿尔伯特的恐惧

约翰·B. 华生和助手从当地儿童医院挑选了一个 9 个月大的婴儿阿尔伯特进行了一系列的实验。尽管现在看来，华生的实验方法显得残忍且不道德，但在当时他进行的研究确实将从前的动物研究向前推进了一大步。

小阿尔伯特是研究人员和医护人员认为心理和生理上都很健康的婴儿。为了确定他是否害怕某种特定的刺激，实验者分别把老鼠、猴子、狗、白色羊绒棉以及有头发和没有头发的面具呈现在他的面前。通过观察小阿尔伯特的反应，研究者发现他对许多动物和物品都感兴趣，愿意接近甚至不时触摸它们，完全没有表现出任何的恐惧。我们可以把这些不引起恐惧的东西看作是中性刺激。接下来，为了确定阿尔伯特是否会对巨大的声音产生恐惧反应，实验者在阿尔伯特身后用锤子敲一根铁棒。结果，阿尔伯特被这种突然出现的声音吓得开始哭泣。

在阿尔伯特 11 个月大时，研究者向阿尔伯特呈现白鼠的同时还发出了令他恐惧的声音。原本对白鼠感兴趣的阿尔伯特只要伸手想要触摸白鼠，就会听到铁棒被突然敲响，突如其来的响声让阿尔伯特十分惊恐，这一过程重复了 3 次。一周后，重复同样的过程。经过 7 次白鼠与声音同时呈现后，即便没有敲打铁棒的声音，仅仅向阿尔伯特呈现白鼠，他也会感到恐惧。

一周后，再次向阿尔伯特单独呈现白鼠，他仍旧对白鼠产生恐惧。随后研究者呈现给阿尔伯特一种与白鼠相似的东西，如白兔、狗、白色毛皮大衣等，结果发现他对类似的东西也产生了恐惧。

由此可以得出结论：小阿尔伯特开始对其他刺激物产生恐惧，也就是说这种习得的行为已经泛化了，即对某种事物的恐惧是会迁移到其他事物上的。华生的研究证明了情绪是可以通过简单的刺激 - 反应手段而成为条件反应的。这一发现对行为主义的开创功不可没。然而，这项实验也饱受争议，有人指出其实验方法严重违反了人类行为研究中的伦理准则。

无限的可塑性

华生提出，可以把儿童看作“白板”。他还说，通过行为主义原理可以把孩子塑造成各种专家，无论是艺术家还是医生都能够实现，且不在乎孩子的天性如何。

他甚至在 1924 年所写的《行为主义》一书中写道：“给我一打健全的婴儿和能够用于培养他们的特殊环境，我就能保证，把随机选出的任何一名婴儿训练成

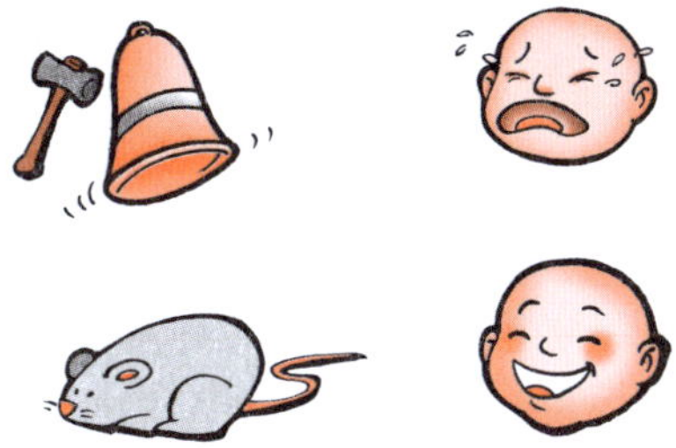

华生在实验开始之前发现，小阿尔伯特对铁锤敲打的声响十分恐惧，但不害怕老鼠、兔子、猴子、狗、羊绒棉和面具之类的东西。

为了使阿尔伯特对老鼠产生恐惧的反应，华生使老鼠和巨大声响同时出现，使小阿尔伯特产生恐惧反应。

在一段时间内多次的实验之后，小阿尔伯特对老鼠的单独出现也产生了恐惧反应。

接着，华生证明了兔子、毛皮外套、头发、狗等东西都能用和老鼠实验相同的方法让小阿尔伯特产生恐惧反应。

一个月后再度测试时，小阿尔伯特保持着对这些东西的恐惧。这个实验证明了人类的行为能够被刻意制约。

被试者的不良反应

正当性、道德

心理实验

在实验过程中，被试可能遭受痛苦、压迫等不好的感觉，或者面临研究者的故意欺骗。心理学家一直在思考，这样做是否有违道德。

任何类型的特殊人物，包括医生、律师、艺术家和商界领袖，或乞丐、小偷，而无须考虑他的天赋、爱好、倾向、能力、职业和种族。"

迷信的鸽子：非关联性强化

如果一个人的行为，被认知心理学家或人本主义心理学家或其他人认为是由我们高度进化的意识或智力所致，那么，这也许只是心理学家还没找到引发这一行为并使之维持的强化物。

迷信行为与斯金纳的假设

生活中不乏一些迷信行为，如忌讳从梯子下走过，忌讳踩到裂缝，随身带着一枚幸运硬币或其他护身符，在掷骰子的时候采用一种特定的方式，等等。可以肯定地说，每个人都会因为迷信做过某些事情。

斯金纳解释说，人们之所以会做出这样的行为，是因为他们相信或揣测迷信行为和某些强化性的结果之间存在一定联系，尽管实际上两者并不相关。而这种不存在的联系却被人们深信不疑，其原因是某种行为（如用某种方式掷骰子）得到了偶然的强化（如掷出一个好点数）一次或多次。斯金纳把这种联系称为非关联性强化。

人们会认为，迷信需要人们思考、辨别、推理，甚至可以说是一种信仰，所以迷信行为是人类所独有的。但斯金纳认为，从本质上来看，迷信行为与其他任何一种行为一样，都可以用操作性条件反射原理来解释。

斯金纳说："如果你认为这是人类特有的行为，那么我将给你一只迷信的鸽子。"

6 只迷信的鸽子

还记得斯金纳箱吗？斯金纳再次利用了这个装置，但这一次是为了研究迷信行为。为了这次研究，斯金纳对原有的装置做了一项改变：箱子里的食物被设置为每隔 15 秒自动落在盘子里。也就是说，无论箱子里的动物做了什么，都会在每隔 15 秒后获得食物。

这次研究的被试是 8 只鸽子。为了确保这些鸽子在实验中处于饥饿状态，研究者连续几天喂少于它们正常进食量的食物，以此增强鸽子寻找食物的动机（这增加了强化的效果）。接下来，研究者会让每只鸽子每天在实验箱里待几分钟，期间对其行为不做任何限制，只是每隔 15 秒食物会自动出现。几天后，观测者记录下每只鸽子在箱中的行为。

最终得到结果，其中 6 只鸽子产生了非常明显的反应：第一只鸽子在箱子中逆时针转圈，在两次强化之间转二到三圈；第二只鸽子反复将头伸向箱子上方的一个角落；第三只鸽子反复用头抬起一根看不见的杆；还有两只鸽子的头部前伸，从右边快速地摆动到左边，然后又慢慢地返回，它们的身子也顺势移动，有时由于动作幅度过大还会踉跄几步；最后一只鸽子做出啄击或轻触地面的样子，却不触及地面的行为。

鸽子的这些行为都是在建立条件反射后才出现的。事实上，鸽子所表现出的新行为与得到食物毫无关系。然而，它们表现得就好像通过那种行为就能得到食物似的——也就是说，它们变得迷信了。

第11讲
无意识掌控着我们的命运

意识是古老而神秘的谜，至今仍有无数心理学家在探寻着意识的谜底。一般来说，意识指的是正在为人们所觉知的心理现象。如果没有意识，我们将无法趋利避害、体察世界和感受幸福。

冯特：对意识进行准确描述是心理学的唯一目标

意识是指人对自己的感觉、情感和记忆的觉察，即意识是“内心体验”。

心理发展的起源问题

德国心理学家威廉·冯特认为从最小的动物到人类是一种连续的生命状态，他在《生理心理学原理》一书中指出，意识是所有生命体普遍拥有的特质，并且从进化过程一开始就有了。冯特指出：“对意识进行准确描述是心理学的唯一目标。”

冯特认为，对生命的准确定义离不开心灵的内容。他说：“从观察的角度考虑，我们必须做出这样的假设——心灵的起源可以追溯到生命的开始。因此，一旦解决了生命起源的问题，也就解决了心理发展的起源问题。”冯特还说，即使如原生动物这样最简单的生物体，也有着某种形式的心灵。冯特提出的观点，即便是放到科学发达的今天仍然令人惊讶，更何况在冯特的年代，几乎没有人能够想象从单细胞动物身上验证出简单心理能力的存在。

冯特一心想要验证自己的理论，他从最基本的感觉过程入手，着手对人类的心理和行为进行系统的研究。冯特否认每个人看不见、摸不着的主观经验都是独一无二的。在他的感觉实验中，他着力于通过可测量的方法来探索人类的意识。冯特最感兴趣的是，在光反应实验中，一个人接受某种形式的刺激与做出有意识反应的时间间隔，并且通过不同工具对这种反应进行精确测量。

意识的分类

冯特将意识分为三种类型：表征、意愿和感受。这三种意识构成了人对事物统一的印象。

分类	内容
表征	当表征反映的是外部世界的物体在心灵中的表象（如视野中的一朵花）时，那么也可称为“知觉”；当表征反映的是主观活动（如记住一朵花，或想象一只恐龙）时，那么就称为“直觉”。冯特把知觉或直觉在意识中变清晰的心理加工称为“统觉”。
意愿	意愿表达我们的意志，或“心愿”，例如，想要选择穿蓝色衣服。意愿以它干预外部世界的方式为特征。这种类型的意识是在实验控制或测量之外的。
感受	意识的第三种类型是感受，可以通过参加实验的被试的主观报告来测量，也可以通过测量行为的水平，如紧张、放松或兴奋来测量。

意识的表达

意识是一种觉知，它意味着人们觉察到了自己或是身处的世界。当人们觉察到了自己或者身处的世界，而把自己的这些感受用语言的形式表达出来时，所表达的就是意识。言语觉知是意识最基本的特征，人们可以通过语言表达自己的各种感受；也可以通过语言描述生活中的见闻。这些就是人们意识的表达。

冯特视语言为文化对意识的贡献中最重要的一个部分。一切语言交流都始于我们对想要说的事情的统一想法或“整体印象”。他还指出，语言对心理加工的证据就是，我们很容易记住一个人讲话的整体意思，却会因为时间长了而忘记那个人当时使用的特定词句。可以说，语言对于意识是非常重要的一种能力。

詹姆斯：意识就像流体一样

有一个恰当的比喻，把意识比作一条“河流”或“溪流”，我们可以称之为思想流或意识流……

意识流

美国心理学家威廉·詹姆斯把意识经验比作持续的流体，有时也会被临时打断或改变方向。他把意识称为“思想流”或“意识流”。他认为意识的内容是不断变化的，是选择性的连续不断的动态整体，而不是某种心理元素。如同人们在观赏一幅画的时候，先对一部分产生意识，接着随着视线的移动，再对另一部分产生意识；如此相继，逐渐了解整幅画。人们的思想变化的曲线则是一条蜿蜒而没有尽头的线流。

“意识”的早期定义

17 世纪中叶，哲学先驱之一勒内·笛卡儿提出了“思想的王国”的概念，他说这是一个无形的地方，而意识就居住在这里；相对地，物质世界存在于“延展的王国”。17 世纪英国哲学家约翰·洛克（John Locke）是公认的第一个给出意识现代定义的人，他说意识是个体知觉的持续通道。

18 世纪德国哲学家伊曼纽尔·康德（Immanuel Kant）关注着我们的经验整合方式，他发现，如果我们在听到噪音的同时感受到疼痛，通常我们都会将两者整合成一个事件的体验。因此，他提出了“意识的统一”这个概念，这一概念影响了后来的许多哲学家，包括威廉·詹姆斯。

意识的结构

如果说意识是独立思想的溪流，詹姆斯想要了解的则是它们如何结合在一起。他说，两个思想加在一起不能合并成一个思想，即思想 a 加思想 b 不等于思想“a+b”，它们更有可能产生一个全新的想法。例如，思想 a 表示“九点了”，思想 b 表示“火车九点零五分开”，那么我们可以得到的思想 c 可能是：“我可能要错过火车啦！”

思想的整合

詹姆斯指出，有一个最简单的方法能够帮助我们理解意识流中的思想是如何整合的，即假设“同时得知的事情在同一股溪流中”。他认为，正如康德提出的同时听到噪音和感到疼痛的例子，有些思想或感觉会不可避免地被联系到一起，任何同时被我们所觉察的思想都会汇入同一股溪流。

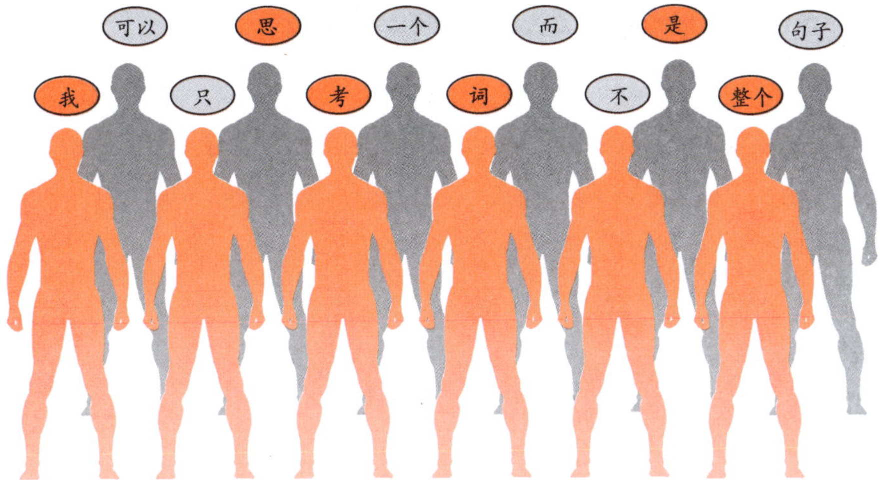

詹姆斯发现，要想象出统一的意识的结构并不容易。他提出一个比喻：“有 12 个人，给他们每人一个单词。接着让这些人站成一排或一圈，他们每个人都被要求只专心地想自己的单词；如此一来，每个人都不会有完整句子的意识。”

在我们的意识中存在着许多这样的溪流，它们有的流动快，有的流动慢，还有的在休息处停下来生成脑海中的图像。詹姆斯称流动的溪流为“传送部”，而那些休息处为“实体部”，他说我们的思想不停歇地被传送部从一个实体部推向另一个实体部。也就是说，我们被源源不断的思想流从一个结论冲向另一个结论，一路前行。因为没有最终的结论，所以意识是一个过程，在一刻不停地变化。

第 12 讲
人的心理大部分是无意识的

无意识是心理学中最引人注目的概念之一。它徘徊在我们的觉察或控制之外，但它是我们保存所有记忆、思想和感受的地方。由于无意识无所不包，因此它与意识之间存在着小部分的重叠，这部分被称为“前意识”。

如何感知无意识？

经验和感觉相互结合形成了思想。相似的思想合并共存，而不相似的思想相互对抗并在冲突中产生推动力。

心灵研究

我们一生中会产生无数的思想，而我们的大脑却没有因此越来越混乱，这是为什么呢？德国的哲学家约翰·弗里德里希·赫尔巴特(德语：Johann Friedrich Herbart)认为，心灵一定动用了某种系统来区分和储存这些思想。他热衷于研究心灵是如何工作的，也想要了解为什么虽然思想一直存在——赫尔巴特认为思想是不会被销毁的，但又好像不在我们的意识之中。

18世纪的德国哲学家戈特弗里德·威廉·莱布尼茨（Gottfried Wilhelm Leibniz）最先提出“微弱知觉”的概念，即存在于意识之外的思想。他指出我们经常会在自己没有意识到的情况下回忆起曾经感知过的事物，例如某个场景中的细节。

思想的整合与对抗

赫尔巴特指出，思想来源于对感觉到的信息的整合。他所说的思想包含想法、心理表象和情绪状态。赫尔巴特把它们看作动态的元素——它们相互之间可以移动和影响，而这些共同组成了心灵的全部内容。他说，思想与思想之间能够互相吸引或结合，也能够互相排斥，就像磁铁一样。相似的思想，能够互相吸收和整合成更复杂的思想。

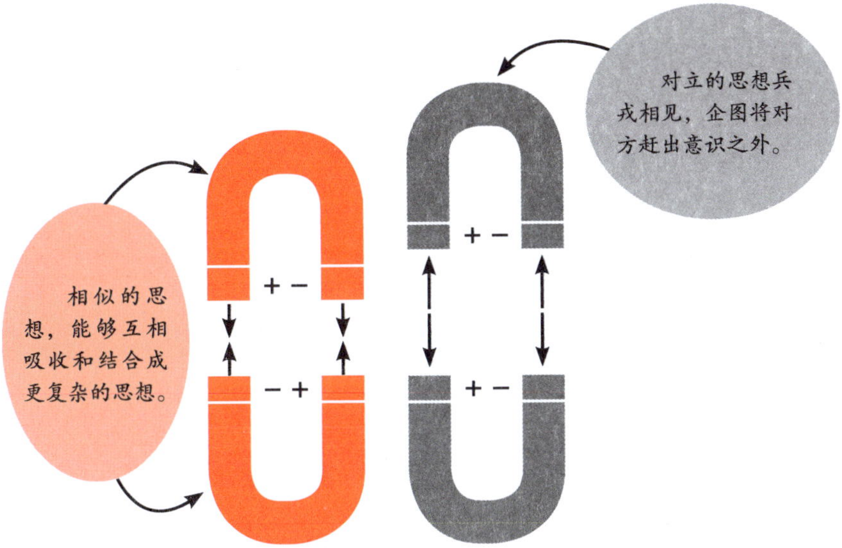

而不相似的两种思想，它们也可能互不相干地存在着。随着时间的推移，它们会逐渐衰弱，最终沉没在“意识的阈限”之下。如果两种思想是对立的，它们会在相互抵抗中产生一种力量。两种思想兵戎相见，企图将对方赶出意识之外，赶入赫尔巴特所谓的“趋势状态”，即“无意识”。

赫尔巴特认为，无意识是存储虚弱的或被打压的思想的地方。他认为思想要进入意识，必须达到一个明确的阈限，他也试图寻找一种能够解决健全的心灵如何管理思想的结构化的方法。而弗洛伊德却把无意识的机制看得更为复杂。他把赫尔巴特的观点融入自己的无意识理论中，奠定了精神分析法——20 世纪最重要的心理治疗取向——的基础。

弗洛伊德：无意识是隐藏在水面下的冰山

意识就像露出水面的冰山顶端，只占人的心理的很小一部分，大部分的心理活动或过程是无意识的。

意识的分类

奥地利神经病学家、精神科医生弗洛伊德提出，心灵是由意识、无意识和前意识构成的。弗洛伊德提出，处于活跃状态的意识只是所有心灵力量的一小部分。意识存在于容易通达的表面层次，而在意识之下是最强大的无意识。

被隐藏的海底冰山

精神分析学派的弗洛伊德发展了最初的有关无意识的理论，他认为某些意识经验如创伤记忆和禁品渴望会一直藏在人的内心无意识中，并影响人们的行为。他的假设不被同时代的人认可，因为多数思想家都坚信，理性可以使人们接近所有的内心活动。按照他的观点，如果人的心理是一座冰山，意识就是露出水面的部分，只占心理活动的小部分；而大部分的心理活动是无意识，是冰川在海平面下深不可测的部分。无意识包含着大量的观念、愿望、想法等，这些观念和愿望因为和社会道德存在冲突而被压抑，不能出现在意识中，却在不被人们觉察的情形下对人们的行为产生着影响。

常见无意识现象

无意识现象在生活中很常见。有时候，人们的行为已经自动化了，不受意识的控制，如在骑自行车的时候可以唱歌或说话，而没有意识到自己是怎样保持车的平衡；或者在日常生活中做出一些小动作，如挠头皮、推眼镜等，这些都是无意识的动作。那些没有被我们察觉到的事件，实际上会对我们的行为产生影响，这是人们对刺激的无意识。

无意识是相对于意识而言的，是不曾被个体觉察到的心理活动和心理过程。通常，只有人们无法用意识来解释自己的行为的时候，才能意识到无意识的存在。

想要让无意识浮现出来，方法有很多种。第一种方法是弗洛伊德早期提出的释梦。他曾经对自己的梦进行研究，并创作了著名的《梦的解析》一书。他提出，每个梦都代表一种愿望，意识层的愿望越不堪，在梦中就隐藏得越深或者扭曲得越严重。第二种方法是口误。口误实际上透露出人们被压抑的信念、思想或情绪。无意中将一个词说成了另一个发音相似的词，揭示出了一个人的真实感受。第三种方法是自由联想。弗洛伊德曾用自由联想法为人治疗——病人被要求听到一个词后马上说出脑海里想到的第一个词。他认为心灵是自动联想的，当隐藏的思想立刻被说出来就不会受到意识的干扰，因此这个过程可以直达无意识。

焦点意识

注意力高度集中时能够清晰地觉察到的意识，如人们在认真听课时所接受的就是焦点意识。

边缘意识

是对于刺激模糊不清的意识，人们看到一部电影中出现很奇特的画面，产生的模糊不清的意识就是边缘意识。

半意识

在不注意或略微注意的情形下产生的意识，如在手术麻醉状态下人们偶尔听到医生的话，并在手术后能重复，这就是半意识的作用。

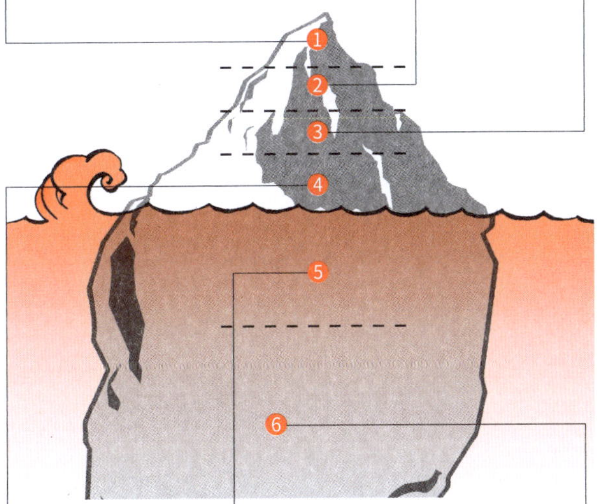

意识水平是人们在某一时刻对自身活动的觉知程度，有六个水平。

非意识

人们对其内在身心状态或外在环境中一切变化无所知无所感的情形，如心跳、脑电活动就不为人所察。

前意识

介于意识与无意识之间，是当时没有意识到，但之后很容易觉察的意识，如同储存在记忆中的大量信息，在不使用的时候人们不会感觉到，但在需要用的时候便可以提取出来了。

无意识

是相对于意识而言的，是人们不曾觉察到的心理活动，如人们被压抑的观念、愿望和内心想法。

第 13 讲
注意力决定有意识，而无意识无处不在

有时人的行为，特别是那些已经自动化了的行为，不受意识的控制，例如一边走路一边思考问题；或者在日常生活中，人们会有许多自己没有觉察到的小动作，如眨眼睛等。

布罗德本特：我们一次只能听到一个声音

如果把人脑比作电视，注意就像选台的过程，它将决定什么可以成为意识，而此过程包含着大量的无意识过程。

双耳分听

如在双耳分听实验中，通过耳机向被试的两耳呈现不同的听觉信息，要求被试只注意其中一只耳的内容，而尽量避免听另一只耳的内容。尽管被试不记得呈现在非追随耳的单词是什么，但被要求解释听到的句子的含义时，却明显倾向于用非追随耳听到的单词的词义来解释歧义词。例如，左耳听到的 bank 一词有多种含义，但右耳听到的 finance 一词就容易使被试想到 bank 与之有关的含义。

信息的选择

设计著名的双耳分听实验的是英国心理学家唐纳德·布罗德本特（Donald E.

Broadbent），他注意到人们一次只能有效地处理一个信息，并且认为大脑一定存在某种机制使得它可以对信息进行加工并做出选择。实验证明，被试无法同时加工来自两个通道的信息，也就是说，我们一次只能听到一个声音。

为了解释大脑如何选择要关注的信息，布罗德本特提出了一种机械模型来解释大脑在这个过程中的加工。当我们接受多个渠道的信息而大脑又无法持续加工这些信息时，这些信息就会遇到“瓶颈”，因此大脑必然会通过某种“过滤器”选择接受一个通道的信息。

布罗德本特在早期双耳分听实验的基础上又设计了一系列的实验，最终他确信所有感官信息都能够以某种方式被完整地存储起来，他称之为短时记忆。而过滤器正是在这个阶段开始发挥作用的。

后来，人们把布罗德本特对“信息是在何时以及是被如何选择”的描述称为“布罗德本特过滤器模型”。布罗德本特为实验心理学领域带来了一种全新的研究方法，他不仅将理论与实践结合在一起，还提出了具有相当影响意义的新观点：将大脑视为一种信息加工的结构。

注意与意识

心理学家在后续的研究中发现，影响个体对信息选择的因素不仅是信息的物理性质，还有个体之前的经历、信息具备的意义、信息得到的反馈以及个体当时的预期等。如，在众多声音中，警报声很容易脱颖而出，被个体捕捉到。也就是说，信息在被注意被选择之前就已经被加工了。

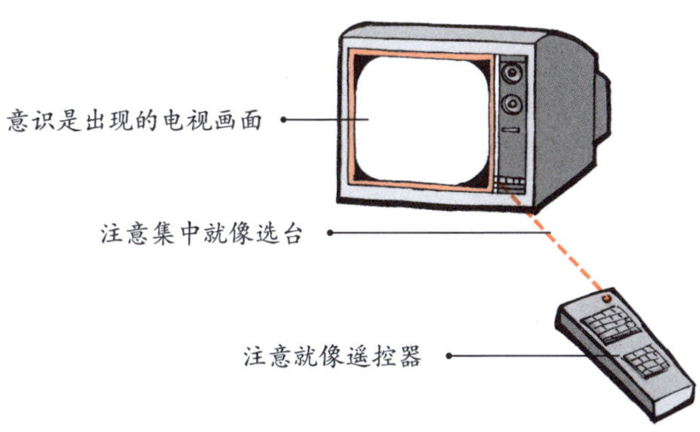

如果把人脑比作电视的话，注意就像选台的过程，它将决定什么可以成为意识，而此过程包含着大量无意识过程。

无意识包括“生本能”和“死本能”

人的无意识包含：“生本能”——驱动我们成长和创造，“死本能”——把我们推向毁灭和崩溃。因此，生命本身就是在不停地和死亡驱动力做斗争。

对抗的力量

根据牛顿的物理学可知，当两种同等力度的相反力量对抗时，就会达到一种平衡的状态。前文中提到，不同思想的对抗产生了意识与无意识，这种对抗力量正是人的存在的核心部分，其中生与死的对抗可能是最有力量的驱动力。

德国哲学家亚瑟·叔本华（Arthur Schopenhauer）说，求生驱动力与同等的死亡驱动力是两种永恒对抗的力量。弗洛伊德称，大部分基本驱动力其实都是为了对抗死亡。我们通常利用力比多（libido，生本能，如自我关注）来迫使死本能指向外部，对抗其他目标，从而避免自己被死本能摧毁。

精神分析师梅兰妮·克莱因（Melanie Klein）认为，即使让死亡的力量指向外部，我们仍旧无法完全避开被“攻击本能”所毁灭的危险，所以我们必须“调动力比多”。由于与这些对抗力量的共存，我们会产生内在的心理冲突，这也是人类经验的核心。

克莱因指出，我们之所以会感到痛苦，是因为我们成长和创造的驱动力与同等力度并具有毁灭性的力量相对抗时产生的心理紧张。而这种紧张心理也是对我们内心的攻击性和暴力倾向的统一解释。

学会面对生与死

生本能与死本能之间永恒的斗争使我们的心灵产生了困惑。克莱因认为我们从未摆脱这些原始冲突。我们的一生从未达到过安全、成熟的状态，并且在我们的无意识中始终存在对暴力的“原始幻想”。克莱因觉得，生活就是在寻找忍受冲突的办法。

当我们的生命中缺少了欲望或对自己的认可时，就会导致抑郁和绝望。在克莱因看来，生活充斥着焦虑、痛苦和毁灭，我们必须学会面对生与死的极端。

克尔凯郭尔：真正的绝望来自对自我的不认同

荣格提出，心灵由三个部分组成：自我、个人无意识、集体无意识。自我代表有意识的心灵，而个人无意识指个体自己的记忆（包括那些被压抑了的部分），集体无意识指人类共性的永恒的思想。

自　我

意识是人格的最上面一层，能被人觉知。自我是意识的中心，控制和选择无意识。荣格认为个人无意识的内容是情结——某种被压抑的心理内容聚集而成的无意识丛，如恋父情结、批评情结、权力情结等。集体无意识是人格结构最底层的无意识，来自种族的先天遗传，而不是后天习得，是不曾遗忘却不被意识或意识不到的东西，由本能和原型共同构成。

绝　望

哲学心理学家索伦·克尔凯郭尔（Soren Aabye Kierkegaard）在《致死的疾

爱德华·蒙克的《绝望》

病》一书中提出，绝望并非来自于心理的忧郁，而是来自于对我们自我的不认同。他还把绝望描绘出几个不同的层次。最低层、最常见的绝望源自于忽视——对自我的认识有误，并且没有意识到潜在自我的存在。

克尔凯郭尔认为，更深层次的绝望源自于强烈的自我意识，而且表现出极度地不喜欢自己。例如，当一个人应聘某个新工作没通过时，他可能会因为自己的失败而感到绝望。但是根据克尔凯郭尔的观点，这个人的绝望实际上不是因为面试没通过这件事，而是因为无法忍受没能达成某个目标的自己。例如，拿破仑对权力的野心不断膨胀，使得他看不清真实的自己，无视了人性的局限，最终陷入了绝望的深渊。

做真实的自己

对自己的否定会令人感到痛苦：如果一个人想要逃避自己，那么他就会感到深深的绝望——“他不再是自己了”。

克尔凯郭尔提出：不要妄想成为其他人，一旦拾起面对自己的勇气，我们就能够找回内心的平静与和谐。他说：“成为真实的自己，是绝望的反义词。”当我们不再否定真实的自己，并且试着去发现和接受自己的本性时，绝望就消失了。

第 14 讲

喧嚣的梦境，就像一部盛大的舞台剧

睡眠状态经历着丰富的心理活动，其中最生动有趣、不可思议的环节就是做梦。梦境中的场景，时而跳跃，时而栩栩如生，宛如一部盛大的舞台剧。

你的梦中隐藏着最深的愿望

人的一生大约有 1/3 的时间是在睡眠中度过的，不过睡眠并不意味着心理活动的静止。相反，人们在睡眠状态下，除了消除疲劳，还有着十分丰富的生理和心理活动。

睡眠状态

睡眠的周期通常包括四个阶段和快速动眼睡眠阶段，每个周期一般持续 90 分钟，每晚会重复几次。进入睡眠状态时，大脑的生理电活动会发生复杂的变化，这些脑电的变化通过脑电图可以很清晰地呈现睡眠的本质。

第一阶段是混合的、频率和波幅都较低的脑电波，呈现的是身体放松、呼吸变慢、容易被外部的刺激惊醒的浅睡状态，持续约 10 分钟。第二阶段出现“睡眠锭”脑电波——一种短暂爆发的、高频率、大波幅的脑电波，个体在这一阶段较难被唤醒，大约持续 20 分钟。第三阶段的脑电频率会继续降低，波幅变大，出现△波，有时也会有“睡眠锭”波，持续约 40 分钟。第四阶段通常被称为深度睡眠，个体的肌肉进一步放松，身体功能的各项指标变慢，梦游、梦呓、尿床大多发生在这一阶段。第三、四阶段的睡眠也被称为“慢波睡眠”。快速眼动睡眠阶段，脑电波与清醒状态类似，大多数的梦发生在这一阶段。在第一个睡眠周期持续约 10 分钟，然后逐渐增加。

睡眠阶段		特点
非快速眼动睡眠（Non-Rapid Eye Movement，简称NREM）	阶段一	醒和睡眠之间的转换期，眼球有缓慢飘移动作，人处于迷迷糊糊的状态，身体放松，呼吸变缓，容易被外部的刺激惊醒，这个阶段约持续 10 分钟。
	阶段二	脑电活动减慢，心率和呼吸速度放慢。容易觉醒，入睡困难者，常自行惊醒。出现“睡眠锭”（一种短暂爆发的、频率高、波幅大的脑电波）脑电波。这个阶段约持续 20 分钟。
	阶段三	意识消失，不易觉醒，大约持续 40 分钟。
	阶段四	觉醒相当困难，肌肉进一步放松，身体功能的各项指标变慢，有些人容易出现梦游、梦呓、尿床等现象。
快速眼动睡眠（Rapid Eye Movement，简称 REM）		出现阵发性的快速眼球同向运动，速率为 50~60 次 / 分，与人在清醒状态时的脑电活动很相似，但身体不动，心跳和血压随着大脑的活动而加快和升高，并出现清晰的梦境。在第一个睡眠周期持续约 10 分钟，然后逐渐增加。

梦游与梦呓

梦游和梦呓是睡眠状态下的两种心理活动。

值得注意的是，做梦一般出现在 REM 睡眠阶段。在这一睡眠阶段，人们并不经常挪动身体。来自大脑的电化学信息会麻痹我们的肌肉，使身体不能动弹。因为有这样一种生存机制，人们才不会用肢体去演绎梦境，从而避免了因做梦伤害自己或者出现更糟糕的后果。

梦境解析

弗洛伊德在《梦的解析》一书中对自己的梦境进行了研究。他说，每个梦都代表一种愿望，意识层面的愿望越不堪，就会在梦中隐藏得越深或扭曲得越严

梦游

梦游是指在睡眠过程中下床行走，然后再回床继续睡觉，而且事后并无记忆的怪异现象。梦游与做梦并无关联，因为梦游时，脑波通常处于阶段3和阶段4，即深度睡眠阶段，但沉睡阶段是不会做梦的。梦游也不是病态，与情绪困扰也没有关系，发生的原因尚未明确。

梦呓

梦呓即梦话，是指睡眠时发生的说话现象，与做梦无关，也发生于深度睡眠阶段，发生原因也尚未明确。

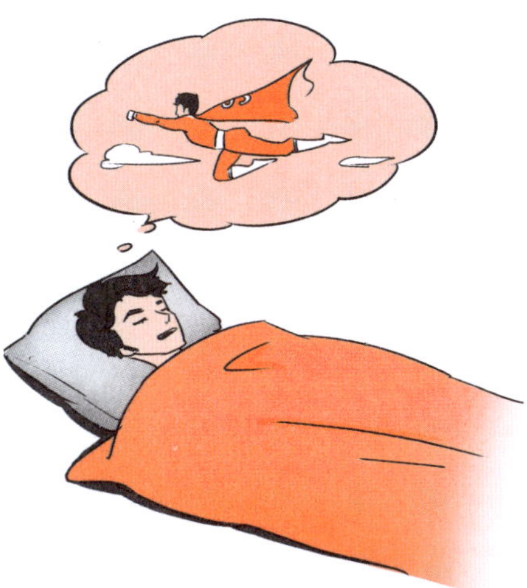

梦境

精神分析心理学家认为，梦是被压抑的冲动或愿望，是潜意识过程的显现。在清醒状态下，这些冲动和愿望不被社会伦理道德所接受，因而受到压抑和控制，无法出现在意识中，于是就在睡眠时以梦的形式呈现。弗洛伊德将梦境分为显性梦境和潜性梦境两个层面，前者是梦境的表面，能够在做梦者醒来后记起；后者是不为做梦者所了解的真实梦境。做梦者所陈述的显性梦境实际上是潜性梦境经由伪装后通过简缩、转移、综合和再修正的方式转化而来。

重。由于弗洛伊德释梦的理论建立在精神病患者的梦的经验上，并过于强调性本能对人的影响，所以在被广泛接受的同时也备受争议。

认知心理学家认为，在睡眠状态下，认知系统仍旧可以对储存的知识进行检索、排序、整合、巩固等；当这些活动的一部分进入意识时，梦境就出现了。生物学的观点认为，梦的本质是人脑随机的神经活动的主观体现。睡眠状态下，由于刺激减少，神经系统会产生一些随机活动，人们的认知系统会对这些随机活动进行解释并赋予一定意义，从而形成了梦。

清醒梦境

清醒梦境，即当你做梦的时候知道自己正在做梦。该项研究的代表人斯蒂芬·拉伯格（Stephen LaBerge）曾与他的同事设计了一种方法，使他们能够检验清醒梦境报告的真实性。

研究者已提出，有意识地觉知一个人正在做梦是一种能够习得的技能，通过常规的练习可以使做梦者控制他们梦的方向。

梦境专家阿伦·霍布森（Allan Hobson）认为，学习自主进入意识并改变其状态——如进入清醒梦境——能够让人得到启迪。

被催眠的人睡着了吗？

“催眠”一词由苏格兰外科医生詹姆斯·布雷德创造，最初来源于阿毕·法利亚提出的“清醒睡眠”。

催眠不是睡眠

“催眠”（hypnosis）是由希腊语中的“睡眠”（hypnos）和“状态”（osis）组合而成，布雷德却说，催眠不是一种睡眠，而是一种全神贯注并且受暗示性提高的状态。催眠可以引导出增强的易受暗示性状态，可能导致消极的放松、狭窄的注意范围和扩大的幻想。

催眠有两个前提条件：安静的环境和放松的情绪。催眠一般在室内进行，除了要保证室内的安静之外，还需要保持暗淡的灯光，而被催眠者会被安排放松地坐在一张椅子上。被催眠者需要相信催眠师和催眠的无害性；同样，催眠师也应该表示出和善的态度向被催眠者解释催眠的科学性以打消其疑虑。

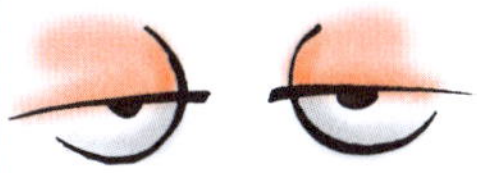

1 主动反应降低，不能再控制肌肉动作，如觉得眼皮变得很重，不能睁开眼。

2 知觉扭曲和幻觉：被催眠者可以体验到嗅觉、味觉、触觉、听觉甚至视觉上的幻觉，如被催眠者被暗示看到一个物件，他可能就真的认为他的面前有一个物件。

3 旧记忆还原：被催眠者可以在催眠师的暗示下想起一些记不得的事情，比如淡忘的儿时记忆。

在电影中，钟摆是催眠师的必备物件，而事实上，许多技术都可以诱导出催眠状态。一般来说，催眠过程中被催眠者会得到一系列暗示，如眼睛疲倦无法睁开，感官逐渐迟钝，将不会感到刺痛，然后会忘却一切，只听从催眠师的指令，之后被催眠者将感到幻觉的出现，当被暗示催眠者醒来后将忘却催眠中的所有经验并做其他活动。

目前，催眠已经被广泛地应用于心理治疗、医学、犯罪侦破和运动等领域。在心理治疗方面，催眠对于酗酒、梦游、自杀倾向、过量饮食等等治疗有一定的作用，但催眠的效果不会立即呈现，除非病人有着非常强烈的动机。此外，催眠疗法与其他治疗相结合可以得到更好的效果。

催眠的暗示性

暗示性是被催眠者接受催眠师暗示的程度。暗示性高时，被催眠者完全依照暗示行动；暗示性低，被催眠者则不受催眠师指令影响。

进入催眠状态后，被催眠者的暗示性大大地增强，并达到会完全接受催眠师指示的程度；甚至听从催眠师的指示，可以扮演与本人原来性格不同的另一角色，表现出符合该角色的一些复杂行为，即催眠状态下的角色扮演。催眠期间所受的暗示也影响被催眠者以后的行为。催眠中经历失忆就是被催眠者被催眠师暗示在被催眠期间什么也没有发生，被催眠者就会在催眠后声称什么也不记得了。

每个人接受暗示的难易程度不同，所以每个人被催眠的难易程度也不同。少数人容易被催眠或者难于被催眠。接受暗示的难易程度被称为催眠感受性。催眠感受性高的人通常爱做情节生动的白日梦，因为他们想象力很丰富，容易沉浸于眼前或想象中的场景。这一类人依赖性强，经常寻求他人的指点，对催眠的作用深信不疑，有经验分离的经历，即体验过记忆或自我的一部分与其余部分分离开来。

冥想：放松与专注的智慧

冥想不是某种超能力，每个人都可以通过冥想的方式来改变意识，获得内心的深度宁静，让意识清醒敏锐，达到身心健康的状态。

冥想状态

冥想和放松有些类似，但冥想不是简单地放松。冥想是改变意识的一种形式，它让人有意识地长时间将注意力集中于某一点或某一个想法上，获得深度的宁静状态进而增强自我觉知和保持良好状态。

在冥想期间，人们的注意力也许集中在自己的呼吸上，在调节呼吸的同时保持一定的身体姿势（如瑜伽的姿势），将外部刺激降到最低点，产生某种特定的心理表象，或者什么也不想。进入冥想状态后，大脑会呈现有规律的脑波，支配性和理性思考的功能会被抑制，动物性本能和被压抑的意识会被活化，从而使蕴含在潜意识里的力量被激发，想象力、创造力与灵感会不断地涌出，判断力、理解力会大大提升，身心呈现安定、愉快、平静的状态。

冥想的功用

最初，冥想是宗教活动中的一种修心行为，如禅修、瑜伽、气功等，后来逐渐被广泛运用于心理活动的课程中，以获得开启心智及内心平衡的途径。冥想的追随者认为通过冥想可以获得一种身体唤起较低，但觉知状态较高的状态。因此，冥想可以使压力状态下的个体减少焦虑。

冥想的功用不止于暂时性地缓解紧张，有规律地练习某些形式的冥想还可以增强意识，有助于使个体在思想上获得启迪，从新的视角看待原有的生活，不再

冥想时，人们的脑电波会自然地转成 α 波，此时想象力、创造力和灵感便会源源不断地涌现，人们对事物的判断力、理解力也会提升，同时身心会呈现安定、愉快的感觉。

禁锢于旧的知觉和思维模式。还有研究者认为，规律性的冥想可以使心理超越智力和认知的局限，获得更高深的智慧。然而，冥想的批评者指出，冥想和普通的闭目养神的休息状态在生理上没有根本的差异。

冥想的方法

进入冥想状态的条件是使全身的肌肉、细胞放松，或是其他让身心感觉舒适的方法。冥想的方法有很多种，有坐禅式冥想、站立式冥想、舞蹈式冥想、祈祷式冥想等。但值得注意的是，冥想方式必须是适合人格的方式，否则冥想者会感到疲惫和痛苦。例如，有人认为冥想状态可以通过看自己喜欢的电影、听自己喜欢的歌曲的方式进入。冥想没有固定的方式，只能凭借个人直觉来把握。

第 15 讲
全脑记忆

记忆，它可能是天堂，我们无须担忧会被驱逐；记忆，它也有可能是地狱，我们怎么逃也逃不掉。

没有专门的记忆细胞

记忆像一台自动取款机，外界的信息像是通过编码存储的心理过程，在人们的头脑中被长久地保存下来，并且可以在以后被提出，如同纸币可以存入取款机再被提出。

人类记忆模型

人们感知过的事物、思考过的问题以及体验过的情感都会在头脑中留下不同程度的印象，其中可以保存得最久的，并且还能恢复的，就是记忆。

记忆是人们凭借主观的能力和知识结构对信息进行编码、存储和提取，因此，记忆是一种能动活动。同时，人们对外界的信息是有选择地记忆，认为信息有意义、有用才会有意识地记忆。

根据现代信息加工的观点，记忆是一个结构性的信息加工系统，分为感觉记忆、短时记忆和长时记忆三个子系统，这些子系统在信息保持时间和容量方面不同，处于记忆系统的不同加工阶段，彼此间存在密切联系。

感觉记忆

感觉记忆是记忆系统的开始阶段，储存时间约为 0.25 秒 ~ 2 秒，如人们在看电影时，虽然看到的都是一幅幅静止的画面，但是由于感觉记忆的存在，所以人们就感觉到看到的是连续不断运动的图像。

短时记忆

短时记忆是感觉记忆和长时记忆的中间阶段，保持时间约为 5 秒 ~ 120 秒，

感觉记忆

人们在看电影时，虽然看到的都是一幅幅静止的画面，但是由于感觉记忆的存在，所以人们就感觉到看到的是连续不断运动的图像。

信息编码是人们获得个体经验的过程，具有不同层次和水平，以不同形式存在。它包括对外界信息进行反复思考、感知、体验和操作，新的知识与已有的知识形成联系，并得到巩固。

编码

感觉记忆

存储是把感知过的事物、体验过的情感、做过的动作、思考过的问题以一定的形式保持在头脑中，可以是事物的图像，也可以是感念或命题。存储是信息编码和提取的中间环节，在记忆过程中有着重要的作用。

短时记忆

人们在较短的时间记住一个电话号码，马上可以拨出这个号，但很快就忘了。

存储

短时记忆

长时记忆

提取

提取是从记忆中查找已有的信息，是记忆过程的最后阶段，一个人记忆力的好坏就是由信息提取来表现。

发现心理学

海马是记忆的桥梁

海马是边缘系统中最大的脑结构，对外显记忆有重要的作用。外显记忆是人们提取自己知觉记忆的能力，如果海马受到损伤，人们会失去把新信息存入长时记忆的能力，表现为只能回忆起遥远的往事，而不知晓自己的现状，称为“活在过去”的人。

长时记忆

人们在老年的时候还能回忆起童年的往事，就是长时记忆的作用。

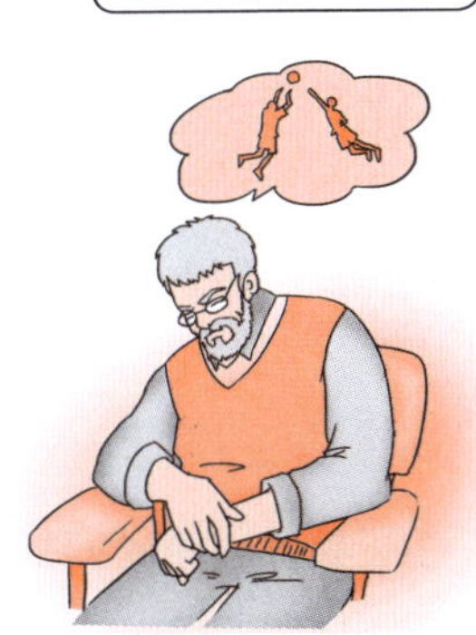

分为直接记忆和工作记忆。直接记忆的容量有限，它对输入的信息不进行加工；工作记忆对树突的信息经过再编码，使其容量再扩大，并与长时记忆中已储存的信息发生了意义上的联系，进入了长时记忆，必要时可以取出来解决当前的问题。

长时记忆

长时记忆是信息经过充分的和有一定深度的加工后，在头脑中长时间保留下来的永久性的储存，保存时间比较长，为 1 分钟到终生，容量没有一定的限度，信息的来源多为对短时记忆的加工和一次印象深刻的经历。

记忆的细胞

美国心理学家卡尔·拉什利（Karl Lashley）试图找出记忆的痕迹——人脑中负责记忆的特定区域。拉什利也像行为主义者那样利用老鼠走迷宫来做基本的学习实验。老鼠们很快就学会了找到迷宫中通往食物奖励的路径。接着，拉什利给老鼠们做了个外科手术，他切除了每一只老鼠不同的大脑皮质。然后，再次把老鼠放入迷宫中，来检验它们的记忆和学习能力。

拉什利发现无论切除脑的哪个部分，都不会影响老鼠对实验任务的记忆。但是，老鼠们对新任务的学习和保持受到了影响，而影响程度依赖于切除大脑皮质的多少，而不是切除的位置。因此，拉什利得出结论：记忆痕迹分布在整个大脑皮质中，没有特定的区域；所以脑的每个部分都同等重要，即“均势原理”。

对抗遗忘：艾宾浩斯曲线和蔡加尼克效应

赫尔曼·艾宾浩斯是第一位对记忆进行科学测量研究的心理学家，于 1885 年发表了著作《论记忆》。他利用无意义音节作为记忆材料进行实验，绘出了著名的“艾宾浩斯遗忘曲线”，找出了记忆和时间的关系。但影响记忆的因素不仅有时间，还有其他的因素。

无意义的音节

为了防止使用联想策略，艾宾浩斯编造了 2300 个“无意义音节”——由三个字母组成，标准的辅音—元音—辅音结构，如“QAX”。把这些无意义音节做成列表后，艾宾浩斯开始反复记忆这些无意义音节，直到觉得自己可以快速准确地将列表背诵下来。接下来，他测试了不同列表长度和不同学习间隔，并记录了学习和遗忘的速度。

艾宾浩斯发现，记忆有意义的材料，比记忆无意义音节列表要容易得多。他还注意到，对这些无意义音节重复学习的次数越多，那么再次学习所需要的时间就越少。此外，前几次的重复学习对于记住音节表最有效。在审视关于遗忘的研究结果时，艾宾浩斯发现，花费越多时间去记忆，遗忘的速度就越慢。艾宾浩斯还揭示了记忆保持的模式：在最初的 1 小时里，记忆损失得非常快，此后损失的速度逐渐减慢；9 小时以后，被遗忘的内容约有 60%；24 小时之后，被遗忘的内容几乎有三分之二。

蔡加尼克效应

你是否注意到，在餐厅里，服务员对没有结账的订单内容印象更深刻？俄国心理学家布鲁玛·蔡加尼克（Bluma Zeigarnik）试图验证未完成的任务是否处于记忆的另一个状态，所以才能够比已完成的任务被记得更牢。

为此，蔡加尼克设计了一种实验，在实验中的参与者会得到一些简单的任务，但其中有一半任务在进行中会被打断。然后，当问他们对任务记住了多少时，他们表示记住了更多被打断任务的细节。因此，蔡加尼克得出一个推论：没完成的任务被记忆的方式可能有所不同，且更有效。这就是著名的“蔡加尼克效应”。后来，蔡加尼克的理论被应用于教育界、广告界以及媒体领域，更被认为是人类理解记忆的重要一步。

我们为什么会遗忘

遗忘的原因是多方面的，以下的几种理论都能解释遗忘的部分现象，但不能解释全部现象。衰退理论和干扰理论处于对立的关系中，认为遗忘的原因是记忆不能得到保持，而提取失败理论则强调记忆的提取，动机性遗忘理论则认为遗忘的原因是记忆被压抑。

遗忘

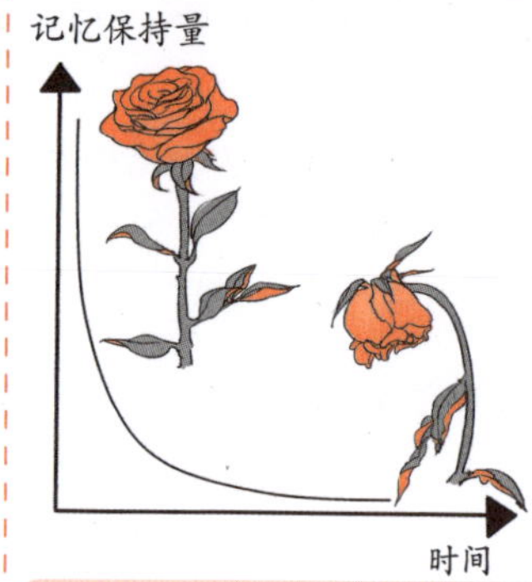

遗忘是记忆痕迹随着时间的流逝而逐渐消退的结果，这是衰退理论。事物都有发生、发展和衰亡的过程，记忆痕迹也不例外，遗忘是指记忆量随着时间流逝而减少，记忆的恢复则是痕迹的恢复。

衰退理论

遗忘是在学习和回忆之间受到其他刺激干扰的缘故造成的，这是干扰理论。

干扰理论

人们常常有这样的经历，明明知道某件事，却一时想不起来，事后却能回忆起，这种现象称为“舌尖现象”。这说明遗忘只是暂时性的，从信息加工的观点来看，就是一时难以提取需要的信息。

提取失败理论

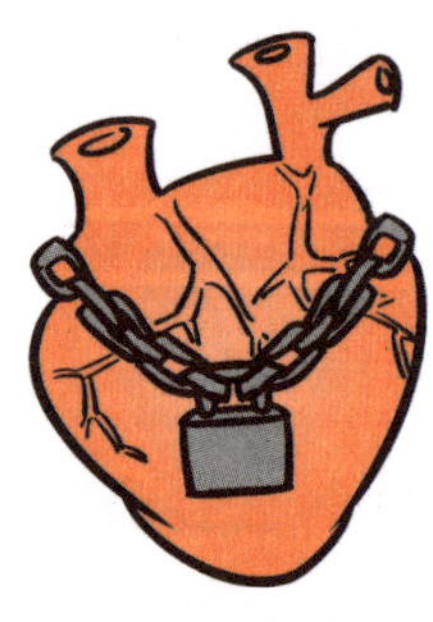

遗忘的产生是因为人们不愿想起，这是动机性遗忘理论。由于一些记忆太可怕、太痛苦、太有损于自我，所以，人们将一些记忆推出意识之外。这些记忆大多与罪恶感、羞耻感相联系，从而不能被自我接受。因此，遗忘是记忆被压抑而不是消失。

动机性遗忘理论

第 16 讲

记忆的类型

有时候我们的记忆只能维持一瞬；有时候我们的记忆不仅包含事件本身，还伴随着我们在事件发生时的情绪；有时候我们的记忆还会出现偏差，而不是对事件的真实还原。

神奇的数字与组块理论——短时记忆

短时记忆就是大量可能成为意识焦点的信息的即时结果。由于受到记忆能力的限制，你在短时记忆中只能保存一小部分的信息。

神奇的数字“7±2”

一项注意广度实验表明，在大屏幕上闪现随机数目的圆点，呈现时间仅几百毫秒，如果数量少于 7 个，那么被试能够在瞬间数出数量。但如果多余 7 个时，被试则无法数出数量。这表明注意广度的极限在 7 左右。为了评估短时记忆的容量，研究者们首先致力于记忆广度的测验。

现场实验

请读一遍以下一组随机数字，然后把它们盖起来，尽可能多地按照它们出现的顺序写下来：

3 9 6 5 1 4

你写对了吗？

现在再做一次测试，请读一遍以下这组随机数字，然后盖起来，再试着按照它们的顺序写出来：

8 7 1 3 4 9 6 4 2 7

第二次你写对了几个呢？

第二组数字可能会超出一般人的短时记忆容量。心理学家乔治·米勒（George Miller）提出，“7±2”是能够描述我们记忆容量的神奇数字。艾宾浩斯和冯特甚至也认为短时记忆的容量限制在7个左右。

组块理论

根据我们的信息加工能力，如果短时记忆的限制在7个元素左右，那么就存在一个瓶颈限制着输入长时记忆的量。但是米勒认为记忆容量并非局限于数字7。他引用了“比特”的概念，即1比特是一个独立的、有意义的信息单位，例如，一个数字或者一个字母就可以说是1比特。

米勒提出，把信息的“比特”组织成“组块”，从而达到克服限制短时记忆容量的瓶颈的目的。每个组块都是经过编码的有意义的单元，而不是一个任意的集合。例如，21个英文字母可以视为21个信息比特，如果能够把三个字母划分成一组三字词，那么就变成了7个组块。米勒指出：“或许可以简单地把记忆的过程看作是不断创建组块直到组块的数量能够让我们记住全部信息为止。”然而组块的创建与我们在信息比特中寻找模式和关系的能力息息相关。例如，对于不懂英语的人来说，这7个由英文字母组成的词语可能就是毫无意义的，也就无法成为7个组块，而只能是21个比特。

利用米勒的组块理论，我们能够把一长串数字或字母分成可记忆的组块，这就增加了短时记忆所能加工的信息量。

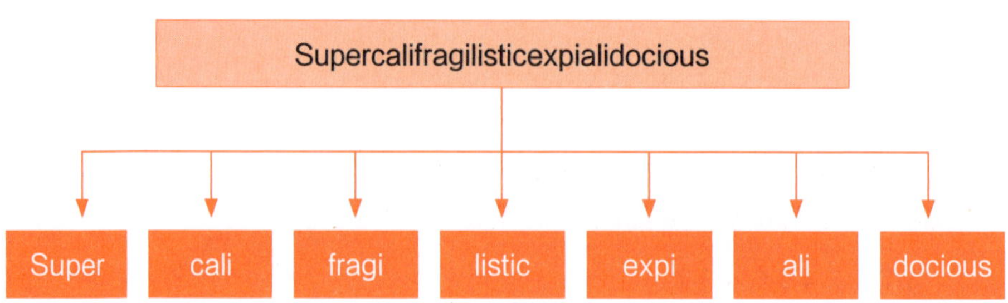

▌回忆是大脑的时光旅行——长时记忆

长时记忆是从感觉记忆和短时记忆中获得的所有情感、体验、事件、信息、技能、规则和判断等的仓库。长时记忆构成了我们每个人对于世界和自我的全部知识。

长时记忆的两种类型

之前的心理学家研究了长时记忆与短时记忆的区别，而加拿大认知心理学家安道尔·托尔文（Endel Tulving）发现长时记忆也有不同的类型。他发现那些以经验（事件和对话）为基础的记忆与以事实和数据为基础的记忆之间存在着差异。因此，他将长时记忆分为两种类型：以事实性资料为主的语义记忆和以储存个人经历为主的情景记忆。

托尔文的实验显示，语义信息可以帮助个体更好地回忆。同样，在情景记忆中也存在类似的情况，不同的是，语义记忆是把信息进行有意义的分类之后再存储，而情景记忆则是把信息和事件发生的特定时间、环境联系到一起再存储。

在某个生日会上两个人进行了一场特殊的谈话，那么这次谈话的内容就会和生日会场景的各种信息混合在一起储存到记忆中。

当一种记忆与它发生的时间或者环境的联系越紧密时，我们就越容易通过时间或者环境提取出相应的记忆。

托尔文认为情景记忆是一种对过去的故地重游，因此他把这种记忆描述为“大脑的时光旅行”。后来，他还指出情景记忆是个体对某个特别的时光的记忆。我们不仅可以通过这种记忆回忆发生过什么，同时也可以通过这种记忆让自己了解可能会发生什么。有了这种独特的能力，我们就能够更好地思考自己的生活，并对未来做出规划统筹。

记忆信息的编码

托尔文认为大脑会对每个进入长时记忆的信息进行编码，以确保通过一个记忆的提取线索定位到某个特定的记忆。这种能够促进个体情景记忆的线索通常是感官线索，如一种特定的声音或是一种气味，这些都有可能触发你的某个记忆。

我们对过去某个特定事件的记忆通常是由大脑根据事件发生的时间以及当时发生的其他事件一起进行编码的。托尔文还发现，与某个特定事件的记忆同时被编码的事件中，与这个记忆重叠最多的内容，是提取这个特定情景记忆最有效的线索。

然而，对于提取情景记忆而言，这种提取线索的方式并不充分，因为有时线索和记忆之间的关系并非足够密切，从而无法达到令个体能够回忆出来的程度。

记忆信息的提取

和之前的记忆理论不同，根据托尔文的编码原则，我们发现“容易被提取的记忆”和“可以被提取的记忆”之间存在着差别。那些无法被个体回忆出的信息片段，并不意味着已经被个体遗忘或是在长时记忆中消失了；那些记忆其实依然存储在个体的大脑中，当然也可以被提取出来，只是需要不同的提取途径。在神经科学领域的科学家的帮助下，托尔文找到了大脑对信息进行编码和提取的不同区域——大脑的内侧颞叶尤其是海马与个体情景记忆存在非常密切的关系。

不是所有的记忆都可靠——虚假记忆

弗洛伊德提出，人的记忆是会被压抑的。在《记忆》一书中英国心理学家弗雷德里克·巴特利特（Frederic Bartlett）指出，人的记忆会受到主观的加工、遗漏和扭曲。戈登·奥尔波特和里奥·波斯特曼 (Leo J. Postman) 通过实验证实，人们会在无意识的情况下出现不同类型的误报。

现场实验 1：你的记忆能力如何?

请阅读以下词语，只读一遍，尽可能地记忆这些词。

梦　床　毛毯　瞌睡　枕头　午睡　鼾声　床垫
警报　钟表　休息　睡眠　点头　被子　床铺
摇篮　折叠床　摇晃

受到暗示的记忆

20 世纪 70 年代早期，美国心理学家伊丽莎白·洛夫特斯（Elizabeth Loftus）为研究不可靠的记忆设计了一系列简单的实验。

洛夫特斯通过实验来测试目击证人证词的准确性。她的做法通常是，在给被试播放完一段交通事故的片段后，然后询问他们看到了什么。洛夫特斯发现，被试的回答很容易受到提问的措辞的影响。例如，当问被试认为片段中发生交通事故时汽车的速度是多少时，被试的回答往往受到提问者描述撞车时的词语，如“撞”“相撞”或者“撞碎”等的影响。如果继续询问事故发生后现场是否有碎玻璃，被试的回答同样会受到之前问汽车速度时提问者说出的描述词的影响。也就是说，在实验中，提问者给予被试有关事故细节的虚假信息会对被试的回忆造成影响。

现场实验 2：判断是否出现过

现在请回忆一下刚才读过的词语，并从下列几个词语中找出刚才出现过的词并做出标记。

桌子　睡觉　灯　厨具

虚假记忆

1988年，保罗·英格拉姆因涉嫌性侵自己的女儿而被逮捕。起初，英格拉姆否认指控，但在经过几个月的审讯后他终于供认出自己曾犯下的一系列罪行，诸如强奸甚至谋杀等。英格拉姆前后表现出的反差引起了参与本案的心理学家理查德·奥夫世易（Richard Ofshe）的怀疑，于是他尝试暗示英格拉姆，让英格拉姆招供出了另外一起性犯罪——一起虚假的犯罪，然而英格拉姆不仅供认不讳，居然还“回忆”出了犯罪的细节，因此证明了自己的清白。

1990年，乔治·富兰克林被女儿指认谋杀了一名儿童——女儿的朋友。对于这起所谓的发生在20年前的“谋杀案”，证人的证词对于罪名的审判至关重要。然而，洛夫特斯发现富兰克林女儿的证词前后矛盾，而且很多证据都显示她的记忆存在不可靠之处。1995年，富兰克林终于沉冤得雪，原因是法院没有让最关键的证据——女儿在催眠中的回忆起作用。

洛夫特斯认为，尽管富兰克林女儿深信自己有关父亲实施谋杀的记忆，但记忆本身却是错误的。洛夫特斯分析，富兰克林的女儿之所以会产生这样的虚假记忆，很可能因为她曾经目睹父亲做过某些残忍的行为，那些残忍景象的记忆相互重叠构成了她的所谓谋杀的记忆。

现场实验3：看看结果

现在让我们来看看刚才你做出标记的词语。如果在你标记的词语中有“睡觉”，那么说明你有虚假记忆。在第一个词表中确实出现了不少与“睡觉”相关的词语，这给你留下了深刻的印象。这个小实验能够帮助你更好地理解虚假记忆的产生。

“商场走失”实验

以上两起案件证实了对个体灌输虚假记忆的可能。为了进一步证实这个观点，洛夫特斯设计了一个植入虚假记忆的实验，即“商场走失”实验。

洛夫特斯提供给被试四个他们儿时的故事，故事的某些情节是被试能够清晰记得的，而另一些则是根据他们的亲人的补充捏造的。

事实上，四个故事只有三个是真实的，第四个关于在商场里走失的回忆是实验者编造的虚假记忆。这个虚假记忆中含有许多从被试亲人那里搜集来的细节，比如商场场景的描述等。

第一周，洛夫特斯首先给被试呈现这四个“记忆”；在两周之后，她再次约见被试并要求被试谈谈自己对这四个“记忆”的印象。在这两次会谈中，有25%的被试承认自己对在商场走失的回忆有印象。实验结束后，洛夫特斯告诉被试提供给他们的这四个回忆中有一个是虚假的，然后她要求被试指出哪一个是捏造的。结果，24名被试中有19人指出商场走失的回忆是虚假的，但是仍然有5名被试对自己曾经历过商场走失这样的回忆深信不疑。

第 17 讲 一起被储存进记忆的还有情绪

戈登 · 鲍尔（Gordon Bower）还提出了“情绪一致性处理”，当我们快乐时，大脑倾向于存储积极的事情；当我们伤心时，大脑倾向于关注和记忆消极的事情。举例来说，阅读同一个悲伤的故事，悲伤状态下的人会比快乐状态下的人把细节记得更清楚。

受到情绪影响的记忆

戈登 · 鲍尔进行了一系列的研究，观察在不同情绪状态下的人对相同的单词清单的学习效果以及之后的回忆效果，并观察这些被试的情绪状态改变后的回忆效果。通过研究，鲍尔提出了“基于情绪的提取效应”，即一个人在快乐状态下学习的内容，之后当他快乐时再回忆效果会更好。

当我们处于悲伤的情绪状态时，更容易想起悲伤的回忆。

鲍尔提出，我们的情绪会和当时发生的一切联系起来，并且与事件信息一起被存储进我们的记忆中。因此，当我们提取记忆时的情绪状态和我们存储该信息时的情绪状态一致时，我们的回忆效果将更好。

情景记忆不只是对词语或事实的记忆，还有对事件的记忆。事件和情绪一起被储存进记忆中，那些我们记得最牢的往往是与我们情绪状态相一致的事件。

闪光灯记忆

为了描述高情绪唤起时间与个体记忆的关系，哈佛大学教授罗杰·布朗（Roger Brown）和他的同事詹姆斯·库里克（James Kulik）创造了“闪光灯记忆”这一术语。他们提出了一种特别的自传式记忆，即周围环境中发生的重大事件令个体产生了非常生动的记忆，这些记忆不仅细节丰富而且保持长久。

对个体而言的重要事件或具有文化色彩的重大事件会激发个体的“即时刻印”机制——一种特殊生物记忆机制，然后在我们的记忆里创建一个永久性记录，保留我们第一次听到这些事件时的环境信息以及相关细节信息。就像照相机闪光灯的效果那样，当我们听到令自己震惊的消息时，我们就把当时的情况“拍下来”，包括听到事件的时间、地点，我们当时和谁在一起、在做什么等。布朗和库里克提出，这样的记忆不仅生动、准确，而且经久不衰。

当我们听到令自己震惊的消息时，我们就把当时的情况“拍下来”。

第 18 讲
记忆的七宗罪

如果我们的大脑将所有经历都事无巨细地记录下来，那么，我们会被繁冗的无关信息压垮。

美国心理学家丹尼尔・夏克特（Daniel Schacter）借用了《七宗罪》和米勒的“神奇数字 7±2”的说法，提出了记忆可能出现的七种问题：健忘、无心、阻断、错认、暗示、偏见、持久，并将它们定义为“记忆的七宗罪”。夏克特把前三宗罪称为“不作为之罪”，即遗忘；把后四宗罪称为“作为之罪”，即记得。

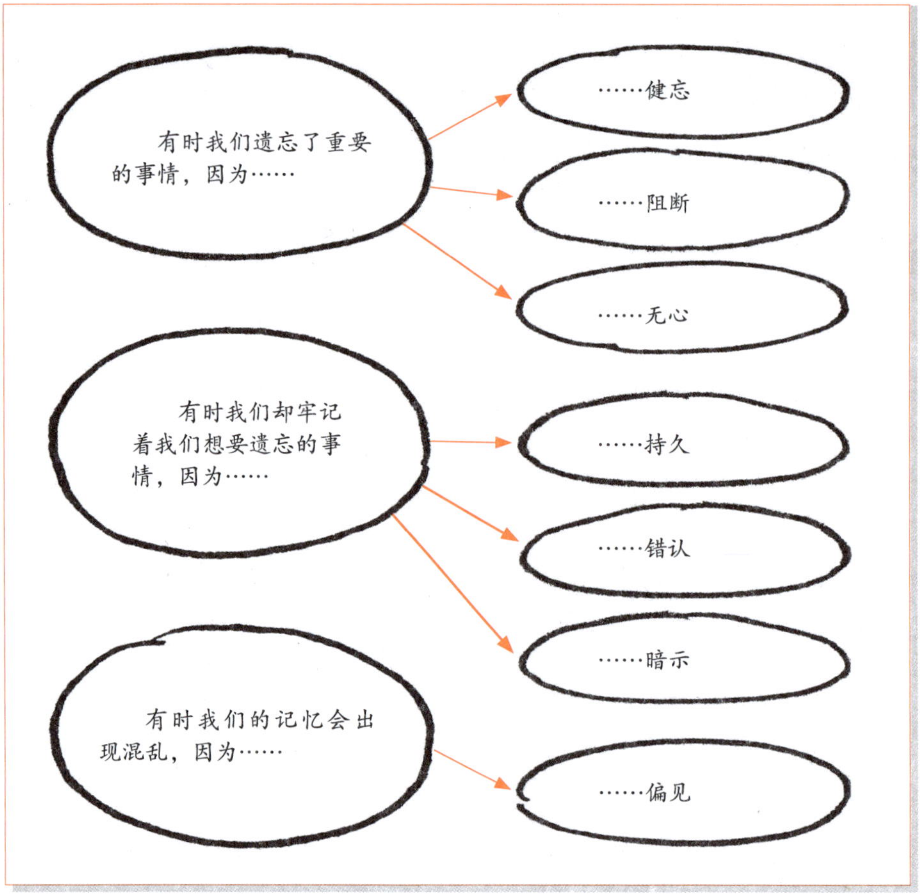

不作为之罪

夏克特认为遗忘是人类记忆的重要机能，它可以确保我们的记忆有效工作。我们的经历和学习到的信息中，有一些是需要被记住，还有一些无关的信息也会被我们记住，这些记忆会占据记忆的重要存储空间，所以这些记忆是需要被清除的。认知心理学常用键盘上的“Delete”键类比人类的遗忘。

第一宗罪——健忘是指记忆随时间退化，尤其是情景记忆。我们对近期发生的事情的记忆往往要好于久远的事情，每次回忆事件时，大脑都会对事件进行再加工，所以每次都会对记忆产生些微小的影响。

我们偶尔会忘了约会地点或是忘记把钥匙放在哪里，这不是提取记忆时出了错而是储存过程中出现了问题。这就是记忆的第二宗罪，无心。有时我们并未对当下所做的事情给予足够关注（比如放下钥匙），于是大脑就将这件事作为无关信息处理了，也就不会为后来再次提取做准备。

与无心相反的记忆的另一宗罪是“阻断”。阻断指的是已经存储的记忆无法被提取，这是因为另一个记忆阻碍了这个记忆的提取。例如我们都有过觉得记忆中的那个词就在嘴边却没有办法把它说出口的经历。

作为之罪

作为之罪在我们日常生活中也十分常见。比如错认，指的是我们回忆的信息没错，但我们回忆的信息源却是错的。暗示和错认的效果很像。暗示指的是回忆受到回忆方式的影响，如个体的回忆受到诱导性问题的影响。偏见之罪是指回忆的扭曲，即个体回忆信息时的观点或感受会对个体的回忆产生影响。

最后是持久之罪，这指的是存储在大脑中的令人痛苦或者烦恼的信息会不时地干扰个体，并且会在记忆中持续。这是记忆效果过于优良导致的问题。持久之罪有时造成的影响不大，而有时则会引发巨大的问题。夏克特却认为这宗罪并不是缺点，它只是我们为记忆系统大部分情况下的良好运转付出的代价。

中 部

社会性是心理的根本属性

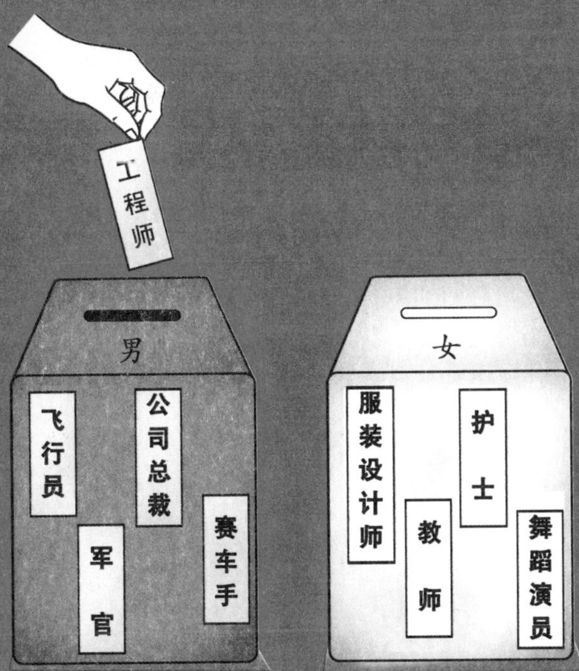

第 19 讲
IQ测试可信吗

对智力来说，判断力是现实生活中一个不可或缺的基本中介，它起着非常重要的作用。

智力是可持续发展的

智力是抽象地考虑事物的“思维能力”，是从经验中学习知识的“学习能力”，是面对新环境的“适应能力”。

智力测量

1859 年，达尔文在《物种起源》中提出进化论，可谓一石激起千层浪，至此掀起了一场关于智力的争论——智力是遗传而来且一成不变的，还是可以受到环境因素改造的。

19 世纪 80 年代初期，达尔文的表弟弗朗西斯·高尔顿在伦敦进行了一次针对 9000 多人的认知能力实验测试，他得出结论：个体的基本的智力一出生就确定了。几乎同一时期，威廉·冯特提出了智商（IQ）的观点，并试图对其进行测量。美国心理学家詹姆斯·麦基恩·卡特尔（James McKeen Cattell）受到了冯特的启发，他开始研究如何测量心理能力，这为后来法国实验心理学家阿尔弗雷德·比奈的人类智力研究奠定了基础。

1905 年，比奈和西蒙编制了一个被称为“诊断弱智、低能和愚笨的新方法”的测验，这也是他们的第一个测验。不久之后，他们又推出了修订版，简称比奈—西蒙量表，针对 3~13 岁儿童。这个量表使用记忆、注意力以及解决问题的任务等工具对儿童的智力进行测量并得出一个分数（商数），即智商值（IQ），用以概括个体的智力能力。

1939 年，美国的心理学家大卫·韦克斯勒（David Wechsler）设计了一种智力测验，这个测验不仅能测试思维逻辑、推理能力和语言能力，还加入了对更加感性的操作能力的测试，从而实现了从两个方面（语言能力和操作能力）测试 IQ。

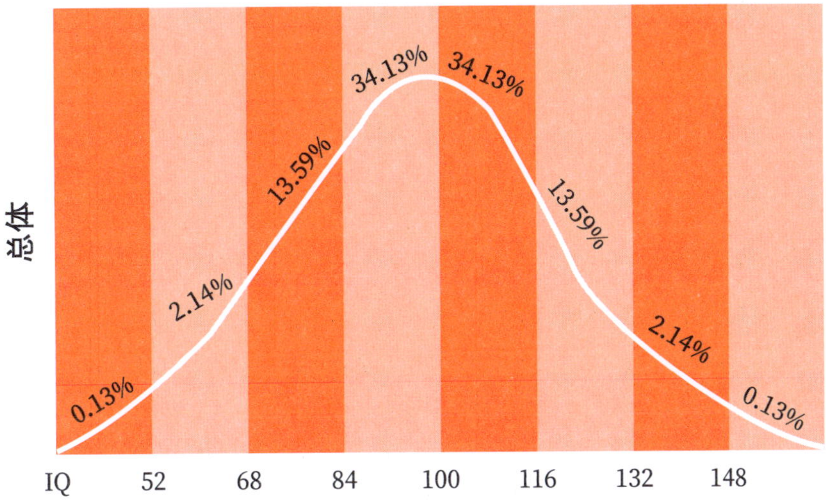

研究者将平均的智力商数（IQ）设为100，心理学家能够通过这个分数更加轻松地对个体进行分类。大约有95%左右的人得分在70~130分之间，仅有约0.5%的人得分在145分（天才级别）以上。

变化的智力

多年来，比奈和西蒙一直在对儿童进行观察，以此为基础，他们选择了30个不同难度且适用于不同年龄段儿童的测验任务。比奈坦言比奈—西蒙量表存在缺陷。他指出，量表只不过是简单地把孩子们智力测验的成绩和其他年龄相仿的孩子进行了排序。量表分别在1908年和1911年得到修订，这两个版本更加重视对不同年龄群体的测验，最终由此引出了“心理年龄”的概念。

英国颇有影响力的心理学家查尔斯·爱德华·斯皮尔曼（Charles Edward Spearman）认为智力只与生物因素有关，然而，比奈的观点却与之相悖。比奈强调了心理发展的不同速率及其受到的环境因素的影响。他认为个体的水平是随着环境的变化而变化的，因此他更乐于把他的测验看作一种评价特定时间点的心理水平的方法。

尽管比奈坚持孩子的智力不是固定不变的，但是他终究无法做到对一个人的智力进行精确测量。比奈认为，对于智力只能进行分类，而不可能像测量长度或者容积那样来测量。

G 因素：学习成绩取决于流体智力和晶体智力

1940 年，卡特尔提出了文化公平智力测验，该测验主要通过与图案相关的问题测量个体的流体智力，对被测量者没有知识基础方面的要求，可用于任何文化下的成人与儿童。

G 因素

英国心理学家查尔斯·爱德华·斯皮尔曼分析了传统智商测试的结果后注意到，测试成绩较好的人，在其他方面也能超过平均水平。而后，他又发现学生们各个科目的成绩往往非常一致：有的学生各科成绩都比较好，而另一些学生全部或几乎全部科目不及格。因此，斯皮尔曼得出结论：每个人的成绩都取决于一种一般的智力能力，他称这种能力为“G 因素”（General 的首字母，意为“一般”）。

当然，斯皮尔曼承认这种各个科目成绩上的一致并不是绝对的。有些“好学生”的成绩也表现出不平衡。比如，一个学生的外语成绩要比其他科目更好一些，但数学成绩相对较差。斯皮尔曼不否认，当人完成每一门功课时，除了“G 因素”外，还取决于特殊能力，他把这种能力称为“S”（Specific 的首字母，意为“特殊”）。斯皮尔曼认为，所有人都具备一般能力，只是突出程度有所不同。

流体智力与晶体智力

1941 年，雷蒙德·卡特尔更深入地发展了“G 因素”这一概念。他提出了“G 因素”的两种不同的组成部分：流体智力和晶体智力。这两种智力既彼此独立，又相互影响。个体如果具有较高的流体智力，那么可能促使其晶体智力得到更广和更快的发展，当然这也与个体的人格及兴趣等因素有关。

智力测试中的 7 种基本能力

瑟斯顿（Thurstone）提出，个体智力测试的成绩取决于 7 种基本能力：语言水平、表达流畅、理解速度、运算技能、空间想象、记忆力和推理能力。

流体智力

流体智力即一系列运用到任何问题上的思维或推理能力。它是我们在问题解决或者模式识别的过程中自动使用的能力，被认为与我们的工作记忆容量密切相关，有时它被描述为一种我们在不知道如何做某事时用到的能力。

卡特尔认为流体智力来自于个体的基因遗传，这或许能够解释个体在智力方面的差异。个体成年时流体智力达到顶峰，此后稳步下降。脑部受损可能会影响流体智力，因此可以说流体智力很大程度上仰赖于个体的生理状况。

晶体智力

我们在利用流体智力解决问题时，对周围世界的知识进行存储的过程就是我们的晶体智力。卡特尔将其描述为人们在各种文化活动中获得的“一系列判断技能”。晶体智力包括数学能力、语言理解等技能，这些技能通常基于个体习得的知识，比如加减法及其他数学概念的规则、语法规则等，因此晶体智力会随着年龄的增长而呈现稳定且逐渐增长的态势，到 65 岁左右，晶体智力才会下降。

智商中不可测的部分

那些简单的“问题解决”任务或者一些与记忆相关的任务，能够通过辐合性思维，即得出一个“正确”答案的能力得以解决。此类能力能够通过公共标准化智力测验来加以测试。

那些需要创造性思维解决的问题，能够通过发散性思维，即同时探索多个可能解决方案的能力得以解决。此类能力需要通过一种全新的且囊括问题解决和想象力等内容的方式加以测试。

美国心理学家吉尔福特（J. P. Guilford）指出，标准化的智力测验忽视了人们的创造性。此外，标准化的智力测验是基于一个潜在假设——智商可以反映人们的“一般智力”——之上的，但这一假设是否成立仍然存疑。

创造力测验

吉尔福特认为创造力是可测量的，并提出可以通过个体思维发散方向的数量对创造力加以测量。为此，他设计了一系列的测试试图量化人们的发散性思维，例如 1967 年的“非常用途测验”。这项测验要求被试尽可能多地写出指定物品的用途：(a) 砖块、(b) 牙签、(C) 曲别针。而在他设计的另一项测验——“后果推断测验”——中，要求被试想象假如突然取消所有国家和地区的法律会发生什么，并且要求被试尽可能多地列举可能发生的后果。这项测试将从流畅性、灵活性、独特性和精致性来对被试的答案进行打分。

吉尔福特认为智力并不是只由单一的“一般因素”组成，而是包含三个方面：操作、内容和产物。

吉尔福特的理论较之前的智力理论更为复杂，加上他在测试中存在的问题使得他的测试不如标准化智力测试使用得广泛。然而，他的研究成果对智力以及创造力的研究的确产生了深远的影响。

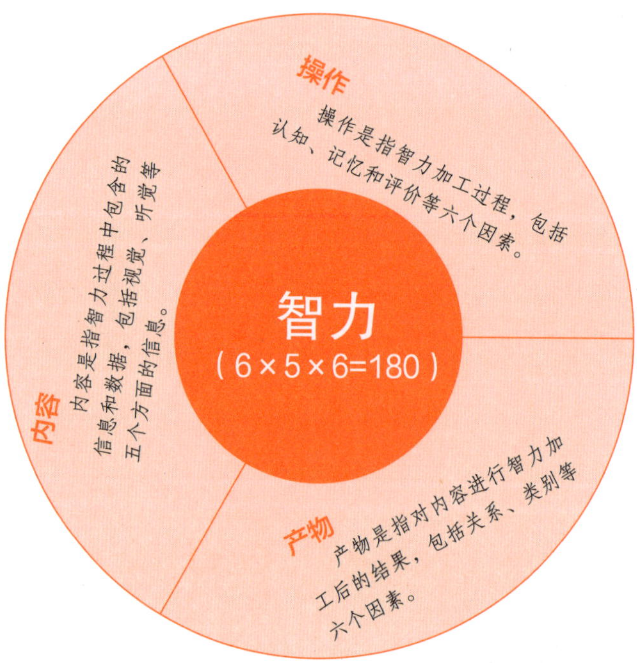

吉尔福特认为，智力是由 180 种基本能力构成，现在已有超过一百种得到了核实。

第 20 讲

一个人的判断力是其智力的重要指标

如果人类没有思维能力，那么这个世界上的一切文明都将不复存在，如杜伦孟德所说，一个不想思考的人是顽固者，一个不能思考的人是傻瓜，一个不敢思考的人是奴隶。具体来说，人类的思维包含了推理、判断、决策、问题解决等内容。

概念：是狗还是猫

一个小女孩和父亲一起散步，他们在邻居家门前看到一条不大不小的狗。于是父亲说：“看，这是一条狗。”不久，他们又路过另一个院子，小女孩指着一只小猫说：“狗！”父亲马上纠正她说：“不，那是猫。”小女孩想：“原来大的是狗小的是猫。”接着，他们又路过一个小院子，这次小女孩看到一只小可蒙犬，她说：“猫！”父亲再次纠正她说：“不，那是条狗。”

这个过程是小女孩习得“狗”和“猫”这两个概念的过程。概念是思维最基本的单位，是从事物众多特征中选择适当的属性抽象出来的形象。概念不仅能够帮助人们用同一个概念、同一个符号来表示一些事物，还有利于对事物进行归类。形成概念或者分类是为了帮助人们认识和预测事物。

推理、决策与问题解决

推理是思维的形式，是从一个或几个已知的判断出发推出新的判断。在推理的过程中，已知的判断是前提，由已知判断推出的新判断是结论。保证推出的结论正确，需要满足两个条件：前提条件的真实和推理形式的正确。推理分为演绎推理和归纳推理，分别是从一般性知识的前提到特殊性知识的结论的推理，和从特殊性知识的前提到一般性知识的结论的推理。

决策就是决定，是思维的一个重要方面。早期的经济学家曾做出假设，纯粹理性的人都会在充分考虑后做出对自己利益最大化的决定。人们在日常生活中也会根据不同的情况，做出各种决定。例如人们在考虑自己能获得什么的时候，倾向于选择必然得到的；人们在考虑会失去什么的时候，倾向于为所得冒一定的风险的。

问题解决是思维最突出的表现方式，人们在生活中需要在一定的目标指引下完成一系列的活动，这就是问题解决。问题具有三个特征：开始的状态、要达到的目标、遇到的障碍。障碍是问题的重要特征，没有障碍就不是问题，也不需要进行思维了。解决问题的思维过程很复杂，可以根据不同的问题采取不同的方法。通常人们不是去寻找最优的模式，而是选择最合适的途径。

不确定因素下的决策过程

以色列裔美国经济学家丹尼尔·卡尼曼（Daniel Kahneman）和阿莫斯·特沃斯基（Amos Tversky）重新探讨了人们面临不确定因素时的决策过程，而后他们在《在不确定基础上的判断：直观推断和偏见》(1974) 中发表了自己的发现。他们发现，人们的普遍认知——在做决定的过程中人们更多考虑概率和统计因素——在实际生活中却站不住脚。相反，在日常生活中人们往往更多地凭借自己的经验做出决定。

人们这种基于经验解决问题的过程存在着普遍问题：我们倾向于高估小概率事件的可能性，而低估高概率事件的可能性。例如，我们总是高估空难发生的可能性，低估酒后驾车出车祸的可能性；又如“当轮盘连续多次停在红色区域之后，大部分人都会错误地相信下一次停在黑色区域的可能性更大。”

由于人们总是会依据大脑的直觉做决定，而不是去计算可能发生的概率，所以人们的判断常会出错。

第 21 讲 零碎的感觉需要用“胶水”整合在一起

感觉是外在世界的刺激作用于感觉器官时，人们在头脑中形成的主观印象。知觉是指我们处理大量感觉信息并赋予其意义的过程。

感觉与知觉都是外界作用在人们头脑中的反映，感觉是知觉的前提。知觉就像“胶水”，把各种零碎的感觉进行整合。

感觉有助于生存，如对危险的声音的警示、对危难的迅速逃离，以及对适宜感觉的趋向性。同时，感觉也会使你耽于声色——追求对感觉的满足感。

“有感觉”和“没感觉”

为人熟知的视觉、听觉、嗅觉、味觉、触觉是人们的五大基本感觉，除此之外还有肌肉运动觉、平衡觉、内脏觉等内部感觉。其中视觉最为重要，因为外界世界的信息绝大部分是通过视觉获取的。

感觉产生于外界的刺激，根据我们的生活经验，有时刺激感觉不到，有时感觉捉摸不定，有时可以完全感觉到；因此可以判断：感觉的能力和刺激的强度是成正比的关系。因为我们有感觉和没感觉没有一个确定的标准，于是心理学就把50% 被感觉到的刺激值定为绝对阈限。绝对阈限是能觉察到的最小、最弱的刺激强度。

刺激停止后感觉不会立即消失

感觉源于刺激，但是刺激停止后，感觉并没有立即消失，这就是感觉的后像。后像在视觉中的表现较为明显。视觉后像分为正后像和负后像。正后像是与之前看到的光源一样的形象，而负后像则是与之前看到的光源相反的形象。举例来说，当眼睛注视光源几秒钟后，闭上眼睛就会感觉到一个光亮形象出现在暗的背景里，这是正后像；接着又有黑色的形象出现在亮的背景里，这是负后像。

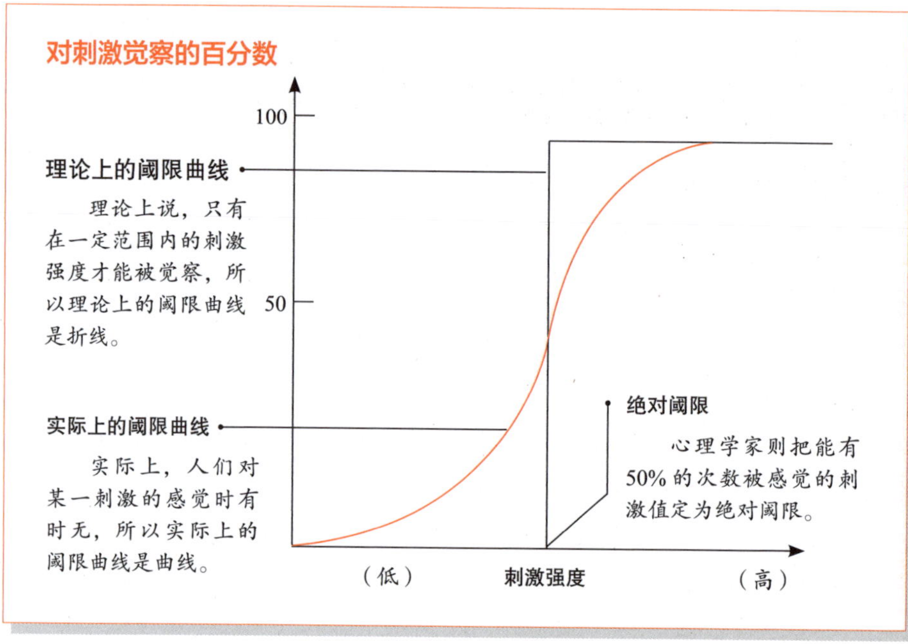

如果外界刺激持续，那么感觉的能力会相应提高或降低，这就是感觉的适应。例如，视觉分为对暗适应和对光适应。当人们从明亮的光线下走进暗室时，往往不能看清物体，即对暗适应；而人们从暗室走到亮光下感到眩晕，即对光适应。

当不同刺激作用于感受器时，感觉的能力会发生变化，形成同时对比和先后对比。几个刺激同时作用于同一个感受器时产生的是同时对比，刺激物先后作用于同一感受器时产生的是先后对比。

当某种感官受到刺激时，另一种感官出现感觉和表象的现象被称为联觉。联觉是一种感觉兼有另一种感觉的印象，具有一定的普遍性，不是个别人的随意想象。

感知过滤器

当对一朵花感兴趣时，我们会用赏花、嗅香气、触摸花瓣的方法来接近花朵。这一系列行为有个共同点，即这些动作都是通过眼睛、鼻子、手指等器官来了解外界和信息的。像这样，运用感觉器官来捕捉某种事物乃至整个环境的行为叫作感知觉。事实上，我们感知的世界同实际的物理世界并不是完全相同的，这里存在着一个过滤器（注意、期待、经验、知识等）。即使感知同一事物，也不可能每个人的感觉都相同，或者永远相同。诗人歌德在《原野》一诗中表达了对一位少女的相思之情，作曲家舒伯特和维尔纳根据各自的理解创作了两首著名的乐曲（世界上共有 154 首《原野》）。

第 22 讲 我们的感知比照相机优秀

虽然周围的环境在变化，但我们仍然能够准确地捕捉到某一物体的颜色、形状、大小和明暗。

感觉的恒常性

每到秋天，无论天气如何（雨天、晴天或者阴天），银杏树的叶子看上去都是黄色的，枫叶看上去都是红色的。除此之外，戴着黑色墨镜的人绝不会认为自己看到的每一张脸都是黑色，或把白色的衬衫看成灰色。在卡拉 OK 包厢里，天花板上的球形彩灯旋转，在红色、绿色等五光十色的灯光中，白色的手帕看起来仍然是白色的。

我们无论在何种环境中，都能像往常一样捕捉到物体的颜色、大小、形状和明暗。这种看物体并且感知物体的特性就叫作恒常性。当我们的感觉发生巨大变化时，我们仍然知道物体的特性保持不变，这是知觉恒常性，即按照规律和意义组织混乱的感觉信息的策略。知觉恒常性是一种形状恒常性。例如，当我们从各种角度看水杯时，水杯投射在视网膜上的影像（感觉）会随着我们的不同角度变化，从正侧面看水杯是长方形，从正上方看就是个圆形。但是，无论从哪个角度看，无论捕捉到水杯的形态是什么样子，我们都不会认为水杯本身的形状发生了改变。

此外，还有一种策略是大小恒常性，即无论我们距离物体有多远，我们都能知觉出物体的真实大小。例如，当我们站在高楼上向下看时，马路上的汽车投射到我们视网膜上的影像就会像火柴盒一样小，但我们却不会认为汽车真的变小了。

像这样，我们在感知物体时，感知到的是超出映在视网膜上的图像。视网膜捕捉到的图像与照相机和摄像机记录的图像相同，都是将三维的物体转化为二维的图像。虽然现在有高度智能化的图像仪器，但我们的感知却具有远远高出这些仪器的性能。

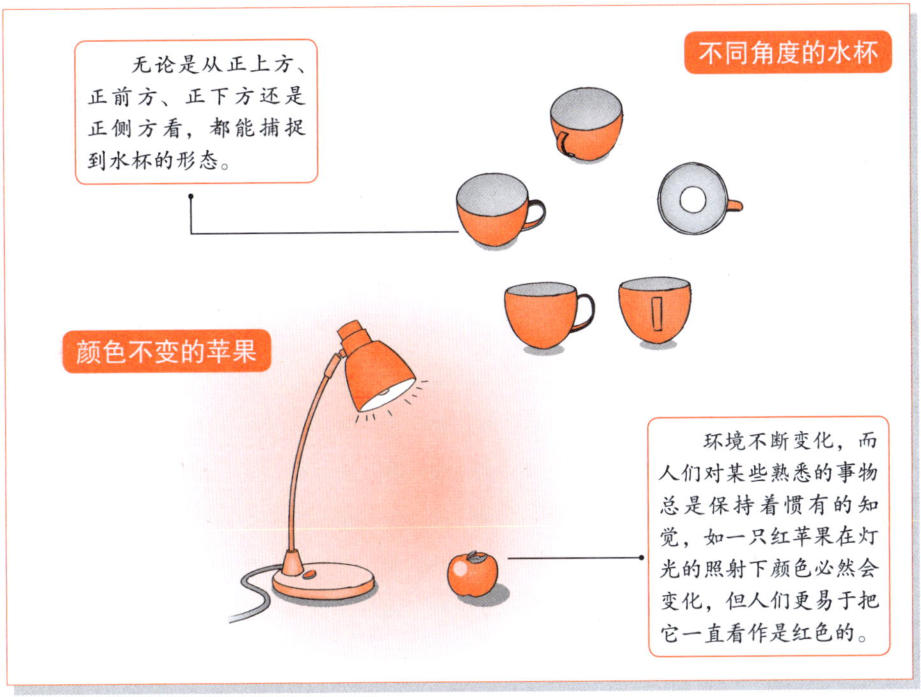

感觉的丰富多样

冰冷的水，条件不同时也会让人感到温热。这是对比完全相反的刺激时经常感觉到的。在炎热的夏日，直接喝冰水和吃完冰棒后再喝冰水，这两种感觉是不同的。即使冰棒和冰水的温度相同，人们还是会感觉后者温热一些。

虽然我们由外界刺激引发的感觉是同一性质的，但由于当时的条件、前后刺激的影响，有时我们会产生完全相反的感觉。在这点上，最突出的就是对比性质完全相反的刺激时的感觉了。下面我们介绍一下各种感觉的对比。

味觉：西瓜被撒上盐后会更甜。如果同时吃辣的咖喱和甜的咖喱，会觉得辣的更辣，甜的更甜。

听觉：用低沉的声音讲鬼故事时，如果突然大声说话，会由于寂静突然被打破而感到更加的害怕。

视觉：从阳光照射强烈的地方突然进入阴凉处，会觉得眼前变暗。

嗅觉：如果捏一会儿鼻子再放开手，会对周围的气味更敏感。

压觉：如果同时举 10 kg 的哑铃和 1 kg 的哑铃，会觉得两个都很沉，但先举一会儿 10 kg 的哑铃再举 1 kg 的哑铃就会觉得轻。

为了使我们的生活变得更加舒适，有时我们会利用这种对比。

感觉的适应

适应是我们在日常生活中经常体验到的生存所必需的东西，是我们为了适应日常生活而采用的手段。

吃辛辣的咖喱时，一开始舌尖会感到辣乎乎的，但吃着吃着就会适应这种辛辣的感觉，甚至会觉得不过瘾。喷香水时，总会感觉香水的味道不如开始时浓，为了保持味道不知不觉就喷多了，直到被人说“你今天的香水味太浓了”。不仅是嗅觉、味觉，对任何感觉的任何刺激都一样，如果一直持续着同一种刺激，那么这种刺激的效果就会变弱。这就是感觉的适应。

感觉的适应可以分为两种情况：感觉度下降时的负的适应和感觉度增加时的正的适应。

在视觉上，从黑暗的地方出来到了明亮的地方时，刚开始会觉得光线强烈到看不见东西，但过一会儿就能看见了，这叫作明适应。反之，突然从明亮的地方来到黑暗的地方时，刚开始无法看见东西，得过一会儿才能看见，这叫作暗适应。前者属于负的适应，后者属于正的适应。

无论是什么感觉的适应，都是人类为了适应环境，赖以生存的手段之一。不同的感觉所花的适应时间是不一样的。比如味觉的适应，对咸、甜、苦、酸所花的时间依次变长。

此外，有一种说法认为，当一种感觉适应了一种刺激的时候，如果施与少量其他刺激的话，心情还会变好。比起我们司空见惯的东西、流行的东西，我们更容易被稍微异类一点儿的东西吸引。

正的适应和负的适应

对光线的感觉度（感受性）下降——负的适应

对光线的感觉度（感受性）增强——正的适应

第23讲

来自感觉的欺骗

在生活中，我们常常被自己的感觉欺骗，客观世界在我们眼中成了另一副样子，那就是知觉出了错，产生了错觉。

感觉的失真

人们能看到物体的前提是物体的反光在视网膜上形成了影像。当人们观察物体时，由于事物的各个部分的反光度不同，反射出的光波不同，对于视网膜的刺激就不同，于是人们看到的就不是物体的真实样子。视网膜上的影像和对颜色的感觉是由外界反光的刺激形成的，反光程度不同，视觉细胞受到的刺激就不同。当光较强时，视网膜接受刺激后会形成白色的感觉；当光较弱时，视网膜就会形成灰色的感觉。所占的面积较大的部分将在感觉上占优势，而所占面积较小的部分将受到抑制，从而人们不能客观把握事物，导致感觉失真。

错　觉

恒常性是人们适应环境的一个重要因素，然而如果人们误用了感觉的恒常性，那么就会对客观世界把握不准，产生错觉。

人们在观察空间物体大小的时候，习惯于把距离计算在内，这是保持物体大小恒常性的重要条件。但如果把知觉三维世界的习惯用于知觉平面物体，那么错觉就会产生。例如，人们如果用“近大远小”的原则来看平面物体，毫无疑问是会出错的。

错觉的种类非常多，最具有代表性的是几何错觉，有方向错觉、线条弯曲错觉、面积大小错觉，这些错觉都是人们观察几何图形时产生的错觉。《列子》一书中记载的“两小儿辩日”的故事就是错觉的一种。“日初出大如车盖，及日中则如盘盂”就是说太阳在早晨看起来比中午大，其实太阳的大小是不变的，这是大小恒常性的误用。

形状和方向错觉

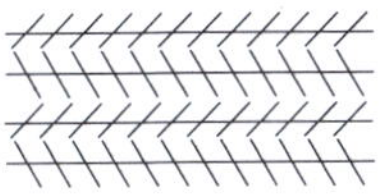

佐尔拉错觉

一些平行的直线由于附加了斜线而看上去显得不平行。

冯特错觉

两条平行线由于附加了线段而使得平行线看上去显得弯曲。

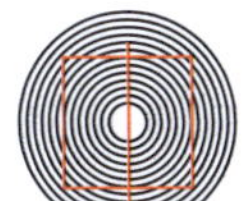

爱因斯坦错觉

在许多同心圆中的正方形的四边看上去显得不直。

波根多夫错觉

被两条平行线断开的一条直线的两端看上去不在一条直线上。

大小错觉

大小错觉是人们对几何图形的大小或者线段长短的知觉发生的错误。

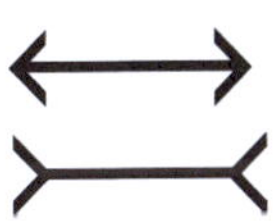

缪勒—莱耶错觉

两条相等的直线，由于两端的斜线方向不同，前者显得比后者长。

潘佐错觉

两条等长的直线，由于放在辐合线中间，使得上一条显得比下一条长。

垂直—水平错觉

两条等长的直线，一条垂直于另一条的中点，那么垂直的直线看上去比水平的直线长。

贾斯特罗错觉

两条等长的曲线平行排列，下面的看上去要比上面的长。

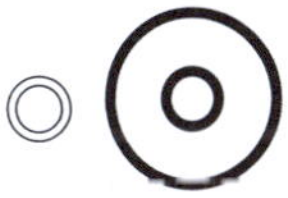

多尔波也夫错觉

两个面积相等的圆，在大圆的包围中的看上去比在小圆的包围中的小。

把静止东西当作活动的

当我们不经意间看到一排轮流闪烁的彩灯时，会觉得彩灯在来来回回地往返运动着；如果我们在笔记本每一页的角上都画上有细微差别的图画，再按顺序一翻，这时你会觉得图画在活动。把静止的东西当作是活动的，这一现象也是一种错觉。这种运动的表象被称为断视层运动。

动画和电影就是利用了这种原理，就像翻动笔记本角上的小画一样，通过将有着微妙变化的几千张静止的图像重叠起来，使其看起来真的在移动。

断视层运动不仅体现在视觉上，通过触觉、听觉我们也可以感觉到。例如，"嘀、嘀、嘀"的短暂的电子音，开始很慢，渐渐声音的间隔变短的话，会听成"嘀——"的长音（听觉的断视层运动）；如果快速交替着刺激皮肤的某两点，那我们会感觉到刺激在这两点之间往返移动（触觉的断视层运动）。

使用笔记本电脑的人知道，笔记本电脑镶有触摸式鼠标，人们通过手指的滑动来移动光标。当人用中指和食指快速交替地接触触摸式鼠标时，光标会在瞬间移动。这是因为，电脑会觉得是一只手指在两点之间快速移动。这就是电脑的断视层运动。

格式塔七大定律

1913 年，韦德海默在一系列讲座中勾勒出一个全新的心理学轮廓，他提出，我们的精神表现主要是由格式塔构成，而非一系列相关的感觉和印象。三位著名的格式塔心理学家发现了一些感知原理，也被称作"格式塔定律"。韦德海默曾在论文中对那些定律一一命名，但随后，他与同事和学生们又发现了其他一些定律，最终定下名字的有 114 条。

就近律

我们在看一系列类似物时，常常更容易从彼此距离较近的组或集来感知它们。

[ab cd ef gh ij kl mn]

就近律：一个简单的例子。

当人们看到一排黑点时，他们会自发地把距离很近的黑点结对来看（ab / cd / ……）。其实，也可以把距离较远的两个黑点看成一对（a / bc / de / ……），但似乎没有人会以这种方式去看。还有更有说服力的一个例子：

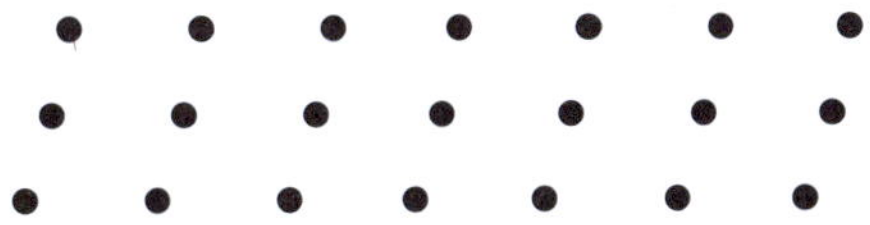

就近律：一个极端的例子。

在这个图中，我们很容易看见由三个距离很近的黑点构成的一些竖直方向向右倾斜的线条。一般人们不会以另一种结构来看这个图，即使以别的结构去看它，也会令人感到很费力——由三个彼此分隔大一些的黑点构成的竖直方向向左倾斜的线条。

相似律

如果把相似和不相似的物体放在一起，我们总是会把相似的物体看作一组：

相似律：一个简单的例子。

事实上，利用相似因素是可以克服就近因素的。例如，下图中左图框里，我们更容易看见四组距离很近的物体；而在右图框里，我们更容易看见两组分布在各处但相似的物体。

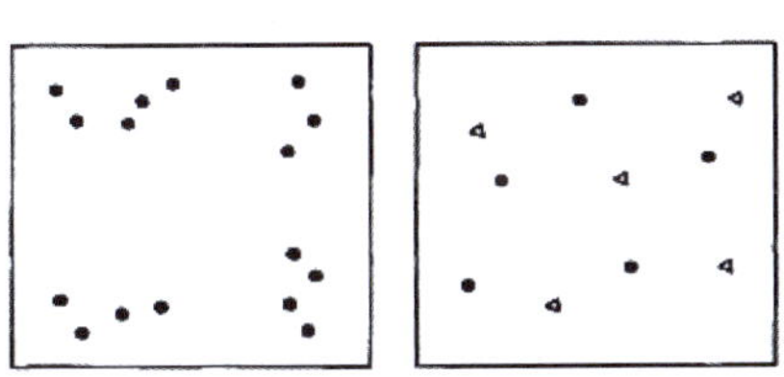

相似律：一个复杂的例子。

连续律

在许多模式中，我们更容易看见一些有内在连续性或者方向的线条，正因如此，我们才能够从令人迷惑的背景中找出一个有意义的形状。这样的线条或者形状被称为一个“好格式塔”，即内部有连贯性或需求。例如下面这个例子：

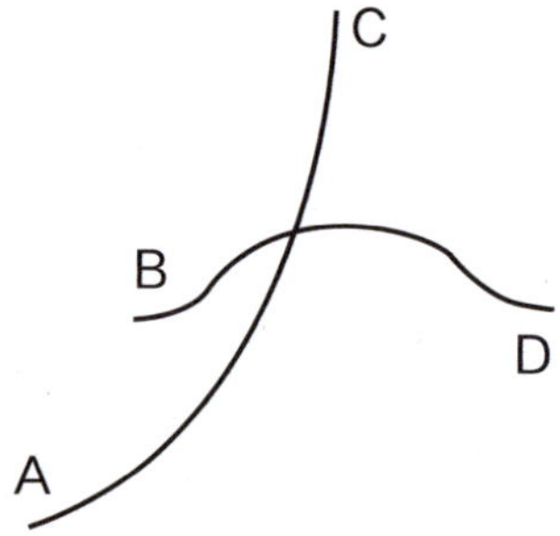

连续律：两条曲线或是两个有尖顶的图形？

尽管我们可以迫使自己看到 AB 和 CD 两个弯曲的、有尖顶的图形，但我们却倾向于看到更为自然的格式塔形态——两条相交的曲线 AC 和 BD。

事实上，连续因素有着相当惊人的一种力量。例如下面这些例子：

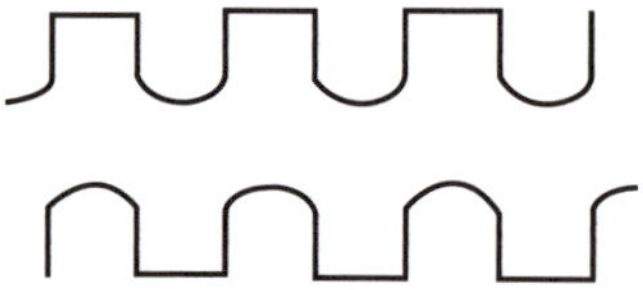

两个图形，很容易看成不一样的。

同一些图，可现在在视觉上是难以分开的。

将上下两个图拼合起来之后，几乎不可能再看出原来的图，因为整个图已经被这条连续的波纹线控制了。

求简律

韦德海默的意思是“看见最简单的形状的倾向”。就像自然法则使一个肥皂泡采取最简单的形状一样，思维也倾向于从复杂的模式中看到最简单的格式塔。

如下图所示：

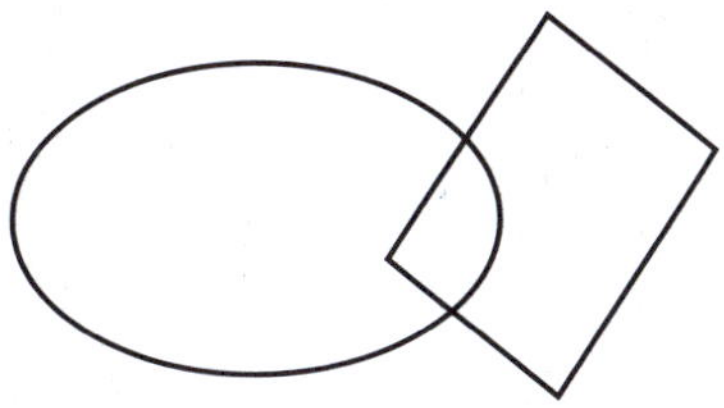

求简律：我们只看最简单的可能图案。

上图可以解释为一个右边被直角切掉的椭圆和一个左边被切除了一个弧形的长方形相接处。然而，我们看到的东西显然要简单得多：一整个椭圆和一整个长方形互相重叠而已。

闭合律

当我们看一个熟悉或者连贯性的图案时，如果有某个部分没有了，我们会自然地把缺失的部分加上去，并以最简单和最好的格式塔来感知它。比如下面：

闭合律：我们会把缺失的部分补上去。

我们更容易把它看作一颗星，而不是五个 V 形。

图形 – 背景感知律

当我们把注意力集中在某物体上时，往往不会注意或者很少注意到它的背景。1915 年，丹麦心理学家埃德加·鲁宾（Edgar Rubin）对“图形 – 背景”现象进行了探讨，即如果大脑把注意力集中在一个有意义的图案上，就会忽略其他数据的能力。他用了许多测试图案，我们熟知的鲁宾瓶是其中的一个：

如果你看到的是黑色背景里的两个人脸，那么你就看不见瓶子；如果你看见的是白色的瓶子，那你就看不见黑色的背景了。但是，你可以按照自己的意愿去选择想要看到哪一种。

鲁宾瓶：是陶器还是剪影。

尺寸恒定律

一个物体在尺寸不改变的情况下，如果拿到远处的话，就会给视网膜留下较小的一个图像；然而，我们对这个物体感知到的却是真实大小。

我们感觉到远处的物体与它们在近处时是一样大的，因为大脑已经用相互关系的办法组织了这些数据。

尽管在我们的视网膜上，远处的人比近处的人所成的像要小得多，但实际上，我们通过远处的人与他身边物体以及与走道的相互关系感知到，他与近处的这个人一样大。

远景可以提供物体大小的线索。

第 24 讲

感知的魔法——深度知觉

我们眼睛看到的图像是平面二维的，但我们却能够捕捉到三维的世界。

眼中的世界是二维的

我们生活在以纵、横、纵深这三个轴为支撑的三维空间里。虽然三维的轴扩展到了纵、横、纵深，但我们的眼睛（视网膜）接受的图像实际上只有纵、横二维。

因为我们离眼睛看到的物体有一定的距离，所以能真切地感觉到这个物体的厚度。例如，等身大的照片和真人站在一起时，我们能分辨出照片和真人。远处看上去很小的山峰与拿在手里的遮阳帽相比，我们也能判断出远处的山比遮阳

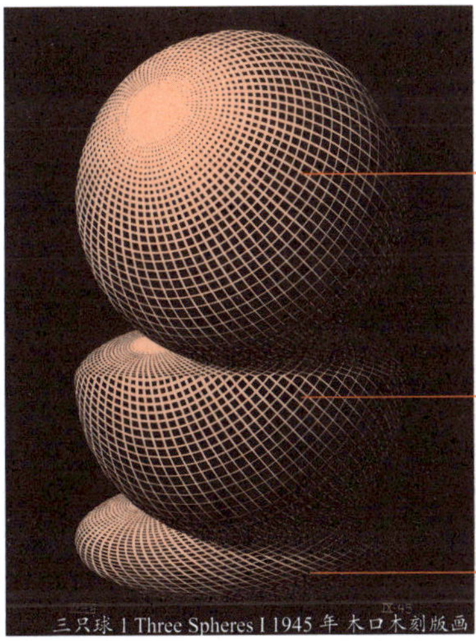

三只球 I Three Spheres I 1945 年 木口木刻版画

第一个球体是把这个圆形立起来。

第二个球体是把这个圆形向后折弯一下。

第三个球体是把这个圆形平放在地面。

图为三个“球体”的侧视图，可以清楚地看出这个谜底，原来这只是画有网格状图案的圆形，它们的正面看起来就是这幅作品中表现的这样。然而它们看起来多像三维的立体啊！

帽大。因此，我们可以判断出物体的距离和物体的厚度。像这样，我们不仅通过纵、横，还可以通过与物体的距离远近来捕捉世界，这就叫作深度知觉。

深度知觉又称为距离知觉或立体知觉，是人们对同一物体的凹凸或对不同物体的远近的反映。视网膜虽然是一个二维的平面，然而人们不仅能感知平面的物体，而且还能产生具有深度的三维空间的知觉，这些都是通过双眼视觉来实现的。

层次感知

将二维的世界以三维的形式捕捉，这需要具有深层次感知，这时我们会用到透视画法。透视画法，虽然是指在绘画中表现纵深的一种技法，但当我们感知纵深时也会用到这种方法，一般有下列三种透视画法。

第一种是利用大气的透视画法。我们居住的地球被大气层所覆盖，由于大气中含有的微粒子的影响，我们看远处的东西时会觉得不清晰。这就是利用大气的透视画法。如我们在地球上看到的星星是模模糊糊的一点亮光，但在太空中看却十分清楚，这就是因为在太空中没有大气的妨碍。因此，我们看太空照片时，不太容易感受到远近。

第二种是利用消失点的透视画法。眺望两条平行向前延伸的道路时，我们会看到在前方的两条路交叉在了一起。这个交叉点就叫作消失点。在西洋美术的绘画中经常会利用到消失点这一透视画法。例如，达·芬奇《最后的晚餐》的构图，通过使在座众教徒的消失点正好与基督的位置重合的处理手法，让观众的视线自然地集中到了基督的身上。

第三种是利用阴影的透视画法。日常跟随着我们身体的影子，也是表现远近感的重要手段之一。通过阴影可以使平面富有立体感。如果对象物没有阴影或光感分布得很均匀，我们会觉得死板。相反，如果阴影十分清晰，我们会觉得很有立体感，很吸引人。

利用三种透视画法作的画

黄金高脚杯里的鲜花 扬·勃鲁盖尔

比较

没有利用透视画法作的画

鲁东 粉蜡笔 1912 年 巴黎奥塞美术馆藏

第 25 讲 人际关系决定着健康

社会化是自然人转变成社会人的过程。自然人只有自然的生理需要和动机，而社会人则具有独立的人格，有自我意识，并能依赖人与人之间的社会交往互动，学会适应社会的技能。人的社会化可以从依恋关系的形成、道德的发展和人格的发展来看。

社会角色认同感

除生存之外，爱和归属感是我们最大的需求。如果我们亲密的人际关系出现了问题，我们会感到不快乐。正如美国心理治疗学家威廉·格拉瑟（William Glasser）所说："改善人际关系就是改善我们的心理健康的水平。"

社会角色

社会生活就像舞台剧，如莎士比亚所说，人的一生中会扮演许多角色。社会角色是社会赋予人们的特定行为模式，人们在扮演这个角色的时候必须遵守这个角色的规范和要求。社会角色受制于一系列的社会规范（一个团体对其成员行为的不成文规定及约束），只有在极少数情况下——社会规范等同于社会分类时，社会角色才会与社会规范分开。随着时间的推移，人们会将角色内化，从而可以真实、自然地在社会角色里生活。

通常情况下，地位高的人会认为自己应当享受更多的优待，而这种情境中，人们也往往会认为那些地位高的人具有更多的才能或智慧。所以，一个地位较低的社会角色会让人们感到不适或沮丧，即削弱人们的自我效能感。社会角色通常是按照一定关系成对出现的，如果人们在相互交往的过程中懂得角色互换，能够从对方的利益出发来体察对方的感受，那么人与人之间的沟通和理解会更加顺畅。

我们都是社会动物

当我们与亲密的人发生冲突时，就会导致不和与怨恨，从而引发一系列的心理问题，也就是我们常常说的人际关系出现问题了。威廉·格拉瑟认为，我们每个人都会主动采取能够趋利避害的行动，我们都试图做出能让自己感觉更好的思考和行为。

格拉瑟指出，人们拥有五方面的基本需求：生存、爱和归属感、权力、自由以及快乐，而这些需求正是人们在努力过程中感到快乐或者痛苦的根源。凡是能满足这些目标的行为都会令人愉快，反之，那些无法达成目标的行为就会引发痛苦。格拉瑟解释说，人际关系是实现这些目标和需要的关键，他提出“我们本质上都是社会动物”。

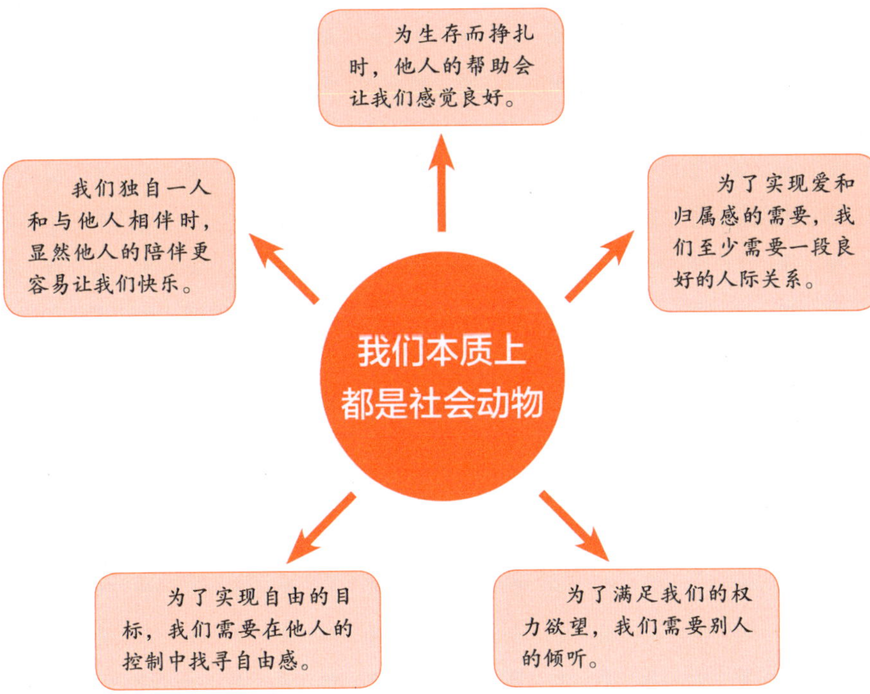

“公平世界假说”的隐患

人们更愿意相信自己生活的世界是安全、稳定、有序的。人们总是习惯于把受害者的遭遇归咎为运气，这是为了不让自己感到无助。

善有善报

如果人们认为自己能够控制生活，就会因此而感到愉快。我们试图让自己相信，我们生活的这个世界，人人都会得到应有的奖赏或惩罚。只有这样，我们才能够相信生活中的大多数事件是可被预测、影响并最终被控制的。这是一种相信“善有善报，恶有恶报”的思维，即“公平世界假说”。

但是，在梅尔文·勒纳（Melvin J. Lerner）看来，这种思维是错误的，甚至是危险的，这种倾向会过度强调一个人的性格特质，而忽视了瞬息万变的情景因素。例如，当我们看到一个人遭受痛苦或被惩罚时，我们就会认为那个人一定做了什么坏事，这是他罪有应得。公平世界假说似乎让世界看起来不再那么混乱或无规律，甚至能够给那些难以解释的事件一个看似合理的解释。当然，这也让人们拥有了一种虚假的安全感，他们相信，只要是“好人”，“好事”就一定会发生在自己身上。

责备受害者

如果你认为人应该为自己的不幸负责，那么当看到无家可归的人时，你可能会对此漠不关心。

1965 年，勒纳在其研究中发现，如果人们被告知有人中了彩票，为了让这件事更合常理，人们就会坚信这个中彩票的人平时比其他人更努力。同样地，当我们面对遭受虐待的受害者时，也会产生这个受害者是罪有应得的想法。这种想法会十分危险。例如，在强奸案件中，这种观点会让人们认为女性受害者是自找的——因为她穿了短裙或搔首弄姿。然而，这将会减轻犯罪者的责任，甚至将责任推到受害者身上。而非当事人则会通过责备受害者来寻求保护自己——只要我不像受害者那样，就不会遇到这种事情。

“公平世界假说”成为研究社会公正的重要基础。同时，“公正世界的观点对生活会造成什么样的影响”的话题也引发了争论。这种观点是否能够帮助人们对抗困难？它有可能引发人们的错误认知，导致错误行为，甚至可能会引发灾难性的后果。澳大利亚心理学家多萝西·罗伊认为，这种观点也许会增强人们罹患抑郁症的可能。

第 26 讲
囚徒困境：背叛与合作

人与人之间无可避免地会发生冲突，原因非常复杂，从信息交流的角度来看，沟通不畅是问题的关键所在。就改善信息不对称的状态来说，开放、坦诚的交流是缓解冲突的一种方法。

冲突：背叛与利益

如果背叛合作伙伴可以获利，你会怎样抉择呢？在某些时候，优势策略意味着人们要采取不合作态度，而信任和合作带来的却是劣势策略。囚徒困境的故事是关于合作与背叛的模型。两名犯罪嫌疑人被同时关押在监狱里，但处于信息不对称的状态——彼此失去联络。警官为了鼓励他们招供，设立了这样的制度：认罪并交代同伙罪行的那个将被无罪释放，而他的同伙将得到严惩；如果两名嫌疑人都认罪了，由于态度良好，他们将得到中等程度的惩罚；如果两人都没有认罪，那么他们都将获得轻度惩罚。

		是否认罪	所受惩罚	备注
策略一	囚徒 A	是	中	
	囚徒 B	是	中	
策略二	囚徒 A	否	轻	共同利益下的最优策略
	囚徒 B	否	轻	
策略三	囚徒 A	是	无罪	
	囚徒 B	否	重	
策略四	囚徒 A	否	重	
	囚徒 B	是	无罪	

出于考虑两个人的共同利益，都不认罪是最优的策略。然而两名罪犯并不了解对方会如何反应，所以会进行这样的比较：如果我不认罪，面临的结果是轻度惩罚或者严惩；如果我认罪了，面临的结果是无罪释放或中度惩罚。通过比较发

现，认罪是优势策略。这样的困境在生活中比比皆是，合作可以获益的道理人人知晓，但是信息不对称往往引发人们的不合作行为。

和囚徒困境的例子一样，非零和博弈也是冲突双方的利益损失不为零的博弈。在此情境中，冲突带来的利益和损失之和不一定为零，双方可能都获利，或都受损。这使人们面临短期利益和长期利益的抉择，但看似理性的利己原则却很可能使集体遭受损失。

信息与沟通

沟通是指信息的交流，人际沟通则是指群体成员之间、群体与成员个体之间以及群体和群体之间的信息交流。

信息的真实性和人们沟通的目的是影响沟通效能的关键因素，让人感觉虚假或价值不大的信息通常会被忽视。当信息的内容符合接受者的价值观时，容易被传递；当不符合接受者的价值观时，则会造成沟通中的障碍。通常情况下，人们最关注的是与人有关的信息，其次是与事有关的，再次是与理论有关的，越让人感兴趣的信息越容易被传递。同时，因果关系和逻辑性明确的事件信息也容易被传递。

有效沟通的 7 个因素

有效沟通

1. 信息的真实性、明确性。
2. 信息符合接受者的价值观。
3. 信息内容的逻辑性、理论性。
4. 重复信息可以加强沟通效果。
5. 简洁、生动的信息更具有说服力。
6. 口头沟通比书面沟通更容易改变他人的态度。
7. 长期沟通可以改变人们固有的观念。

关于沟通的 12 条建议

要	不要
1. 认真地界定问题，明确双方的观点。	1. 过早地道歉。
2. 跳出个人情绪的干扰。	2. 以沉默回避问题。
3. 倾听对方对信息的反馈。	3. 攻击对方的弱点。
4. 表明个人认同和不认同的观点。	4. 引入无关的话题。
5. 对模糊的内容进行提问。	5. 对不认同的观点假装同意。
6. 提供一些双方都可以接受的建议。	6. 含沙射影地攻击对方。

信息沟通在一定程度上具有时滞性，重复沟通可以增强沟通效能。此外，简洁的信息内容和口头的沟通方式会增强信息的说服力。在短时间内，要以沟通的方式来改变个体固有的习惯或观念非常难，但长期沟通会产生效果。

沟通有多种分类方法：根据渠道不同可以分为正式沟通和非正式沟通，后者是通过有明文规定的渠道交流信息，前者是通过正式渠道的方式交流信息；根据信息交流对象的关系可以分为上行沟通、下行沟通和平行沟通，即下级对上级传递信息、上级对下级传递信息、同级之间传递信息；根据信息流向不同可以分为单向沟通和双向沟通，前者是传出信息后不会收到反馈，后者是传递信息后会收到反馈。

通常情况下，人们不会只运用某一种沟通方式，而是混用多种方式来交流信息。不同的沟通方式各有特点，美国斯坦福大学教授李维特（H. J. Leavitt）归纳出5种基本的沟通网络：链型、轮型、圆型、Y型和全通道型。沟通网络的类型直接影响沟通的速度、正确性、领导力和士气等，如链型沟通网的士气容易松散；轮型沟通网的领导权威过于集中；圆型沟通网的速度非常慢；Y型沟通网的速度相对慢；全通道型沟通网的速度较快，权威不够集中。

李维特归纳出的5种基本的沟通网络

链型沟通网

士气容易松散。

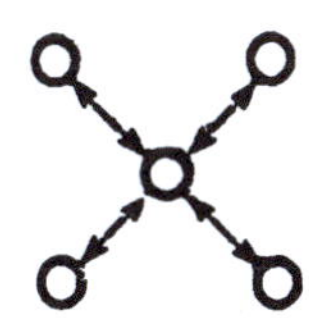

轮型沟通网

领导权威过于集中。

Y型沟通网

速度相对慢。

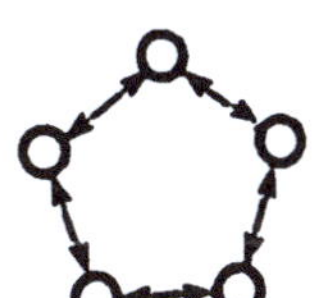

圆型沟通网

信息传递速度非常慢。

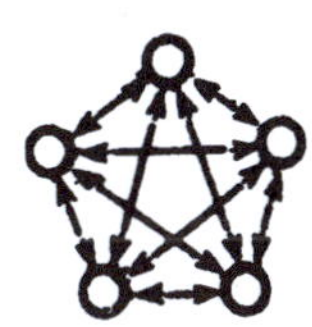

全通道型沟通网

速度较快，权威不够集中。

第 27 讲 我们的喜好是非理性的

人们会对熟悉的刺激表现出喜爱之情，而这种态度会随着刺激物出现次数的增加而增强。也就是说，某样东西在你面前出现的次数越多，你就越喜欢它。

喜欢你没道理

心理学家罗伯特·扎荣茨（Robert Zajonc）发现，人们对某样东西的喜爱程度会随着这样东西出现的次数增加而增强。扎荣茨指出，个体对熟悉的事物的偏爱并不受个体的信仰或态度的影响，而只在于个体曾经接触过该物体，即使这种接触是发生在个体的潜意识层面的。扎荣茨提出，我们的偏好并不是理性判断的结果——“喜好不需要任何的推理过程”，这与我们大多数人的观点完全相反。

接近效应

接近效应是指，我们总是倾向于和我们经常见到的人成为朋友或恋人。这种现象可以用一种进化论的观点解释：当动物最初面对某一陌生动物时，第一反应是恐惧和攻击，但是在反复接触该动物后，它逐渐意识到自己预期的威胁并没有发生，于是它的消极行为反应就将明显降低。此后，扎荣茨在人类被试中进一步检验了这一点，他发现当人们想象到一群陌生人时会产生很消极的观点，并且会对这群人的特点进行消极归因，但其实这一归因毫无证据，因为对个体而言那群人不过是陌生人。

另外，还有一种对于“接近效应”的解释，它纳入了更多人际吸引方面的因素，如熟悉度、身体上的吸引力、观点的一致性以及好感的交互等。与他人的频繁交往不仅能增加彼此的熟悉度，还能提高对彼此相似性的认知，而交往中的双方更会因此对彼此产生积极的感受并最终相互吸引。

“夫妻相”

我们常常会提到“夫妻相”，而扎荣茨和同事们曾经进行了一项研究：夫妻一起生活 25 年后，他们的面孔是否会越来越相似。他们比较了一些夫妻在新婚第一年的合影和一起生活了 25 年后的合影，结果发现长时间生活在一起的夫妻的确会越来越相像。在排除了其他可能的解释后，最终他们认为产生这一现象最可能的原因是移情。由于夫妻双方朝夕相处，他们彼此对对方产生移情，又因为人类的情绪和其面部表情联系在一起，所以在移情的过程中，夫妻就很可能会模仿对方的面部表情，从而使夫妻双方随时间出现相似的脸部皱纹。

爱是人际关系中创造性的能力

爱不是一种情绪，也不依赖于寻找爱的对象，而是人际关系中一种富有创造性的能力。

本性的脱离使我们身陷孤独

美国精神分析学家埃里克·弗洛姆认为，由于生活在斗争的舞台上，人生充满了各种情感挫折。人类一直试图平衡个人本性（作为独立个体的存在）与人际交往的需要。人的内心中有一部分只关注如何在其他人的世界里生存；人的一部分为本性而活，另一部分为他人而活。但事实上，我们更多地看到的是脱离了本性且与他人隔绝的自己。理性的人类一生都在认识自己。根据弗洛姆的观点，我们与本性的脱离源自智力的增长，于是我们逐渐意识到这种脱离。我们拥有超越本性的能力。这种能力让我们得以繁衍生息，并拥有智力上的优越性，但也让我们孤独地生存在世界上。

我们一面努力想要成为自由、独特的个体，一面仍然感到需要融入他人。为了平衡这些需要，我们甚至可以简单地去服从一个群体或权威。弗洛姆指出，这是一种误导：发现自我的独立性、个人观点以及价值观系统是至关重要的，这些不应迎合惯例或权威。我们的人生目的是通过相信个人的独特性、发现我们的思想和能力以及寻找我们和其他人的差别来定义自己，但如果我们选择对他人和集体负责，那么我们就疏远了自己。我们身负一项重要的任务：让自己重生。这样，我们才能从困惑、孤独和冷漠中解脱出来。

随心所欲地爱

弗洛姆说，爱是一种态度，是一个人的使命，更是一种能够帮助我们摆脱孤独感的能力，它决定了人与整个世界的关系。

弗洛姆说，人与人之间的爱主要的原则是关心、责任感、尊重和了解，即客观地了解彼此真正想要的和需要的。所谓爱，就是要尊重我们和他人之间的独立性、独特性；这也是我们培养创造性的人际交往能力的重要方法。

爱的基础是独立自主，是将其他人看作个体来尊重，而不是捆绑在一起的人格。尽管我们在对交往和统一性的苛求中尝试去爱，但是我们的人际关系却总是处于失衡的状态。有时我们以为自己正在被爱，但事实上，我们找到的只是另一种形式的服从。

我们说“我爱你”的真正意思是“在你身上我看到了我”“我将要成为你”或者“我将占有你”。在爱中，我们试图甩掉自己的独特性，或者从其他人身上偷走它。我们渴望“融为一体”，在他人身上看到我们自己，同时也人为地将我们的特质强加在其他人身上。

爱不是去发现一个人是否适合另一个人，更不是寻求完美配对；而是在保持自我的独立性与完整性的前提下，与其他人或事的结合。弗洛姆说，真正的爱是随心所欲地爱——尊重他人的观点、爱好和信仰，让被爱的人做真正的自己。

许多人极度渴望被爱和被需要，他们一味地倾注时间和金钱来打造一个自认为是最值得被接纳的自我。他们倾向于等待接受爱而不是给予爱，总是期盼着被给予而不是去给予。然而，他们不知道的是，一个拥有强烈自我感的人，能够牢牢地确立自己对世界的理解，因此也具备真正自由地爱他人的能力。

第 28 讲 我们为什么会习惯性从众?

我们的行为常常会在某些直接压力下变得与他人的一致，这就是从众。简单地说，从众就是个体行为追随其所在群体的某种行为模式。无论你是否喜欢，我们就生活在这样一个从众的世界里。

从众的表现

规范影响和信息影响是引发从众的可能性最大的因素。在日常生活中，特立独行者非常容易遭到排斥，惧怕排斥感会导致人们支持自己原本不愿接受的事物——这就是规范影响。同时，当人们处于信息模糊的环境中时，个体很容易信任周围其他人得出的某项结论和解释，并表现为接纳的态度——这就是信息影响。

从众有多种表现形式，如顺从、服从和接纳。顺从是人们由于外部力量表现出的从众，不一定与个人喜好完全一致；服从是人们在外部明确的命令下表现出顺从的反应，往往是为了获得奖励避免惩罚；接纳是人们发自内心的从众行为，是真诚和快乐的。

群体规模、群体一致性、群体凝聚力、群体成员的地位以及群体压力等与从众行为的发生有关。研究表明，3～5 个人比 1 个或 2 个人更容易引发从众行为，但人数在 5 个以上时，从众行为反而会减少。在一个种族群体中，人们会惧怕同伴的排斥或拒绝而做出一致的行为，所以群体的凝聚力也对从众有很大的影响。

从众的力量

社会心理学家所罗门·阿希（Solomon E. Asch）的实验证实每个人都有从众倾向，即当我们面对自己的观点与多数人的观点不同时，即使承诺自己会说实话，我们还是可能因从众转而支持他人的观点。

为了了解从众的需要对我们的行为的影响力究竟有多大，阿希设计了著名的从众实验。每个被试都被安排到一个 5～7 人的小组中，小组里除了被试本人，其他人都是研究者安排的假被试（知道实验真正的目的但装作普通被试的人）。接着，主试会呈现给被试两张卡片，其中一张印有一条线段，另一张则有三条长短不一的线段（线段 A、B 和 C），然后要求被试回答第二张卡片上哪一条线段与第一张卡片上的线段等长。该实验一共有 18 轮测试，假被试被要求在前 6 轮中给出正确答案，之后的测试都给出同一个错误答案。此外，阿希总是安排真正的被试在最后一个或者倒数第二个回答。

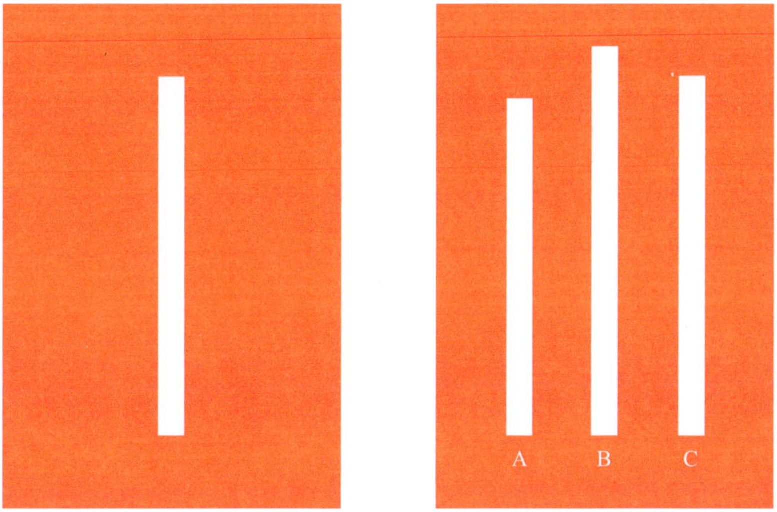

想一想：右图中哪条线段与左图中的线段等长？

出乎意料的是，面对显而易见的答案（在没有任何干扰的情境下，被试在 720 轮测试中只出现了三次错误），当周围的人一致给出错误的答案时，被试给出的答案中竟然有 32% 是错误的；有 75% 的被试至少给出过一次错误答案。然而，没有任何一个被试在测试中完全跟随了假被试的 12 个错误答案；此外，有少数的被试从未给出从众性的错误答案。

实验表明，被试本身的判断具有前后一致性——那些开始时没有随波逐流的被试，无论进行多少轮测试，都不会盲目听从大多数人的答案；而那些一开始时就表现出从众行为的被试，之后似乎也很难打破这一模式。

实验结束后，阿希还和被试进行了面谈。其中一些被试承认自己给出了错误答案，并补充说自己这样做是为了不会显得愚蠢或者与众不同，他们希望能够融入小团体中。当然，阿希也和那些不惧怕与众不同并一直给出正确答案的被试进行了面谈，他发现即便这些被试知道自己的答案与别人不同，但仍能够给出自认为正确的答案，并且也能够让自己从这种给出与众不同的答案的焦虑感中恢复过来。

后来，阿希针对不同人数的群体对个体从众行为的影响做了进一步的研究。他发现，随着假被试人数的增多，真正的被试受到的影响也会相应增加。并且，假被试给出的一致答案是更强有力的变量，即只要有一个假被试给出了不同于其他假被试给出的答案，真被试就会给出独立（且正确）的答案。这表明，在团体中，哪怕是极少数人给出了不同的意见，也能产生巨大的影响。

此外，阿希还发现，如果让被试把答案写在一张纸上交给主试（不与其他人交流），那么从众行为将会显著降低。

第 29 讲

服从：为什么生活中的好人会变成恶魔？

即便是从事普通工作、对社会没有任何敌意或反社会倾向的一般人，在某个可怕的破坏性过程中也可能变成暴力行为的执行者。

——斯坦利 · 米尔格拉姆

强迫服从

1963 年，社会心理学家斯坦利 · 米尔格拉姆 (Stanley Milgrams) 出版的《服从行为研究》极大地改变了人们对服从行为的理解。

20 世纪 50 年代，一些心理学家认为，德国人有着特殊的人格特点，因此他们特别容易犯下残忍的罪行（如大屠杀）；当时的人们普遍认为，20 世纪的德国人的内心与正常人有着本质区别。而德国纳粹战犯阿道夫 · 艾希曼在审判中却声称自己只是“奉命行事”。米尔格拉姆对阿道夫 · 艾希曼的审判过程产生了极大的兴趣，他决定进行一项研究，看看在命令面前，普通人是否会失去自己的是非观。

米尔格拉姆的实验结果表明，当得到权威指令后，大多数人可能会实施对他人造成严重伤害的行为。他认为，第二次世界大战期间，致使纳粹做出残酷行为的原因不是德国人的天性，而是强迫服从。他指出，行为是情境的直接结果，即在相同的情境下任何人都可能做出同样的行为。他与阿希共同合作研究人类的服从行为时发现：人们会服从团体的决定，为此可能会说出、做出与自己真实感受相冲突的话和行为，即使他们知道这个决定是错误的，也会继续服从。然而，他的实验却引发了人们对心理学实验的伦理界限问题的质疑。

将电击进行到底

为了测试在权威的命令下，普通的、善良的人是否会做出违背自己道德观的

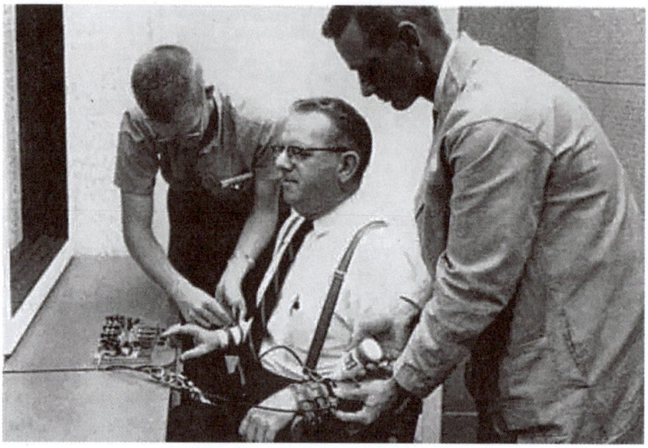

米尔格拉姆电击实验

行为，米尔格拉姆进行了一系列实验。

1961 年，米尔格拉姆在耶鲁大学的实验室进行了一项电击实验，实验内容为：由一个权威人物给被试下命令，让被试利用仪器对另一个人实施电击。他想知道普通人是否会服从这一命令。他通过报纸招募了 40 个来自各行各业（包括教师、邮政工人、工程师、工人和销售人员）的被试，承诺每个参与实验的人都将获得 4.5 美元的报酬——报酬在被试刚抵达实验室时就会支付。

在实验室中，米尔格拉姆制造了一个看起来十分恐怖的假电击器，又安排了一位严肃且看起来非常权威的生物老师扮演研究人员。

被试被告知该研究是为了探讨惩罚对学习的影响，实验中会有两名志愿者，其中一名将成为学习者（假被试，即实验助手），而另一名则会成为老师（真被试）。被试将全程看到“学习者”（实验助手）受电击的情况。被试会看到“学习者”被像模像样地捆绑起来，也能够听到他在受到电击后发出的尖叫。每当“学习者”出错时，被试就被要求对“学习者”实施高出上次惩罚 15 伏的电击。当然，实验者向被试承诺，电击虽然会让被惩罚的人痛苦，却不会造成永久性的伤害。

实验过程中，“学习者”会故意答错，以确保被试被要求实施电击。如果“学习者”拒绝回答问题，主试要求被试按照“学习者”回答错误的办法进行处理——提高电击水平。当电压达到 300 伏时，“学习者”就会表现激烈，并大喊着要离开。要是被试表达不愿意继续实验，主试会鼓励被试并要求他继续实验；如果被试还是不愿意，就告诉被试除了继续实验别无选择。如果当被试被告知必须继续实验时依然拒绝，那么实验就宣告结束。

在实验开始前，大多数人认为被试最高会在能够引发疼痛的电击水平时结束实验；而精神病学家预测，不会超过千分之一的被试会实施到最高水平电击。令人惊讶的是，40 个被试对假被试实施的最高电击全都不低于 300 伏。只有 5 人在 300 伏之后拒绝继续实验；有 65% 的被试按照“研究人员”的指示一直将电击强度提升到了最高点——450 伏。

被试在实施惩罚的过程中均表现出了明显的不适：极度的紧张、痛苦和焦虑。实验过程中，一些被试甚至表示愿意退还开始时支付给他们的报酬。

当然，实验结束后，主试也向所有被试解释了整个实验，让他们明白到底发生了什么。

不得不服从

显然，在服从“研究人员”指令的过程中，被试因做出了违背自己道德观的行为而出现了明显的消极反应（包括身体上的和心理上的），然而迫于服从的压力，他们不得不放弃拒绝的权利。米尔格拉姆通过实验清晰地告诉我们：在受到情境压力的情况下，正常、无害的人也会做出残忍的行为。

在米尔格拉姆看来，这种服从意识源于我们的成长经历：我们从小就被教导要成为社会化的人，长辈们告诉我们要听话，要服从命令，尤其要服从那些权威人物的要求和规则。米尔格拉姆说：“服从不仅是社会生活结构中的重要因素，还是个体遇到问题时可选的行为策略……它和个体其他许多重要机能联系在一起。”

米尔格拉姆还认为，我们的良心和外部权威之间存在着冲突，而这种冲突会产生巨大的内部压力，这就是为什么电击实验中的被试会感到极度痛苦的原因。

第 30 讲

早期的情感联结——依恋

依恋关系是人们之间亲密的、可以相互给予温暖和支持的关系，始于婴儿期，主要表现为婴儿和他的看护者之间的沟通。

依恋关系

婴儿会有一系列的动作，如吮吸、抚摸、对视、微笑和哭闹等，通过这些动作向他的看护者传递信息，与看护者建立起依恋关系。一般来说，婴儿最初的看护者为母亲，因此母亲对儿童的成长负有重大责任。依恋关系有不同类型，表现了婴儿和母亲之间的依恋程度，这些将影响婴儿人格的发展。

20 世纪 50 年代，精神分析理论指出，婴儿会对照顾他的人产生依恋；动物学家康拉德·洛伦兹发现，动物会对自己第一眼看到的移动物体产生强烈的情感联结。然而，约翰·鲍尔比（John Bowlby）对儿童的早期依恋行为提出了更具进化论色彩的观点。他提出，新生儿在刚出生时是完全无助的，所以基因决定了他们必须形成与母亲的依恋来确保自己生存下去。母亲也受到基因的影响认为要与孩子形成情感的联结——与孩子保持亲密关系。

然而，鲍尔比的理论认为婴儿的依恋行为总是指向女性，这一点是具有争议的。他提出，虽然婴儿可能会与多个不同的人建立依恋关系，但是只有对母亲角色的依恋是最特别的，比起对其他人的依恋更为强烈。

依恋类型

20世纪50年代初，美国心理学家玛丽·安斯沃斯（Mary Ainsworth）与鲍尔比合作，一起探讨母亲和婴幼儿之间的关系。为了了解儿童在不同压力水平下是如何平衡依恋和探索环境的需要的关系，安斯沃斯于1969年进行了“陌生人情境”实验。在实验中，安斯沃斯会安排母亲和她一岁的孩子待在一个摆放了很多玩具的房间里，并且安排陌生人进入这个房间。然后观察不同情境下（母亲离开房间和母亲回到房间）陌生人进入房间前后儿童的反应。

通过这个实验，安斯沃斯发现，母亲回到房间后儿童的反应是了解亲子之间感情联结的关键。她提出，儿童对母亲有三种不同类型的依恋：安全型依恋、“焦虑－回避型”依恋、“焦虑－抵抗型”依恋。

安斯沃斯提出，儿童的依恋类型很大程度上受到母亲的敏感程度的影响。她认为，敏感的母亲能够更好地理解孩子的需要并及时给予适宜的反馈，这一点有利于孩子建立安全型的依恋。

后来，一些人对安斯沃斯的理论提出了一些批评意见，其中最主要的有两点：第一，依恋类型不会一成不变；第二，儿童的依恋并非总是恰好完全符合某一个类型。此外，人们还注意到，不同文化也会导致儿童产生不同的依恋类型。例如，相比美国儿童，日本儿童则更多地表现为“焦虑－抵抗型”依恋，这可能是因为日本的儿童很少有与母亲分离的经历。

安全型依恋

在安斯沃斯的实验中，表现为“安全型依恋”的儿童大约有70%。这些儿童在母亲没有离开时，认为探索周围环境是安全的；当母亲离开时，他们表现出不适。但是，对于他们来说，只要母亲在需要的时候陪伴在自己身边，那么即使有陌生人在场，他们依然能愉快地游戏。

焦虑－回避型

实验中表现为“焦虑—回避型”依恋的儿童大约有15%，这些儿童对母亲表现得很冷漠，即使母亲离去也不会给他们带来过大的影响。这些儿童可以很容易被母亲或陌生人安抚。

焦虑－抵抗型

实验中表现为“焦虑—抵抗型”依恋的儿童有15%，这些儿童无论母亲是否在身边，都对陌生人表现得十分警惕。在母亲离开后，他们会表现出高度的焦虑，可当母亲回来后他们又表现出愤怒且拒绝与母亲交流。

剥夺母爱

1950年，鲍尔比开始研究因第二次世界大战失去母亲或者无家可归的儿童。此外，他还着手调查托儿所和孤儿院等其他大型机构对婴儿成长的影响。通过一系列研究，他发现如果儿童在早期被长时间剥夺母爱，那么他们在之后的生活中就会表现出一定程度的智力、社交或情绪方面的问题。

五年后，鲍尔比开始了第二项研究。这次他研究的是处在7～13岁的孩子，他们在小于4岁时都无法得到母爱。和被以传统方式养育的孩子相比，这些孩子的游戏行为缺乏主动性，更为粗暴，更易过度兴奋，并且缺乏竞争能力。

鲍尔比在对少年窃贼的研究中发现，绝大多数的少年犯在早期（5岁之前）都曾有过和母亲分离超过6个月的经历，而在这些孩子中有14个出现了“冷酷无情的精神病态”问题。

父亲的角色

曾在鲍尔比手下工作过的英国心理学家鲁道夫·谢弗（H. Rudolph Schaffer）发现，在不同文化中父亲对子女养育的参与程度有着很大的不同。越来越多的父亲担任起了负责照料孩子的主要角色，也就是说，“养育孩子的主要角色究竟是父亲还是母亲”这个问题不只是源于生物方面的定论，而将更多地受到社会习俗的影响。

谢弗和美国心理学家罗斯·帕克(Ross Parke)的研究显示，男性同样能够给孩子提供温暖且细心的照料。他们还发现，孩子的成长取决于孩子和其养育者之间形成的情感联结的质量和强度。谢弗和心理学家佩吉·埃默森(Peggy Emerson)的进一步研究表明，除了父母，婴儿还会与很多人形成依恋关系，而这些依恋关系都对儿童的发展起到关键的作用。

20世纪70年代，心理学家托尔的研究表明，在很多文化中，承担抚养儿童的责任大部分情况下是一个团体（亲戚和朋友），只有一小部分母亲是儿童的唯一照顾者。

第 31 讲 语言是一个自由创造的过程

孩子的语言发展存在个体差异，但也有一定的发展规律。掌握这些规律对与孩子沟通和对孩子语言能力的培养都大有裨益。

乔姆斯基的先天论

斯金纳提出，当孩子模仿语言的发音且构成了正确的词语时，他们就会得到父母的认可，这种强化将促使他们继续学习新的词语。阿尔伯特·班杜拉拓展了斯金纳提出的模仿的概念，他指出，孩子们不仅是模仿具体的声音、文字，还有句子的结构和通用范式。

然而，语言学家艾弗拉姆·诺姆·乔姆斯基（Avram Noam Chomsky）认为语言的丰富性和创造性仅仅通过模仿和学习是无法获得的。儿童能自发使用从未学过或听过的语法规则，以及无须理解句子里每一个词的情况下就理解句子的含义，这些都无法单纯地通过操作性条件作用来解释清楚。乔姆斯基认为，人类的语言能力与其他很多能力一样，都是先天遗传的结果。

乔姆斯基认为，儿童语言的内容或许是由所处的环境提供了支持，但是语法本身是他们与生俱来的。他指出，语言的发展是生物本能决定的人类能力，是人类基因发展导致的必然结果。他还说，“语言是一个自由创造的过程。”

乔姆斯基提出的“儿童生来就具有学习语言的能力”的观点被广为接受，但是他提出的“父母对儿童知识的获得作用并不大”的观点却引发了很大的争议。但乔姆斯基的观点的确促进了后来整合型观点的发展，并帮助人们对语言进行新的研究和理解。

儿童语言的发展

虽然不同的孩子开始讲话的时间略有先后，但大都经历了相似的成长阶段。按照时间顺序来看，出生 6 周的婴儿哭叫、打喷嚏和咳嗽发出的声音基本上属于反射性的，而从 6 周至 6 个月时，婴儿就能把这些声音与咕咕声、喀喀声等类似语言的声音结合起来了。在 6 个月前后婴儿进入了咿呀学语阶段，发出一连串的声音，通常是由一个辅音一个元音组成，并且具有节奏和语调。4 ～ 8 个月的婴儿开始发近似词的音，如爸爸、妈妈等。

在 1 岁左右，儿童说出了最早的词，这才是真正的语言。这个阶段从 1 岁左右到 2 岁，前后不超过几个月。儿童每次只说一个词，并且常用一个词来表达一个句子的全部意思，如用“妈妈”代表“这是妈妈”或“要妈妈抱”等一句话的意思。

随着年龄的增长，儿童的词汇量也迅速增加。在多数情况下，儿童说出的词都是他们直接接触到的或者会动会响的，而不能说出那些不动的东西的名称，如家具、树木。约 18 个月左右，儿童常用的简单句被略复杂的双词句替代了。刚开始，儿童把两个单词连接起来说的中间还有停顿，如“妈妈，饭饭”。接着，儿童会说：“妈妈饭饭。”在儿童掌握双词句后，就开始学习句式和语法了。

儿童语言发展的阶段

从前言语到言语

- 从出生到 6 周 → 哭叫、打喷嚏和咳嗽
- 从 6 周至 6 个月 → 类似语言的咕咕声、喀喀声
- 6 个月前后 → 咿呀学语
- 4 ～ 8 个月 → 发近似词的音，如爸爸、妈妈

▼

单词句

- 1 岁左右 → 说出了最早的词——真正的语言，用一个词来表达整个句子的意思，如用“妈妈”表示“这是妈妈”

▼

双词句

- 18 个月左右 → 短句发展为双词句，如“妈妈饭饭”
- 2 岁半～ 3 岁 → 复合句越来越多

▼

从句子到会话

- 3 岁～ 6 岁 → 大量的会话行为，语法上已相当复杂，能够与成人顺畅地交谈

2 岁半到 3 岁的儿童就可以说复合句了。一般来说，3 岁到 6 岁的儿童已经表现出了大量的语言活动了，而且可以模仿成人说话，并恰当地进行表达。此时，他们说的句子已经相当复杂，可以和成人顺畅地进行交谈了。

第 32 讲 儿童不是成人缩小版

儿童并不是知识体系尚不完善的微型成人。相反，他们看待世界的方式以及他们与世界相互作用的方式都和成人存在根本区别。

认知发展理论

自 17 世纪以来，人们一直支持儿童是“微小的成人”这一观点，认为儿童大脑的工作原理和成人的完全相同，唯一的差别就是儿童的联想能力不如成人完善。此外，一些秉承先天论的心理学思想家认为，诸如时间、空间和数量观念等概念是先天的，即婴儿天生就具备运用它们的能力。

瑞士发展心理学家让·皮亚杰提出，儿童的心智和成人有着根本的区别。根据他的认知发展理论，儿童的认知发展一般包括其成长阶段中知觉、记忆、思维、想象、理解等多种智力的发展。他的理论阐述了儿童智慧由外部动作向内部抽象推理的发展过程。

发生学和发展的观点是皮亚杰探讨人类心理发展的理论基础。皮亚杰认为，儿童的认知是循序渐进的，而且知识的丰富与智慧的成长是同步的过程。

儿童认知的四个阶段

皮亚杰认为，儿童心理发展的阶段先后次序固定不变，所有的儿童都遵循具有普遍性的顺序。他提出，动作是感知的源泉和思维的基础，是人们获得知识的主要来源，如婴儿通过对物体的抓取、摆弄等动作认识物体。因此，皮亚杰把儿童的认知发展分为四个阶段：感觉运动阶段、前运算阶段、具体运算阶段、形式运算阶段。

除了四阶段理论外，认知发展过程中还有几个核心概念：图式、同化、顺应和平衡。

图式是指动作的结构，也是人类认识事物的基础。同化是指我们把新的信息纳入已有的图式中。顺应是指在同化的过程中，主体图式不能同化客体，引起图

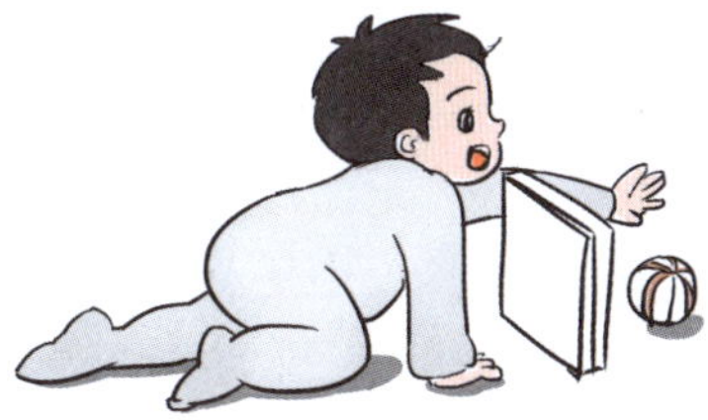

① 感觉运动阶段（0 岁至 2 岁）

6 个月以下的婴儿把看不见的等同于不存在的，而接近两岁的幼儿则会知道东西是不见了，而不是不存在。

② 前运算阶段（2 岁至 7 岁）

儿童能够运用简单符号开展思维活动。例如，他面对椅子时可能会说：“椅子在我前面。”他背对椅子时则说：“椅子在我后面。”

③ 具体运算阶段（7 岁至 11 岁）

儿童能根据具体事例进行推理活动，如将同样多的两杯水，分别倒入高而细的杯子和低而粗的杯子，5 岁以下的儿童多认为高杯里水多于低杯，7 岁儿童则不会这样认为。

④ 形式运算阶段（11 岁至以上）

儿童能运用抽象的、合乎形式逻辑的（演绎的或归纳的）推理方式去思考解决问题，思维不再局限于具体的事物上。

式的质的变化，即我们对已有的知识或技能进行改变。平衡状态是指，能够同化大部分或全部的新信息的状态。

如果已有的图式不足以应对新的情境，儿童就会进入认知失衡的状态，那么儿童就需要进一步发展其图式以顺应必要的信息。

第 33 讲 青春期：人类灵魂中好与坏的交锋

青春期是指从儿童期到成人期的过渡时期，年龄范围比较模糊，一般认为十一二岁进入青春期，21 岁左右进入成人期。

青春期是成长的特殊阶段

“青春期”的英文“adolescence”来源于拉丁语，从字面上理解是“成长”的意思。青春期是童年与成年之间的一个特殊阶段，人们通常简单地把它定义为青少年时期，即“十来岁”的年纪。青春期始于身体快速发育时期，伴随身体快速发育的是生殖器官逐渐发育成熟和第二性征的出现。尽管生理变化对青年的行为、态度和情绪会产生一些的影响，但大多数青少年都平稳地度过这个时期。

青春期不仅在生理上发育成熟，抽象思维能力也有明显的发展。他们开始客观地观察自己，并渴望摆脱对父母的依赖而走向独立。在这一时期，同伴关系对于青少年的发展具有十分重要的作用。同伴关系是平等的，更有助于青少年了解自己和确立自我的形象，这是社会化的一个重要因素。

青春期的孩子更容易与父母发生冲突。不同于同伴之间的平等关系，父母和孩子的关系必须在青少年期经历一个转折——从父母出让权威到孩子获得独立。对性行为的态度也是青少年与父母产生冲突的一个主要方面。传统社会下人们的性行为受到严格的限制，而现代社会在性的态度上则较为宽容，父母的保守观念与青少年的独立要求必然产生冲突。

青春期是一次新生

心理学家和教育家斯坦利·霍尔（Stanley Hall）在他的著作《青春期》中，第一次从学术的角度探讨了青春期这个话题。霍尔受达尔文进化论的影响，认为整个童年，尤其是早期生理发展，反映了进化的过程。他还受到 18 世纪德国文学家和音乐家的影响，把青春期比作“狂飙运动”；他提出这是一个情绪躁动的叛逆时期，行为既可以鲁莽冲动，也可以安静内敛。他说，青春期对自我和环境

同一性危机

同一性危机是青少年处于同一性迷失的状态。心理学家马西亚（J.E.Marcia）曾仔细根据“危机”和当前的“自我投入”这两个维度对同一性状态做了划分，认为在任意既定的时间内，青少年可以分为四种状态。

同一性迷失

青少年既没有从同一性危机中取得经验，也没有解决当前的发展危机，陷入没有明确目标和理想的困境，这是最不成熟的同一性状态。

同一性早闭

青少年没有从同一性危机中取得经验，接纳来自家长或权威设定的目标和社会角色，但对此没有进行价值评判。

同一性未定

青少年在经历着同一性危机的同时，积极探索自己的价值取向，并努力发现能够增强自身竞争力的同一性。

同一性达成

解决了同一性危机，明确职业选择、性别取向、价值观念和宗教信仰等，这是一种成熟的同一性状态。

的意识大幅度提升，并且对事物的感受更加敏感，而感官上也有自己的追求。

霍尔提出青春期很容易产生抑郁，他描绘的“心志消沉曲线”从11岁开始，在15岁达到高峰，最后逐步回落至23岁。霍尔甚至提到犯罪活动在青少年中间更为普遍，主要集中在18岁左右。

但是霍尔对青春期的态度并非只有消极的一面，在《青春期：教育、管理和卫生》中他写道：“青春期是一次新生，此刻诞生了更加高级且复杂的人类特质。”因此，在霍尔看来，青春期其实是让一切变得更好的必要开端。

青春期的自我迷失

美国神经病学家爱利克·埃里克森（Erik H. Erikson）认为，青春期的心理发展会遇到自我同一与角色混淆的冲突。确立自我同一性则表现为对自己很有把握，对他人的认可也有信心。角色混淆则是对人生缺乏适当的认识，自信不足，难以同他人建立亲密关系，从而陷入孤独。

第 34 讲 道德是在互动中形成的

道德发展始于童年，持续到成年。在这个过程中，我们逐渐获得了价值观、信仰和指导行为的思考能力。随着青少年的成长，他们的抽象思维能力和自我控制能力不断增长，道德观也在这个过程中变得明确起来。

道德推理

劳伦斯·科尔伯格（Lawrence Kohlberg）提出，道德发展是逐步的过程。1956 年，他进行了一个“道德两难故事实验”，实验中他向 72 名被试（10 ～ 16 岁的男孩）提供一些需要进行选择的道德两难故事（无论做出什么选择都不能被完全接受），然后研究他们的反应。其中一个两难故事是：一个人的妻子罹患重病却没有钱治疗，所以丈夫为妻子偷了急需的药物。为了了解这些被试的道德倾向将随着年龄增长如何变化，科尔伯格跟踪研究了其中的 58 名被试，每三年进行一次后续研究，一直持续了二十年。

道德发展阶段的界定

通过长期的研究，科尔伯格把道德发展阶段界定为三个水平六个阶段。

道德发展的第一个水平是前习俗水平，一般在个体 9 岁之前，在这一阶段个体会认为规则是固定的、绝对的。道德发展的第二个水平是习俗水平，是从青春期一直到成年早期。在这一道德水平，个体不仅仅参考行为的结果，还会开始考虑行为背后的动机。道德发展的第三个水平为后习俗水平，此时，个体开始脱离简单的服从规则。然而，科尔伯格认为只有 10% ～ 15% 的人能够达到这一水平。

与精神分析学家的“道德是强加给儿童的”观点不同，科尔伯格的道德发展理论认为道德不是强加给儿童的；行为主义者认为道德是回避不良情绪的结果，但科尔伯格不以为然，他认为儿童的道德发展是与他人进行互动形成的，是个体对尊重、同情和爱的感知。

<table>
<tr><td rowspan="2">前习俗水平</td><td>第一个阶段，即服从和惩罚的阶段。前习俗水平主要取决于行为的结果，分为两个阶段。个体依据某一行为是否会受到惩罚来判断该行为的对错。</td><td rowspan="2"></td></tr>
<tr><td>在第二个阶段，即相对功利的阶段。个体依据某一行为是否会得到奖励来判断该行为的对错。此时，个体会考虑他人的需求和愿望，但这种考虑是建立在互惠原则的基础之上的。</td></tr>
<tr><td rowspan="2">习俗水平</td><td>习俗水平的第一个阶段常被称为“好孩子”阶段，儿童在这一阶段考虑的是是否能帮助或取悦他人，他们对行为的判断基于该行为是否是好的。</td><td rowspan="2"></td></tr>
<tr><td>在习俗水平的第二阶段，即遵从权威与维护社会秩序的阶段，个体会把好的行为等同于遵从权威或遵守秩序的行为，而且认为好的行为可以维持社会秩序。</td></tr>
<tr><td rowspan="2">后习俗水平</td><td>在这一水平的第一个阶段，即社会契约的阶段，我们尊重权威，同时我们会越来越清楚地意识到，个人的权利能够取代那些破坏性或限制性的法则。我们会逐渐发现，和遵守规则相比，人的生命更加神圣。</td><td rowspan="2"></td></tr>
<tr><td>在道德发展的最后一个阶段，即普遍的伦理原则的阶段，良心是我们最终的判断标准，我们和其他人一样都拥有同样的、应该被尊重的权利。我们或许会开始以普遍原则（如公正）的名义对抗规则。</td></tr>
</table>

第 35 讲
从生到死，人格发展八阶段

“任何事物的发展都能够按图索骥，且事物的不同组成部分会据此不断发展。”爱利克·埃里克森提出，人格发展需历经八个阶段。他认为，这种发展是遗传和环境不断交互影响的结果。

八个阶段理论

婴儿出生的第一年是人格发展的第一阶段，这个阶段个体会经历“信任与不信任”的冲突。当婴儿的需要无法得到持续的满足时，他就会产生不信任感，而这种不信任感会在他未来的人际关系中再次出现。

一岁半到两岁时进入人格发展的第二阶段，这个阶段的个体会经历“自主与羞耻和怀疑”的冲突。这一时期，儿童开始学着探索，并且他还需要学着处理由小的失败或父母的惩罚而导致的羞耻和怀疑感。当个体学会如何平衡成功与失败时，他就会发展出健康的意志力。

人格发展的第三阶段是从 3 ~ 6 岁，个体在这个阶段要经历“主动与内疚”的冲突。这一时期，儿童不仅开始学习游戏行为，而且还开始做出主动的、有目的的行为。他们会发现，与其他人交流时，自己的行为也会反过来影响他人。在这个阶段，对儿童实施严厉的惩罚会导致强烈的愧疚感。

6 ~ 12 岁的儿童进入到第四阶段，经历的是“勤奋对自卑”的冲突。这一时期，儿童开始接受教育并学习一定的社交技能，并且会产生勤奋感。但是，如果过分强调“努力”，可能会导致儿童错误地把自我价值和努力等同起来。

第五阶段即青春期（12 ~ 18 岁），主要体现“自我同一性和角色混乱”的冲突。这一时期，个体通过思考自己的过去、现在和将来得到“我是谁”的答案——自我同一性。如果能够成功战胜自我同一性混乱的问题，我们将在这个阶段产生统一的自我认同感，但同时也可能产生“自我认同危机”问题。

个体在 18 ~ 30 岁要经历“亲密对孤独”的冲突，即人格发展的第六个阶段。在这一阶段，我们通常会体验爱情，并和他人建立亲密关系。

第七个阶段是从 30 ~ 60 岁，此时个体会经历“生育对自我专注”的冲突。在这个阶段，人们为下一代而努力，或者通过文化、社交等为社会做出贡献。

最后一个阶段一般从个体的 60 岁左右开始，经历的是“自我调整与绝望期”的冲突。在这一阶段，个体开始反思自己的生活，或许会因为对自己的过去感到满意而过着平静的晚年生活，或许会对自己的老化和面临的死亡感到绝望。如果人们能成功地解决这一冲突，他将获得超脱。

家庭是人格塑造的工厂

个体在“原生家庭”中的角色，往往在长大成人之后也能找到痕迹。可以说，原生家庭在塑造人格上具有非常重要的意义，美国心理学家维吉尼亚·萨提

亚（Virginia Satir）认识到了这一点，她还考察了健康健全的家庭（家庭成员之间彼此在情感上开放、互惠，不吝惜表达对彼此的关心和爱）与不健全的家庭之间的差异。她特别关注的是当家庭成员之间缺少健康的互动时，人们为了补偿而采用的角色。

萨提亚认为，如果家庭成员之间无法开放地表达情绪和情感，那么人格“角色”就会取代真实的自我。她还提出家庭成员通常扮演五种角色，尤其是在压力情境下。这五种角色分别是：“指责型”——永远在挑错和批评的家庭成员，“电脑型”——无感情的理智者，“打岔型”——为了将注意力从情绪问题转移走而捣乱的人，“讨好型”——总在道歉的讨好者 ，“表里如一型”——开放、诚恳、直接的沟通者。

在这五种角色中，前面四种类型都因缺乏自尊而害怕展示或分享他们的真实感受，只有表里一致型的人是健康和谐的，因为他们的内在情感和他们与家庭成员的交流相匹配。指责型的人通过攻击他人来隐藏自己的无价值感，电脑型的人以理智来拒绝承认他们的情感，打岔型的人（通常是家庭中年龄最小的成员）认为只有他们看起来可爱和无辜时才会被人爱，讨好型的人则时刻担心被拒绝。这些家庭角色破坏了人们做真实的自己的能力。萨提亚认为，要想摒弃这些错误的认同，无论孩子还是成人，都应将自我价值视为与生俱来的的权利。

第 36 讲
男孩应该男孩样儿，女孩应该女孩样儿？

1905 年，弗洛伊德在《性学三论》中提出了性欲是儿童期的一个重要力量的观点。他的结论是："儿童自小就有性本能和性活动，这是与生俱来的。"

性别认同

"性"指的是生物学上的男性或女性，而"性别"代表了个体有男人味还是女人味。通常情况下，男性偏于男性化，女性偏于女性化，但也有例外。个体对男性化和女性化的认识程度（包括对自己性别的意识和接受程度）被称为"性别认同"。性别认同在我们很小的时候就已经开始发展了，一般 10 ～ 14 个月的婴儿就表现出对同性儿童的偏好。在一个特定社会中被认为恰当的男性和女性的行

为模式，被称为“性别角色”。在不同的文化中，个体的性别角色与日常活动的联系紧密程度不同，并且对跨性别行为的容忍程度也不同。而在特定文化中，男孩或女孩需要学会符合其性别的适当行为，这就是“性别角色社会化”。

性别角色社会化塑造着人们的性别认同，但性别认同始于贴标签，如“你是个女孩”，或者“你是个男孩”。许多研究人员指出，性别角色的社会化是随着婴儿的出生就已经开始了的。一项研究发现，父母在描述新生的男婴时，常使用“健壮”“敏捷”或“协调”这样的词，而在描述新生的女婴时，则会用“精致”“美丽”或“娇弱”这样的词。此外，父母给儿子和女儿穿戴不同的衣服，买不同的玩具，甚至以不同的方式与他们对话，这些都是性别角色社会化的过程。

性别角色刻板印象

性别角色刻板是对男性和女性基本特质的一种比较简单但被广泛接受的观念。我们的行为举止往往受到性别角色的影响，而性别角色刻板印象却认为习得

的性别角色是固有的生物学差异，然后发展成对于男性和女性可以做什么、不可以做什么的错误信念。

带有强烈性别角色刻板印象的人会认为，战斗机飞行员、公司总裁、军官或赛车手等职业不适合女性，因为女性缺乏足够的攻击性、支配性以及机械操作能力。而且，之前对成就动机的研究似乎也表明，女孩的成就动机不如同龄男孩的高。男孩往往会更注重成就，他们通常对任务表现出更高的参与度，且采取的探索性行为也更多；而女孩则偏向于关注人际关系方面的成就，她们会比男性更加努力地取悦他人，而且在很多任务上，女孩不如男孩表现得那么自信。

美国心理学家埃莉诺·迈克比（Eleanor Maccoby）对以上假设持反对态度。她指出，女孩比男孩的学习成绩更好。通常来说，女孩很早就表现出对学习有更浓厚的兴趣，并且在高中结束之前，女孩的辍学率也更低。迈克比因此认为，就学业而言，女孩比男孩付出了更多的努力，且拥有更好的习惯，无论是否存在男孩比女孩更加具有成就动机，都无法说明女孩在学业动机方面劣于男孩。

迈克比指出，心理学文献单纯地强调不同性别的差异，却忽视了性别的平等。她认为，人们对不同性别的职业刻板印象是不符实的。

男孩游戏和女孩游戏

埃莉诺·迈克比认为，儿童游戏方式及对不同玩具的偏好与父母的偏向或角色没有太大的相关。即使家长鼓励男孩和女孩一起玩游戏，儿童仍旧更喜欢与同性别的小伙伴一起玩。因此，迈克比认为，儿童性别行为中大部分差别是同伴关系的产物。

为了更好地了解同伴关系对儿童性别行为的影响，研究人员对男孩游戏和女孩游戏之间的差异进行了细致的分析。研究人员观察了 4~6 岁同性别儿童之间是如何一起玩的（其中包括一对一玩和在一个更大的群体中一起玩）。通过录像，研究人员对儿童之间的交流进行分类。结果表明，男孩和女孩都能够进行一对一玩耍，但女孩和同一个女孩一起玩的时间更长，也就是说，男孩会拥有更多的游戏伙伴。这一点或许是因为女孩比起男孩更能保持长时间的注意力。研究还发现，女孩在群体游戏和男孩在群体游戏也存在着一定的差别。例如，男孩的群体更关注谁对谁有决定权，而女孩的群体则更关心一致性而不是权力。

总的来说，男孩和女孩生长在不同的心理环境中，这些环境直接影响了他们处理问题的方法，也塑造了他们的世界观。

女强人是否受欢迎

20 世纪 70 年代（妇女解放运动之前），珍妮特·泰勒·斯宾塞 (Janet Taylor Spence) 了解到她的两个同事在进行“男性的能力及其受欢迎程度”的研究，于是，她开始将研究的焦点转向了性别问题。她的同事并没有将女性纳入研究中，因此她决定以女性为被试进行类似的研究。于是，1972 年她发表了论文《谁喜欢女强人？》。

斯宾塞和另一位心理学家海姆里奇一起探讨了人们是否对能力较强的女性更有好感的问题。他们猜测，只有那些秉承男女平等的个体才会倾向于喜欢能力较强的女性。为此他们设计了“女性态度量表”，来了解被试对女性的权利和角色等的看法。结果和研究者的预期完全相反：被试不仅喜欢更有能力的女性，甚至对那些在通常男性更为擅长的领域表现出色的女性给出了最高的评价。

下　部

影响心理学发展的重大研究及心理测验

第 37 讲
割裂脑
——揭示大脑功能之谜

正如你所知道的那样，我们的大脑分为左右两个半球，且它们的功能并不相同。大脑左半球主要控制语言能力，而大脑右半球则涉及空间关系，如艺术活动所需要的相关能力等。

为了揭示人脑左右半球独立运作的程度及各自不同的功能，罗杰·斯佩里（Roger W. Sperry）和迈克尔·加扎尼加（Michael Gazzaniga）进行了一项著名的研究——“裂脑人”研究。

理论基础

大脑的两半球是通过胼胝体（大约 2 亿根神经纤维构成）相互联系的。当胼胝体被切除，即大脑两半球连接的主要途径被切断，此时两半球的功能就彼此独立了。因此，如果想要单独研究大脑的每一个半球，只要切开胼胝体即可。切开胼胝体并不会影响被试的智力水平、个性特点以及特有的情绪反应。

研究背景

罗杰·斯佩里曾以猫为被试进行研究。他通过外科手术切断猫大脑两半球之间的联系，使猫的左脑只能接受左眼传递的信息，右脑只能接受右眼传递的信息。然后，他把猫的右眼蒙住后让其学习穿过一个小迷宫找食物。在猫能够熟练通过迷宫后，放开右眼，蒙住左眼，让猫再次进入迷宫，结果猫的左脑对于迷宫感到很陌生，只得重新熟悉整个迷宫。20 世纪 60 年代初，斯佩里的研究转向以人为被试，迈克尔·加扎尼加加入了他的研究。

但是，伦理道德决不允许为了研究大脑两半球的特定功能而对人采取这样残忍的方式。但 20 世纪 50 年代后期，医学界为了治疗一些特殊且极端的癫痫患者，采取了切断患者胼胝体的治疗方式，这给了心理学家一个黄金般的机遇。

研究内容

为了揭示人脑两半球能独立运作的程度以及它们是否有各自独一无二的能力，研究者设计了一系列的测试，用于揭示被试（因癫痫而被切断胼胝体的患者）的一系列心理（认知）能力。

视觉检测

研究者通过某种特殊方法，使一些普通的物体只投射到大脑的单侧（左半球或右半球）视觉区域（视野）。被试被要求坐在带有一排灯泡的木板前，当这些灯泡在他的左、右视野依次闪烁时，被试口头说只看到右侧灯泡闪烁，但却能用手准确地指出全视野的灯泡（左视野内的图像信息被大脑右半球接收并进行处理，右视野内的图像则由左半球接收并进行处理）。

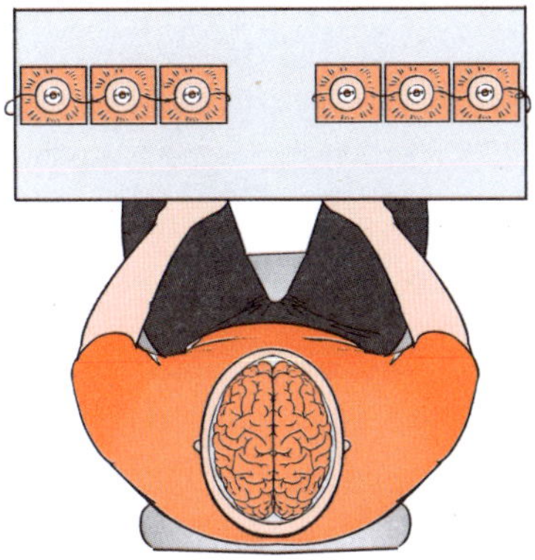

视觉检测

很显然，被试不能说出他看到的全部灯泡不是因为看不见，而是因为控制语言的是大脑的左半球。也就是说，如果想要被试说出看见的东西，就必须让他大脑的左半球看见这个东西。

触觉刺激

在被试看不到物体的情况下，让他们仅用右手触摸一种物品，他们能够准确说出物品的名称，也能对该物品进行准确描述。而让被试仅用左手触摸一种物品时，他们则无法说出这样物品的名称，也无法描述这一物品。然而，被试能够轻易地从面前的物品中找出与左手中相同的物品。

这个实验再一次表明，口头表达能力位于大脑的左半球。被试能够说出右手触摸到的物品，正是因为其语言中枢位于大脑的左半球。而用左手触摸的物品却无法用语言表达出来，是由于大脑右半球无法把信息传达给控制语言能力的左半球。

通常来说，大脑的左半球在语言上优于右半球，那么大脑的右半球有什么优势呢？在斯佩里和加扎尼加的早期研究中发现，对于那些涉及空间关系和性状的视觉任务，左手的成绩比右手更好。

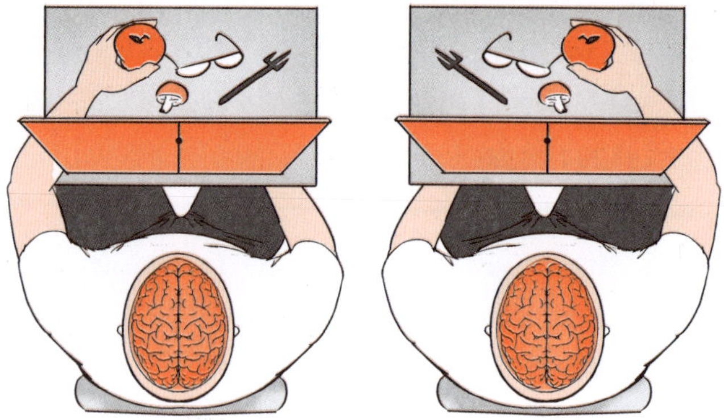

触觉刺激

意义与影响

通过这项研究或许能够得出结论：我们有两个不同的大脑。加扎尼加提出，如果我们真的有两个脑，那么当两个半球的大脑被分开后，我们也许就有双倍处理信息的潜能。有些研究证据也确实表明，割裂脑病人能够在正常人完成一项认知任务的时间内完成两项任务。

在后来的研究中，加扎尼加和斯佩里对割裂脑患者进行了更复杂的测试。例如，他们会问割裂脑患者："你会选择什么职业？"一位男性患者虽然口头（大脑左半球）说他想当个绘图员，但他的左手（大脑右半球）却通过触摸大写字母拼出了"automobile race（赛车）"。

批评与应用

多年来，很少有人对割裂脑研究中得出的结果产生质疑。但美国芝加哥大学的生物心理学家贾尔·利维（Jarre Levy）一直试图消除人具有两个功能独立的大脑半球的观念。她认为，由于大脑两半球功能不同，所以二者的功能必须整合，而不是分离。1998 年，法国一项研究对斯佩里和加扎尼加的研究提出质疑。他们发现，有一种罕见的脑畸形患者，他们天生没有胼胝体，但信息仍可以在大脑的两半球之间传递。还有研究者提出，大脑右半球和左半球有不同的自我意识。后来，这一观点被某些研究者应用于精神疾病上，例如分裂型的多重人格障碍。

第 38 讲
丰富的经历，会造成更复杂大脑

绝大部分父母都相信，给孩子们一个令他们兴奋的环境，能更好地促进智力和大脑最大限度地发展。

为了探究“某些特定的经历是否会引起大脑形态发生变化”，马克·罗森茨威格（Rosenzweig，M. R.）、爱德华·贝内特（Bennett，E. L.）及玛丽安·戴蒙德（Diamond，M. C.）共同进行了一系列关于经验对大脑影响的实验。

研究背景

大脑形态是否会因某些特定的经历而发生变化，这是几个世纪以来哲学家和科学家一直在猜测和研究的问题。意大利解剖学家玛拉卡尼 (Malacarne) 于 1785 年以同一胎产下的小狗和同一窝蛋孵出的小鸟为实验被试进行研究：对一组长期训练，另一组享受同等照顾但不做训练。他发现，受过训练的动物的大脑更复杂，有更多的褶皱和沟回。

研究内容

20 世纪 60 年代，马克·罗森茨维格、爱德华·贝内特和玛丽安·戴蒙德力图揭示经验对大脑的影响，他们用老鼠（因为其脑部平滑，便于对大脑进行检测和测量）作被试，历时 10 余年，进行了 16 次实验。在罗森茨维格的研究中，有着一种想法：生活在丰富环境中的动物与生活在贫乏环境中的动物相比，两者的大脑发育会表现出明显的不同。

三种不同环境描述如下：

1. 标准的实验室笼子中，有几只老鼠生活在足够大的空间里，笼子里总有适量的水和食物。

2. 贫乏的环境是一个略微小一些的笼子，老鼠被放置在单独隔离的空间里，笼子里总有适量的水和食物。

3. 丰富的环境几乎是老鼠的迪士尼乐园，6～8只老鼠生活在一个“带有各种可供玩耍的物品的大笼子里。每天从25种玩具中选取一种新的组合放在笼子里”。

研究中，每次实验均采用了12组老鼠，每一组由取自同一胎的3只雄鼠组成。3只雄鼠被随机分配到三种不同的实验条件中：标准的实验室笼子、“丰富环境”的笼子、“贫乏环境”的笼子。

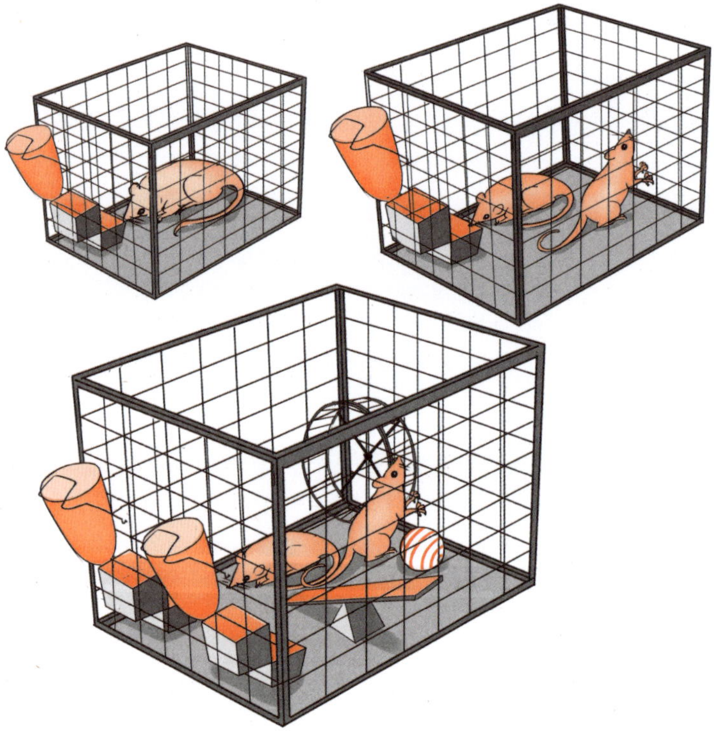

老鼠会在这些不同环境里生活4周到10周不等。之后，实验人员会让这些实验老鼠人道地死去，然后解剖它们的大脑，对各个部分进行测量、称重和分析，以确定脑部发育是否有所不同。

研究证实，在丰富环境下生活和在贫乏环境下生活的老鼠的大脑在很多方面都有区别。生活在丰富环境的老鼠其大脑皮层更重、更厚。皮层是大脑对经验做出反应的部分，它负责学习、记忆、行动和所有感觉的输入（视觉、听觉、触觉、味觉和嗅觉）。此外，实验者发现在丰富环境中生活的老鼠的脑部中的“乙酰胆碱”酶更具活性，这种酶是能使脑细胞中神经冲动传递得更快、更高效的化学物质。

研究还发现，两组老鼠的脑细胞在数量上虽没有显著差别，但生活在丰富环境下的老鼠大脑神经元更大，其 RNA 和 DNA 的比率也相对更高。也就是说，丰富环境让老鼠大脑中有更高水平的化学活动。

罗森茨维格说：“我们发现，经验会让大脑皮层迅速地增重，而大脑其他部分变化很小。”最后，是有关两组老鼠大脑的神经突触——两个神经元相会之处——的发现。大部分大脑活动发生在神经突触上，神经冲动可能通过一个个神经元继续传递下去，也可能会被抑制或终止。在高倍电子显微镜下，可以发现生活在丰富环境中的老鼠大脑神经突触比生活在贫乏环境下的老鼠神经突触大 50%。

批评与应用

有些批评意见认为，使大脑产生变化的或许不是丰富的生活环境，而可能由于老鼠受到不同的实验处理，如纯粹的触摸或压力情境。在这项研究中，丰富环境下的老鼠确实每天在换玩具时有机会被触摸两次；但贫乏环境下的老鼠却没有被触摸。然而，后来研究者通过实验证明，抚摸并不能促使老鼠的大脑发生变化。批评者还提出，老鼠在贫乏环境中生活会因被隔离而产生压力，从而导致大脑欠发达。罗森茨维格等人引证了另一项研究，该项研究让老鼠采用旋转笼子或给予老鼠轻微电击使老鼠处于情境压力的状态，但没有发现仅因压力而使大脑改变的证据。此后，罗森茨维格和他的同事还发现，户外老鼠的大脑比起实验室老鼠的大脑发展得更好。

通常涉及动物被试的研究还会面临一种批评意见，那就是它与人的关系问题。然而，这类研究永远不能用人来当被试。当然，研究者也承认，在得出经验对人脑产生影响的假设前，还需要更多研究。

研究者提到这项研究的几个潜在好处。首先，它可以用在记忆研究中。经验能够促使大脑产生改变，这能让人更好地理解记忆是如何被保存在大脑中的。以此为基础，有利于开发新的记忆术，甚至阻止因年龄增长而导致的记忆衰退。另外，研究者发现，营养不良会使一个人对环境刺激反应迟钝，而长期持续的营养不良可能限制大脑的发育。一些同期研究证明，环境丰富也能够减轻营养不良对大脑发育的影响。

第 39 讲

向前爬向后退

——婴儿的视崖反应

用视觉感知和解释周围世界的能力，一直是实验心理学家感兴趣的领域之一。许多心理学家认为，我们最重要的视觉能力是深度知觉。

为了研究婴儿的深度知觉能力，埃莉诺·吉布森（Eleanor Jack Gibson ）和理查德·沃克（Walk，R. D. ）设计了一种重要的装置——视崖装置。

研究背景

在心理学界流传着一则关于 S. B. 先生的趣事。S. B. 先天失明，直到 52 岁时，通过角膜移植术使他恢复了视力。手术后不久，S. B. 从医院的窗户向外望时，好奇地发现楼下一些小东西在地上移动着，于是他爬到窗边正要探下身子看个究竟，多亏医院的工作人员及时阻止了他的行动。尽管 S. B. 通过手术恢复了视力，但他却不能知觉深度。

吉布森和沃克说："婴儿在爬行和蹒跚学步阶段，经常从或高或低的地方跌下来……一般人们认为，孩子是从经验中认识容易摔跤的地方的，他们从自己有过跌落和受伤的经验中学习。"

研究视觉深度的知觉能力，需要用到一种叫作"视崖"的实验装置。这一装置主要是一张顶部有一块透明厚玻璃的高桌子。视崖装置分为两半，一半是浅滩，用红白格图案组成的结实桌面；另一半是深渊，与浅滩图案相同，但它在桌子下面的地板上。在浅滩和深渊之间是一块一英尺（约 30 厘米）宽的中间板。

研究内容

这项研究的被试是 36 名婴儿，年龄在 6 到 14 个月之间。这些婴儿的母亲也参加了实验。实验时，婴儿被放在视崖的中间板上，然后依次让母亲在深渊和浅滩侧呼唤自己的孩子。

当母亲在浅滩的一侧呼唤她们的孩子时，大部分的孩子都爬下中央板并穿过

视崖装置

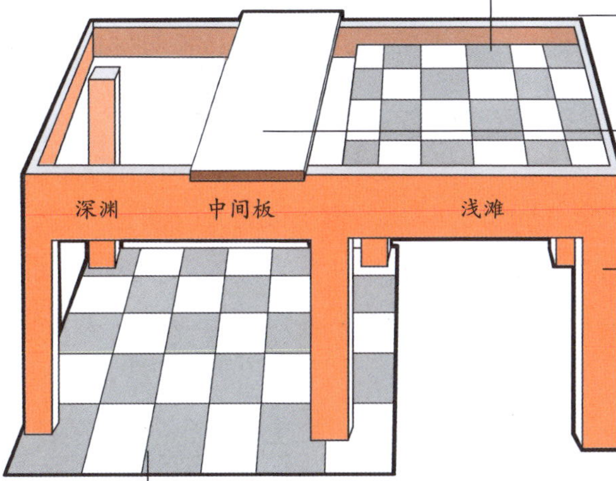

玻璃。当母亲在视崖的深渊一侧呼唤孩子时，大部分的婴儿都拒绝穿过视崖，他们甚至远离母亲爬向浅滩的一侧，或因无法到母亲那边而大哭起来。毫无疑问，婴儿已经意识到视崖深度的存在了。然而，这些研究结果并不能证明人类知觉深度的能力是天生的。因为参与实验的所有婴儿至少已经有了 6 个月的生活经历，他们很可能在这段时间内通过尝试错误而学会了知觉深度。但 6 个月以下的婴儿不具备自主运动的能力，所以并不能接受实验。

我们都知道，大部分非人类的动物获得自助运动能力都早于人类，于是，吉布森和沃克开始对其他种类的动物进行视崖实验。这些动物包括小鸡、小海龟、小猫、小狗、小老鼠、小绵羊、小山羊和小猪。动物测试后，得到了一个非常有趣的结果：不同种类的动物，其知觉深度能力的发展与它们的生存需要有关。

出生不足 24 小时的小鸡就不会犯跌下深渊的错误，因为小鸡出壳后必须马上开始自己觅食。

小山羊和小绵羊在出生后不久就能站立、行走。从那一刻起，它们对视崖的反应就准确而可预测。

而对于小老鼠来说，情况则有些不同。它们对浅滩没有表现出明显的偏好。这并不是说“小老鼠比较愚蠢”，吉布森和沃克的解释是：小老鼠对视觉依赖性不大。其实老鼠的视觉系统本就不够发达，因为它们是夜间活动的动物，它们主要靠鼻子上坚硬的触须来四处活动，靠嗅觉感知食物的方位。对小老鼠的触须而言，深渊和浅滩的玻璃在感觉上没有区别，所以它不会被视崖欺骗。

小猫虽然主要在夜间活动而且也有触须，但它却具有极好的深度知觉能力。不同于老鼠（食腐动物），猫是食肉动物，它们更加依赖视觉。

在接受测试的所有生物中，海龟的视崖成绩最差。研究者在实验前猜测海龟自然生活的环境是水，因此它们可能更喜欢深的一侧。这或许跟它们的自然生活环境是水中有关系——在水中，深度知觉的生存价值将会减小。

吉布森和沃克所有的观察结果和进化论完全一致。无论是什么种类的动物，如果它们要生存，就必须要在能够独立行动时发展感知深度的能力。人类在 6 个月左右才会出现这种能力；但鸡和羊几乎是一出生（一天之内）就具有了这种能力；而老鼠、猫和狗大约在 4 周时出现这种能力。因此研究者得出结论：这种能力是天生的。因为如果这种能力需要通过尝试错误才能习得，可能会带来过多潜在的、致命的危险。

批评与应用

吉布森和沃克的研究表明，6 个月左右的婴儿已经获得了感知深度的能力。但后来有研究把 2 到 5 个月之间的婴儿放在视崖深渊一侧的玻璃上，这时所有的婴儿都表现出心率变慢（心率变慢是感兴趣的信号）。这表明这些婴儿还没有习得对落差的恐惧。

对于我们什么时候开始感知深度这一问题，学术界仍在持续争论，而吉布森和沃克的视崖装置也被应用于各种关于深度感知的研究中。后来，有研究者发现，当视崖装置的落差不深也不浅（如 30 英寸左右）时，婴儿会根据母亲的表情做出选择，是继续爬向深渊（母亲所在的那一侧），或是远离母亲爬向浅滩；当落差很浅时，婴儿不再观察母亲的表情，而是径直向前爬。

第 40 讲 近大远小的秘密 ——知觉恒常性

感觉和知觉是心理学中两个重要的研究领域。感觉（视、听、触、味、嗅）是指通过感官从周围环境中获取信息，它为知觉提供原材料。

人类学家科林·特恩布尔（Colin Turnbull）在研究巴布提部落俾格米人的生活和文化时，竟然揭示了人们对周围世界的知觉是如何被特定的感觉输入所影响的。

理论基础

知觉是我们处理大量感觉信息并赋予其意义的过程。大脑知觉有三种主要活动：(1) 知觉对需要注意的感觉进行筛选；(2) 把感觉组织为可识别的模式或形状；(3) 对这些组织进行说明从而对世界做出解释和判断。

研究背景

我们的大脑有很多组织感觉信息的技巧或策略，其中使用得最频繁的知觉策略是图形—背景策略。如格式塔理论中的鲁宾瓶，可能你第一眼看到的是两张侧脸，也可能是一个白色的花瓶。当你意识到这一点后，你就能够自如地在两种情形间转换：当你看花瓶（图形）时，则侧面像（背景）就变成了背景；但当你注意侧面人脸（图形）时，花瓶（背景）就变成了背景。

日常生活中，常用的组织感觉信息的策略还有知觉恒常性（形状恒常性）和大小恒常性。我们的知觉能力有些是天生的，例如知觉图像—背景关系的能力；而有些则是经验的产物，例如知觉恒常性和大小恒常性。那么，是什么样的经验让我们获得了这些能力呢？是否有一种环境能让一个人直到成年仍不具备这种知觉天赋？

研究内容

20世纪50年代末60年代初，为研究巴布提部落俾格米人（BaMbuti Pygmies）的生活和文化，人类学家科林·特恩布尔进入了扎伊尔（现在的刚果）茂密的伊图里森林。他主要的研究方法是自然观察法，即观察在自然情境中发生的行为。

有一次特恩布尔外出考察，随行的还有当地俾格米人部落的一个叫肯格（Kenge）的小伙子（大约22岁）。特恩布尔和肯格到达一座小山的东边，由于要建一个传教点，那里的树木全部被砍伐了。没有了树木的遮挡，人的视线便能越过森林一直看到远处高山。

由于伊图里森林十分茂密，肯格有生以来从未看到过远处的风景。他指着远处的山问那是山还是云雾。特恩布尔告诉他那是山，但是肯格在自己生活的丛林中所看到的山远比这些山小得多。特恩布尔和肯格一同驱车前去更近地观察那些山。他们最后来到了位于山脚下的爱德华湖边的伊尚戈国家自然公园（Ishango Natural Park）。

远处的牛看起来就像虫子一样小。

肯格扫视了一圈，当他抬头仰视群山时，他简直说不出话来。巴布提部落的人一直生活在茂密的丛林中，他们的文化也因此受到限制，在他们的语言中根本没有可以描述眼前景象的词汇。肯格看着远处白雪皑皑的山顶，竟认为那是一种岩层构造。他们准备离开时，看到前方一片广阔的平原。

肯格看到一群野牛正在几英里外吃草（由于距离很远，这些野牛看起来就像虫子一样小），于是他转向特恩布尔问道："它们是什么昆虫？"特恩布尔回答说那是野牛，而且比肯格以前在丛林里看到的野牛还大。肯格认为特恩布尔是在开玩笑，竟然把那些像甲虫和蚂蚁的昆虫说成是野牛。

特恩布尔立刻和肯格一起开车靠近那些吃草的野牛。随着和野牛的距离逐渐减小，肯格看到野牛的形体在不断增大，他小声地说这应该是魔法。他不明白为什么刚才这些牛看起来那么小，甚至怀疑它们是不是在刚才那段时间里长大了，或者这是不是某种骗人的把戏。

由此可知，大小恒常性不仅是经验习得的结果，而且还会受到我们生活的环境和文化的影响。在肯格生活的丛林中，他们的视野通常被限制在 100 英尺（约 30 米）内，因此他们没有发展大小恒常性的条件。

意义与影响

特定的知觉技能是我们生存所必需的，为了尽可能地生存下来，我们的一些知觉技能会以最适合生存环境的方式发展。

特恩布尔的研究引发了先天与后天的论战，显然，特恩布尔关于肯格知觉能力的观察报告是对后天因素或环境因素一方的有力支持。

特恩布尔对肯格的观察结果证明了某些知觉能力是习得的，而另一些则是天生的。然而，关于人类知觉能力的来源，至今都没有一个总结性的结论。但有一点是确定的，那就是这一领域的研究必然会延续下去。

第41讲
“剥夺梦”实验：人不能不做梦

在整夜的睡眠中，我们会经历 4 ～ 6 个睡眠周期，每个周期可分为快速眼动睡眠（REM）和非快速眼动睡眠（NREM）两个阶段。快速眼动睡眠的一个周期持续 10 分钟，而非快速眼动睡眠的一个周期持续 90 分钟。

尤金·阿瑟瑞斯基（Aserinsky，E.）、纳撒尼尔·克莱特曼（Nathaniel Kleitman）和威廉·迪蒙特（William Dement）通过一系列研究，不仅发现了快速眼动睡眠的存在，更找到了其与梦的关系。

快速眼动睡眠的发现

1952 年，还是研究生的尤金·阿瑟瑞斯基开始了有关睡眠的研究。他发现，婴儿睡眠时总是周期性地出现快速眼动，他认为这些快速眼动与做梦有关。为了验证自己的猜测，阿瑟瑞斯基将研究范围扩展到了成人。

阿瑟瑞斯基和同事纳撒尼尔·克莱特曼一起进行了研究，他们征召了 20 名正常成年人作为被试。研究者在被试隔壁的房间，通过在被试眼部周围肌肉上连接电极来监控被试的睡眠（每个被试参加观测不止一夜）。实验过程中（整个夜晚），研究者可以随时叫醒被试（包括快速眼动期、慢速眼动期和没有眼动的时期），询问他们是否在做梦，以及是否记得梦的内容。

据统计，在快速眼动睡眠期间，共有 27 人被叫醒：其中，20 人详细描述出了梦境，其余的 7 人表示“感觉到在做梦”，但无法回忆详细内容。在没有眼动期间，共有 23 人被叫醒，其中有 19 人报告没有任何梦境，4 人表示模糊地感到好像是在做梦，但无法清晰地描述梦境内容。此外，还有一些夜晚被试被允许整夜睡眠而不被打扰。结果发现，在平均 7 小时的睡眠过程中，被试出现 3 到 4 次眼动期。

阿瑟瑞斯基对快速眼动睡眠或者有梦睡眠的发现，在今天已经被大家所熟知，但在当时却并不是很引人注目。值得一提的是，他的发现引发了大量关于睡眠和做梦的研究。

“剥夺梦”实验

继阿瑟瑞斯基之后，威廉·迪蒙特也发现了很多非常有价值的关于睡眠和梦的信息。受到“每个人每天晚上都会做梦”的影响，迪蒙特提出：“梦是心理上的需要，还是生理上的需要，还是二者兼而有之？”

为此，迪蒙特决定进行一个剥夺被试做梦睡眠的实验。由于使用药物来阻止被试做梦对睡眠模式影响太大，所以，他决定每当被试在夜里进入 REM 睡眠时就把他们叫醒。

被试为年龄在 23 岁到 32 岁之间的男性，他们会在一个单独的房间里进行睡眠。研究装置与阿瑟瑞斯基的研究一样——在被试的头皮和眼部周围连接小电极，方便研究者在隔壁房间对被试的睡眠情况进行监控。研究过程中，为了确定每个被试一般情况下做梦的数量和睡眠模式，在最开始的几个晚上，被试被允许整夜正常地睡眠。在以后的几个夜晚，被试们将被连续剥夺 REM 睡眠的数量在 3 夜到 7 夜不等，每当电极传导的信息表明被试开始做梦时，被试就会被叫醒，等到他完全清醒后才允许他们再次入睡。为了不影响实验结果，在整个实验过程中，被试不能在除研究以外的其他任何时间睡觉。

完成做梦剥夺的研究阶段后，被试还需要一个“恢复阶段”，即让被试在这段时间内（1 夜至 6 夜不等）不被打扰地睡一整夜。在这一阶段，研究者仍然会进行电子监控并记录被试做梦的数量。

剥夺被试做梦睡眠场景图

为了验证一种假设，即无论被试是否做梦，剥夺梦的效果都不能简单地归因于被试每晚被叫醒的次数，研究者让所有被试休息了几天后，继续进行另一系列睡眠干扰的研究。这次实验叫醒被试的夜数及每晚的次数与剥夺梦阶段完全相同，唯一不同的是，这一次实验中改为在两次眼动（做梦）之间的一段时间内叫醒被试。这被称为“控制恢复”阶段，这一阶段仍然会给被试一些“恢复夜晚”。

根据实验数据可知，当被试不被打扰地睡觉时，他们每晚的平均睡眠时间为 6 小时 50 分钟。其中，被试做梦的平均时间为 80 分钟，约占整个睡眠时间的 19.5%（不同被试用于做梦的时间相似，变化仅在正负 7 分钟之内）。在剥夺梦的第一夜，研究者叫醒被试的次数在 7 ～ 22 次之间；而在最后一夜，被试被叫醒的次数达到 13 ～ 30 次，被试试图做梦的次数增加到最初的 2 倍。

此外，通过恢复阶段的数据统计，研究者还发现，在经历了几个剥夺梦的夜晚之后，被试做梦的时间也明显增加。在“控制恢复”阶段（被试在两次 REM 睡眠期间被叫醒，叫醒次数与之前相同），有 6 名被试在休息了两天之后再次回到实验室，并严格地重复了实验过程。结果发现被试做梦的时间并没有显著增加。

从这些研究结果中，迪蒙特试探性地得出这样的结论：人需要梦。在经历剥夺梦的阶段后，被试做梦的数量有所增加，而且做梦的时间也显著延长。他还指出，为了尽量补偿被剥夺的梦，这种变化会持续几个晚上。现在这个重要的发现被称为“REM 反弹”（REM-rebound）效应。

意义与影响

在这次研究中，有两位睡前喝了酒的被试被剥夺梦后，并没有产生明显的“REM 反弹”现象。于是，迪蒙特发现，酒精制品或某些药物（如安非他命、巴比妥酸盐）能够剥夺人们的 REM 睡眠。酒精或者这些药物会抑制 REM 睡眠，同时使人在夜晚的大部分时间里都处于深度的 NREM 睡眠阶段。然而，一旦停止使用这些东西，就会出现强烈的 REM 反弹效应，以至于在清醒时出现做梦的现象！

一些其他研究报告认为，大脑中蛋白质的合成在 REM 睡眠期间比 NREM 睡眠期间更甚。此外，还有研究者发现，白天睡觉产生了明显不同于晚上睡觉的 REM 睡眠模式。

第 42 讲

脑干 =“梦境发生器”？

弗洛伊德认为，在清醒状态下无法实现的愿望可以通过梦来实现。因此，我们可以通过梦洞悉那些人们在清醒时无法表现的潜意识内容。然而，阿伦·霍布森（J.Allan Hobson）和罗伯特·麦卡利（Robert McCarley）却提出了不同的关于梦的论述，他们认为，梦是由生理过程自动引起的。

研究背景

20 世纪 70 年代末，哈佛医学院精神病学家、神经生理学家阿伦·霍布森和罗伯特·麦卡利提出了一种有关梦的新理论：梦是在 REM 睡眠过程中，人们对大脑自发产生的随机神经电冲动的解释。这一理论在当时的科学界引起了极大的震动。

霍布森和麦卡利认为梦从一开始就没有什么含义。

霍布森和麦卡利认为，人睡着时，大脑继续产生毫无意义的神经电冲动。而有些冲动触及了大脑负责诸如思维、推理等更高级功能的部位。大脑试图综合这些冲动，并赋予其一定的意义。所以，有时大脑中就会产生一些表象、想法或者故事情节。而所谓的梦，就是当我们醒来后对这些认识活动的记忆。我们试图去挖掘梦的含义，但霍布森和麦卡利却认为梦从一开始就没有什么含义。

研究内容

霍布森和麦卡利认为（激活—整合假说），梦是由基本的生理过程自动引起的。他们还认为，荒诞失真的梦并非掩饰，而是睡眠过程中，大脑和心理的一种自有的生理活动的结果。相比“梦引发了 REM 睡眠”的说法，“REM 睡眠使人做梦”的说法更合适。

霍布森和麦卡利在研究过程中，不仅研究了前人在睡眠和梦的领域内所做的工作，还研究了动物的睡眠和做梦的模式。他们声称，人和动物在有梦睡眠的生理方面并没有显著差别。他们以猫为被试，运用各种实验技术来刺激或抑制猫的大脑中的某些部位，并记录这些做法对有梦睡眠的影响。

霍布森和麦卡通过各种研究成果详细地说明了他们的理论。

1. 大脑中的一部分（位于脑干）控制身体运动并接收感觉信息。这一部分在有梦睡眠阶段就像清醒时一样活跃。但是，在入睡以后，感觉输入和运动输出将受到阻止。

2. 尽管大部分运动反应在睡眠期受到阻止，却仍然存在例外，那就是控制眼睛运动的肌肉和神经。这一例外恰好解释了为什么在有梦睡眠阶段中会出现快速眼动，而且也可以解释在做梦时视觉映象是怎样产生的。

3. 在每晚的睡眠中，大脑会按照预定的时间间隔，有规律地进入 REM 睡眠，并让这种状态保持一段固定的时间。这种现象表明，做梦不可能是对清醒时的事件或潜意识愿望的反应。

4. 所有的哺乳动物在睡眠期都会经历 REM 和 NREM 睡眠的循环。而这种睡眠循环周期根据动物身体的大小而变化。

5. 霍布森和麦卡利声称已在大脑中发现了一个叫作“梦境发生器”的启动、能量及时钟装置。这一装置位于大脑后面靠近底部的地方，它就是脑干。如果动物大脑这一部分的活动被人为地抑制了，动物就会在几周内都没有 REM 睡眠。

此外，如果减少脑干的活动就会使两个有梦睡眠阶段间的时间间隔延长，刺激脑干则会引起 REM 睡眠提前出现，而且还会使 REM 阶段延长。

6. 前五点主要是霍布森和麦卡利理论中的“激活”部分，但他们认为真正使人产生梦的体验的是对这些“激活”的整合。他们总结了四条基本原则：(1) 做梦的原动力来自于生理；(2) 在做梦的过程是自我的内部激活，脑干不会对感觉输入产生反应，也不会产生对周围环境的运动输出；(3) 可以把进入梦中的随机信号的详细阐述看成是一种建构、整合的过程；(4) 在 REM 睡眠阶段，大脑中产生的将短时记忆转换为长时记忆所必需的某种化学物质受到抑制，因此我们有时会忘记梦的内容。

意义与影响

在霍布森和麦卡利之后，另一位梦的研究者福克斯（Foulkes）进一步推动了霍布森和麦卡利的观点。福克斯认为，梦具有多种功能，例如我们可以在梦中体验一些实际上并没有发生过的事情。福克斯提出，梦也许能够增加人对自我认识的机会，因为大部分梦是关于自己的。

然而，很多研究对霍布森和麦卡利有关梦的理论提出挑战。精神分析学派认为，梦是潜意识信息的表达。

此外，还有一项引人注目的研究对霍布森和麦卡利的理论提出了质疑。该研究认为，脑干的激活只是“多种能够激活前脑机制的唤醒触发器之一，REM 睡眠发生机制独立于做梦过程本身，它受到一个独立的前脑梦境发生机制的调节”。

第43讲
催眠状态下的行为究竟受谁控制?

人们常常认为，催眠是对人的心理有控制作用的神秘过程。和“催眠”有关的词语（如“沉迷”“昏睡状态”等）都暗示着催眠是一种不同于清醒和睡眠的独特意识状态。然而，社会心理学家尼古拉斯·斯潘诺斯（Spanos, N. P.）却有着不同的意见。

研究背景

斯潘诺斯认为，催眠是一种提高了的执行某些特定行为的动机状态，不需要依靠“昏睡状态”或意识状态的改变就能够将其解释清楚。

最初的催眠术要追溯到18世纪中叶，弗朗兹·安东·麦斯麦（Franz Anton Mesmer）在治疗“癔症”时用到的疗法就包含了很多与现代催眠术相关的技术。

催眠术在心理治疗领域占据着很重要的地位，更是弗洛伊德精神分析技术的主要组成部分。欧内斯特·希尔加德（Ernest Hilgard）和其他一些人都认为催眠术是一种改变了的心理状态，在这种状态下，个体对暗示的敏感性提高、不由自主地做出某种行为、视觉表象急剧增加、记忆力提高、意识分裂、痛觉缺失，等等。然而，斯潘诺斯主张，催眠行为实际上是一种自主行为。他提出一种假设：如果催眠行为是由较高的动机水平引起，那么它就不是一种改变了的意识状态。

研究内容

斯潘诺斯指出，一个被催眠的人在催眠条件下的行为，与其自身期望在这种状态下会出现的行为相一致。

斯潘诺斯声称人们之所以认为催眠是一种改变了的意识状态，主要有两个关键因素：一是被试把自己的行为解释为是由别的什么东西引起的；二是催眠的形式让被试产生了一种促使其以与期望相一致的方式表现某种行为。

根据斯潘诺斯的解释，催眠的暗示通常包含了两个相关的要求：一是要求被试去做某些动作，二是要求他们把这些动作解释为不随意行为。而被试把自己的行为解释为随意的还是不随意的，主要取决于暗示性指导语的措辞。例如，与直接对被试下指令让其抬起胳膊相比，当被试听到“你的胳膊很轻并正在抬起”的暗示时，被试更倾向于认为自己的行为是不随意的。

此外，斯潘诺斯还发现，专注于诸如读书、听音乐或做白日梦等活动的人对催眠很敏感，这些人更乐于接受催眠中的暗示。而大多数相信催眠的人，也更容易产生典型的催眠行为。他提出，人们之所以在催眠状态下做出某种特定行为，不是因为催眠改变了他们的意识状态，而是因为他们觉得催眠就应该是那样。

催眠状态下的行为不是随意的

斯潘诺斯曾在一场关于催眠的讲座中，只给两组听讲座的学生中的一组提供暗示——胳膊僵直的感觉是催眠时不由自主出现的现象。随后，他对两组学生进行催眠。结果，在讲座中接受暗示的那组学生，没有得到任何指导语就有人不由自主地表现出了胳膊僵直的行为。但在另一组却无一人胳膊变得僵直。这就说明在催眠中，人是按照自己对催眠的想象来行动的。

催眠状态下会产生某种期望

人们通常认为，催眠状态下视觉表象比未被催眠时的更强烈、生动和真实。但另一项研究表明，催眠和不催眠这两种状态下的视觉表象的平均强度值近乎相等。被试是根据自己的期望做出评价的。

在一项关于催眠可以使人们对疼痛变得不敏感的研究中，希尔加德指出，当人们处于催眠状态时，可能会把疼痛从意识中分离出来，因此感受到的疼痛会明显小于清醒状态。但斯潘诺斯却认为，催眠时被试疼痛感的降低只是他们的动机和期望作用的结果。

“冷压测试”能够在不对被试造成任何伤害的前提下，检测出被试的疼痛情况。实验中，被试把胳膊浸入冰水中，并坚持到不能忍受为止。研究者告诉一部分被试，他们会先使用清醒时的痛觉缺失技术（如自我分心），再进行催眠状态下的疼痛减轻测试；而对于另一些被试，将不会告知还将进行催眠状态下的测试。结果，有被催眠期望的被试比无被催眠期望的被试把痛觉缺失技术的效果评价得更低。很显然，即便出现了对疼痛不敏感的催眠行为，也不是自动产生的一种意识分离状态，更可能是因为被试需要对情境要求做出反应。

影响与意义

斯潘诺斯的研究并不是为了证明催眠现象存在与否，而是要证明受催眠影响

冷压测试实验

的行为不是什么改变了的独特意识状态，而是一种被较高的动机和目标驱动的社会性行为。人不可能违背自己的意愿而被催眠，这一点已经被大多数行为科学家接受。并且，即使在催眠状态下，被试也不会做出自己认为是反社会的行为，更不可能表现出超人的力量或耐力。

有关催眠是否为一种改变了的意识状态的争论仍在继续。但可以肯定的是，催眠不是大多数人乐于寻找的灵丹妙药。事实上，多项研究均表明，与其他治疗方法相比，催眠在帮助人们戒烟戒酒、减肥或提高记忆力等方面并没有特别显著的效果。

第44讲
哈洛的“恒河猴”
——亲子依恋对健康发育的意义

绝大多数心理学家都认为，婴儿与母亲或早期看护者之间的亲密接触和依恋经历，对婴儿今后生活中爱的能力和亲近他人的能力有着重要的影响。

哈利·哈洛（Harry F. Harlow）利用恒河猴进行了一系列实验，研究婴儿早期的依恋关系，并得出了与当时主流思想相悖的结论。

研究背景

弗洛伊德主义者认为，婴儿早期的亲密接触主要集中在乳房和本能的口唇需要。而行为主义者认为人的所有行为都与其基本需要（如饥饿、干渴和回避痛苦等）有关。婴儿的需要能够从母亲那里得到满足，即母亲与愉快的事件联系在一起，这就产生了爱。这两种观点都把爱看作是其他本能或生存需要的附属品。但哈利·哈洛却提出，爱和情感是与饥饿、干渴一样强烈的基本需要。

研究背景

我们通过改变母亲满足婴儿基本需要的能力，就可以达到改变婴儿与母亲之间的依恋的性质和强度。但由于道德的原因，哈洛没有直接以人类被试做实验，而是用一种在生理上与人类非常接近的猴子作被试进行了爱与依恋的实验研究。在哈洛的早期研究中，他发现人工抚养的幼猴会对笼子里的布垫（或棉花垫子）产生依恋，一旦垫子被拿走，幼猴就会变得非常生气和烦躁。而且这种依恋从幼猴出生的第一天就会表现出来，并在出生后的最初几个月变得越发强烈。此外，如果幼猴的笼子里拥有非常好的营养和医疗条件却没有软布垫，它就无法茁壮成长。而把软布垫放进去后，幼猴就会更健康，看起来也更为满足和快活。于是，哈洛认为，除了基本的饥饿、干渴等生理需要外，幼猴还有一种要接触柔软物质的需要。

研究内容

为了验证以上提出的理论，哈洛进行了一系列“代理母猴”的实验。

哈洛和他的合作者们制作了两只不同的“代理母猴”：一只是在木头外用海绵和毛织物裹起来的绒布母猴，能够提供“接触安慰”；另一只是外形与木头母猴基本相同的铁丝网母猴。两只母猴胸前都挂有奶瓶，身体内还安装了可提供热量的灯泡。

两只代理母猴分别被放在单独的房间里，两个房间都与幼猴的笼子相通。研究者把8只幼猴随机分成两组，分别由绒布母猴喂养和铁丝母猴供奶喂养。结果发现，无论是由哪只母猴喂养，所有的幼猴几乎整天与绒布母猴待在一起。而那些由铁丝母猴喂养的幼猴，只在吃奶时才迫不得已离开绒布母猴，吃完后立刻返回到绒布母猴这里。

实验证明，母猴是否满足幼猴的饥饿、干渴等生理需要在幼猴对母猴产生依恋的过程中并不是主要的因素，接触安慰才是这种依恋关系形成的关键。这与当时流行的观点恰恰相反。此外，虽然两组猴子食量同样大，且体重增长速度也基本相同，但铁丝母猴喂养的幼猴出现消化不良，且经常腹泻。这进一步证明了接触安慰的重要性。

此后，哈洛还进行了“恐惧物体”实验。经过观察，研究者发现，当遇到害怕的事物时，所有的幼猴都会迅速跑向绒布母猴求安慰和保护。另外，哈洛通过“旷场实验”发现，对于两组幼猴而言，当有绒布母猴出现时，幼猴可以在适应陌生环境之后开始对周围环境进行探索；当幼猴被放进一个没有绒布母猴的陌生环境里时，它们会充满恐惧。并且，在第二种情境下，即便有铁丝母猴出现，情况也没有任何好转。

哈洛的研究证明，接触安慰对幼猴与母猴间依恋关系的形成与发展具有极其重要的作用。

意义与影响

这项研究的结论与当时流行的行为主义观点背道而驰。哈洛认为他的研究结果可推广到人类。当时人们仍普遍认为，孩子的健康成长和情感发展必须依赖于母亲亲自喂养孩子。但哈洛提出，成功养育的关键不是妇女的哺乳能力，而是接触安慰，因此，男性也能在养育婴儿方面起到相同的作用。

哈洛的研究不断被其他研究广泛引用，其中有一项研究表明，缺乏交际的人更容易因为日常生活事件的压力而患上高血压，且在受伤后恢复缓慢，睡眠也较为不好。

此外，还有一个非常重要的发现是，母婴之间的肌肤接触对于早产婴儿的存活和成长，以及母婴之间的亲密关系的建立是至关重要的。

通过“代理母猴”实验发现：(1）无论是由哪只母猴喂养的幼猴都更喜欢和绒布母猴待在一起；(2）当遇到害怕事物时所有幼猴迅速跑向绒布母猴寻求安慰和保护；(3）幼猴更容易适应有绒布母猴的陌生环境，而在没有绒布母猴或者有铁丝母猴的陌生环境幼猴则会充满恐惧。

第 45 讲 为什么我们热衷于控制力和自我决策权的获取？

控制力不只是控制别人的能力，也是个体能够控制自己的生活和时间的个人力量。艾伦 · 兰格（EllenJ. Langer）和朱迪斯 · 罗丁（Judith Rodin）的研究表明，任何人都有对自己生活、工作乃至命运的控制感的需要。

大多数的人认为我们能够控制自己的个人意愿，当你的控制力受到威胁时，你就会出现负面情绪（生气、狂怒、愤慨），甚至以某种行为来反抗。研究表明，当人们处在压力情境中时，如果相信自己能够控制住这一应激事件，压力情境下的负面影响就会减少。

研究背景

在一项著名的研究中，让被试暴露于突然出现的强噪声中，并且要求他们完成“问题解决”的任务。其中一组被试可以在任何时候按压按钮以停止噪声（被告知如果能忍受就尽量不要按压按钮），而另一组则无法控制噪声。结果，有控制力的那组被试的任务完成得明显比另一组好。实际上，这一组并没有被试按压过按钮，也就是说，他们暴露在噪声中的时间与无控制力的那组被试一样多。

很显然，当拥有控制力时，我们会感到更快乐或者更有成就。然而，在我们的社会中，许多人都会经历一个丧失这种控制力量的阶段，这个生活阶段就叫作“老年”。老年人在进入养老院后，他们必须忍受放弃对自己日常生活的控制，这就影响了他们对自己命运的选择。艾伦 · 兰格和朱迪斯 · 罗丁一直致力于研究控制力的问题，他们把以上的观点放进真正的养老院环境里来进行检验。

研究内容

兰格和罗丁选择了一家提供高质量医疗服务、娱乐设施和居住条件的养老院开展研究。

研究者随机在这个养老院里挑选了两层楼，让这两层的老人分别接受不同的实验处理（两层的老人基本状况大体一致）。二层的老人作为对照组，四层的老人被安排接受“责任感提升”训练。实验中，四层的老人被告知，他们有照顾自己的责任，而且有权决定如何安排自己的时间，也有权决定自己房间的设施布置；此外，他们还可以选择一份自己喜欢的礼物；并且，如果想看电影的话，他们可以在周四、周五两天之中选择一天观看。而二层的老人会被告知，为了他们能够生活舒适，养老院为他们重新布置了房间；而且，他们每个人都可以得到一份由养老院为他们准备的礼物；并且养老院会在周四或者周五放映电影，具体是哪一天，稍后会通知他们。

拥有更多决策权的老人得到了更多的快乐，他们会体验到更多的幸福感。没有决策权的老人体验的幸福感较少。

研究结果表明，四层的老人比二层的老人得到了更多的快乐，也更富有活力。并且，四层的老人机敏程度的评定也更高。显然，选择的机会和个人的控制力能产生积极的作用。此外，在之后组织的猜测罐子里有多少粒果冻豆的活动中，二层只有 1 位老人参加，四层却有 10 位老人参加。兰格和罗丁根据他们的研究并结合其他的早期研究指出，当我们赋予一个被迫放弃控制力与自我决策权的人一种较强的自我责任感时，他将体验到更多的幸福感，并且他的生活质量会有所提高，生活态度也会变得更积极。这项研究表明，让老年人重新获得决策权和胜任感，是有可能延缓、逆转甚至防止一些因年老而引起的消极因素的。

批评与应用

完成这次研究后，兰格和罗丁自己提出了一个重要批评意见。他们在实验中使一部分老年人重新获得了各类控制力，但在实验结束后，他们再次失去了这些能力，这显然是危险而不道德的。于是，他们提出，无论何种情境，但凡涉及被试身心健康的，研究者都必须慎重地对待研究干预的后果。

当然，通过兰格和罗丁的研究，人们开始逐渐意识到个人力量和控制力是一个非常关键的因素。养老院和医院等机构也都意识到了这一点，他们会不断鼓励老年人，并给予他们更多进行自我选择的机会，以提高个人力量和控制力。

第 46 讲 认知地图

——走捷径还是弯路

爱德华 · 托尔曼（Edward Chase Tolman）提出，当人们想要去某一个地方时，会在脑中浮现去往目的地的路线图，这幅地图被称为“心理表征”，托尔曼则称之为“认知地图”。托尔曼强调，不仅人类使用认知地图，包括老鼠在内的动物也在其思维活动中使用认知地图。

研究背景

多年来，严格的刺激—反应学习理论一直是心理学的主流，但这一理论却忽略了无法直接观察的内部心理活动。加利福尼亚大学的心理学家托尔曼通过实验发现，就算是老鼠也有着极其复杂的内部认知活动，而且研究这些心理过程不必借助直接观察就可以完成。托尔曼的研究意义重大，因此，他被公认为是“认知—行为主义”这一学习理论流派的奠基人。

在 20 世纪三四十年代，形成了一股以托尔曼为首的新力量，他们主张，在学习过程中不仅有刺激和反应，还会在机体内部发生更复杂的事情。托尔曼对当时的主流观点提出了两点主要的修正意见。第一，如果不考察与刺激和反应同时发生的内部心理过程，就无法充分理解学习的本质及其复杂性。第二，既然我们无法直接观察到内部认知过程，那我们就通过分析可观察的行为客观、科学地将其推断出来。

研究内容

为了验证自己的观点，托尔曼进行了一系列实验，以下将介绍其中两项。

潜伏学习实验

将老鼠随机分为三组：C 组为控制组，研究者对这一组老鼠采用学习走迷宫的标准程序（每天让老鼠重复练习走迷宫，迷宫的出口处放有作为奖励的食物）；N 组为无奖励组，这一组老鼠每天被放入迷宫的时间与 C 组相同，唯一不同的是，它们在迷宫中的任何行为都不会受到奖励，且在出口处也不放食物作为奖励；而D组为延迟奖励组，这一组的老鼠在前10天与N组受到同样待遇，从第11天起，研究者每天会在迷宫的出口处放置食物。

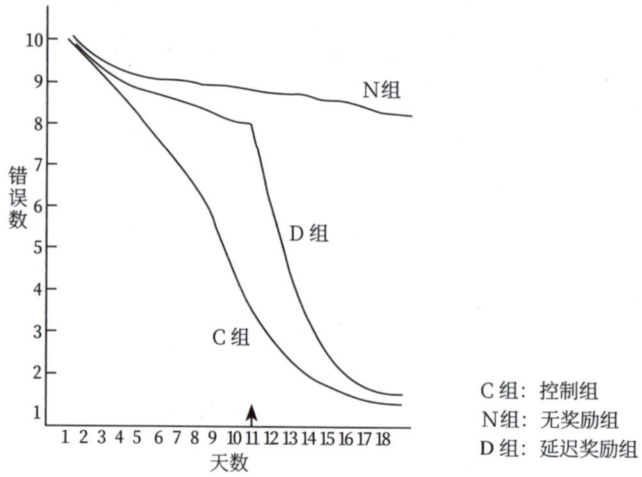

在潜伏学习实验中老鼠学习走迷宫的错误率

结果发现，控制组的老鼠在2周内就能够近乎准确无误地走出迷宫；N组的老鼠学习并没有多少进步；而D组的老鼠在没有得到奖励时，它们的学习同样没有多少进步，但当D组的老鼠发现走出迷宫能得到好处时，它们在短短的3天内就可以近乎无误地学会走迷宫。托尔曼解释说，老鼠的表现证明，在没有奖励的练习阶段它们已经习得了一些盲巷的位置，即已经构建了一幅“地图”；而当它们发现走出迷宫可以获得奖励时，这幅“地图”就立刻派上了用场。

空间定向实验

托尔曼设计空间定向实验是为了说明，进行走迷宫训练的老鼠真正掌握的是食物所在的空间位置与它们出发的位置间的相对关系，而且即使迷宫的结构发生变化，甚至是被拆除也不会对它们的这种认知造成影响。首先，老鼠学习图1所示的简单迷宫。经过12次实验，老鼠就能近乎准确无误地完成走迷宫的任务。然后，把迷宫改为图2的放射状。这时，受过训练的老鼠会发现它们平常的路线

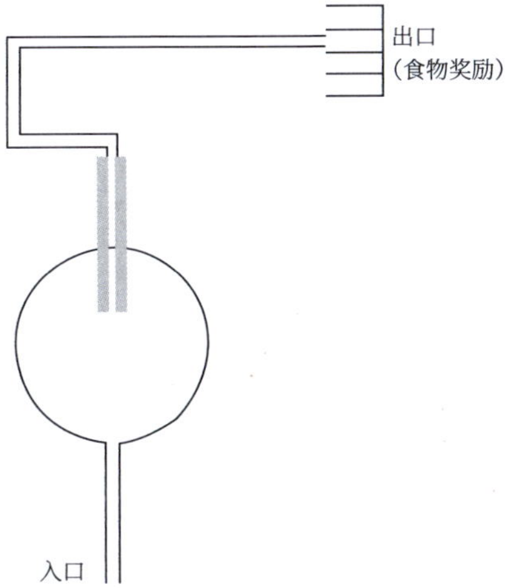

图 1

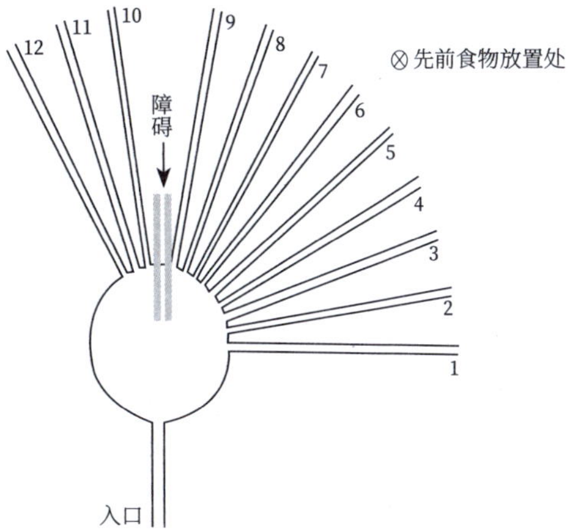

图 2

被堵住了，于是它们只能回到圆台面从几条可能的备选路线中选择一条，以便到达先前放有食物的迷宫出口处。

最终研究者发现，大部分老鼠选择了出口距先前食物放置的位置最近的路线 6，而不是与先前路线中第一个转弯位置最近的路线 11。托尔曼指出，事实上，老鼠掌握的是一幅食物在房间内具体方位的综合性地图，而不是内涵单一的序列地图。

托尔曼把这一发现推广到人类，并提出，对社会环境所形成的这种综合地图对人类是有益的，而内涵单一的序列地图则可能使人陷入心理疾病或偏见和歧视等消极状态之中。

意义与影响

受到托尔曼思想观点的影响，如今，认知心理学已成为行为科学中最具活力、最具影响力的研究领域之一。此外，托尔曼的认知地图理论还对心理学的另一个分支环境心理学产生了一定的影响。环境心理学家借鉴托尔曼的基本概念，他们在了解人们对环境的理解方面，以及在如何规划环境以使其与人们的认知地图加工过程达到最理想的匹配方面都取得了颇具影响力的研究成果。

第 47 讲
皮格马利翁效应
——人际期望理论

实验者可能总是期望经过自己的科学处理，被试与其他人相比就会产生某种特殊的行为。然而，这只是实验者有倾向性的期望所导致的结果。我们把这种对心理学实验效度的影响称为“实验者期望效应”。

研究背景

罗伯特·罗森塔尔（Robert Rosenthal）利用心理系的学生进行了一项实验研究。这些学生当时正在进行学习与条件反射的课程，于是罗森塔尔告诉其中的一部分学生他们在实验中将要使用一批经过特殊方式喂养的有较高智力水平的老鼠，而告诉另一些学生他们在实验中将要使用的是比较迟钝的老鼠。然后，学生们开始训练老鼠完成各种技能。最终，用聪明鼠做实验的学生报告的他们的老鼠学习所用的时间明显比另一组更短。然而，其实分配给两组学生的老鼠都是标准的实验用鼠。当然，这些学生也并没有说谎。一系列的实验结果证明，实验者期望效应对科学研究的威胁的确是存在的。

此外，罗森塔尔还提到，在实验室以外也可能会出现类似的偏见和期望，如在学校的课堂上。罗森塔尔把出现在实验室以外这种期望效应称为“皮格马利翁效应”。

研究内容

在美国传统教育中，小学教师在学生一年级时就能拿到他们的 IQ 分数。罗森塔尔怀疑，当教师得到了学生的 IQ 分数时，他们很可能会对学生的潜能产生某种期望，并因为这种期望会无意识地鼓励和鞭策那些可能会成功的学生，使这些学生变得更加出色。而这似乎是以牺牲那些没有被教师寄予高期望的学生为代价的。为了检验这些理论假设，罗森塔尔和他的助手雅各布森（L. F. Jacobson）与一所小学（橡树学校）合作进行研究。

开学初，研究者对一至六年级的所有学生进行了 IQ 测验。然后，研究者告诉教师，学生们接受的是“哈佛应变能力测验”，该测验中获得高分的学生，在未来的这个学年中其学习能力将有所提高。实际上，这个测验不是真的具备这种预测能力。橡树学校的每位班主任都得到了一份名单，上面写着本班在哈佛测验中得分最高的前 20% 的学生的名字。事实上，那份名单中的学生与其他学生并没有什么不同，唯一区别就是，教师以为他们（实验组学生）更有潜力。在一个学年结束前，研究者再次对所有学生进行了相同的 IQ 测验，并计算了每个学生 IQ 的变化程度。综合全校的情况来看，被教师认为更有潜力的学生的 IQ 平均提高幅度明显高于控制组的学生。但值得关注的是，这种差异主要体现在一、二年级的学生。

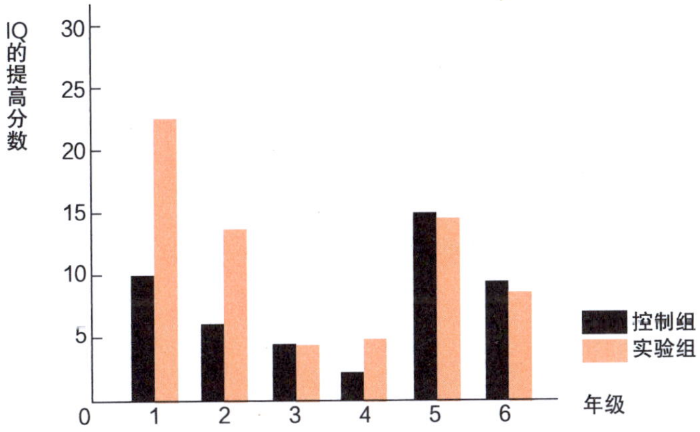

一至六年级学生 IQ 分数增长图

这项研究有两个主要发现：第一，已在正式实验室情境中被证明了的期望效应，在非正式的现实生活情境中同样起作用；第二，这些作用在低年级中表现得更明显，在高年级中几乎不存在。正如罗森塔尔所猜测的那样，教师对学生行为的期望的确会转化成学生的自我实现预言。

意义与影响

罗森塔尔和雅各布森在橡树学校的研究表明，教师的期望效应对学生的在校表现能够产生长期的潜在影响。它引出了当今心理学与教育学中非常有争议的一个话题，即 IQ 测验的公平性问题。

此外，罗森塔尔的“人际期望”理论已经在除教育以外的其他领域产生了巨大影响。

第 48 讲
从 IQ 智力测验到多元智力理论

在过去 100 年间，关于智力测验的结果都是以一个单一分数——智商（IQ）来表示。直到 20 世纪七八十年代，研究者们才开始思考“把 IQ 分数作为测试人类智力的唯一方法”的合理性。

霍华德·加德纳（Howard Gardner）认为人类拥有的智力并不是一种单一的能力，通过研究，他提出了多元智力理论。

研究背景

纵观整个 20 世纪，智力大多时候都被解释为一种单一的、普遍的心理能力，这种一元论通常用字母“g”来代表。然而，随着人们对这种智力概念的看法逐渐改变，IQ 智力测验使用得越来越少。一种颠覆性的新兴的智力理论取得了进展，它与一元论截然不同，把智力概念扩展为许多不同类型的智能，而每一种智能又都有着完全“独立式”的特征。霍华德·加德纳正是这种新理论最突出的支持者，他于 1983 年在《智力的结构》一书中向世人介绍了多元智力理论。

研究内容

加德纳的多元智力理论来源于对大脑结构的研究，而不仅仅是对人们表现出来的智力技能的简单观察。加德纳在投身于智力研究之前，主要的研究方向是生物学和大脑的功能。他通过研究证明了人类大脑不仅在能力上有所区别，而且在功能上也有着明确的分工，即大脑功能定位理论。随着大脑功能定位理论的进一步发展，加德纳强调人类大脑的不同区域负责着智力的不同方面，就是不同的智能。为了增强多元智力理论的科学性，加德纳进行了一系列测试，并制定出把一组技能界定为一种特定智力类别的标准。加德纳综合各项研究数据，制定了 8 项界定智力的标准。

- 大脑损伤证明智能具有潜在独立性。
- 低能儿、神童以及天才的存在都与独立智能有关。
- 智能应与一个清晰的信息加工（思维）过程相联系。
- 智能应有一个独特的发育过程和发展到高级专业水平的潜力。
- 智能的逐步进化发展有据可依。
- 智能可以用心理学实验进行研究。
- 智能可以采用现存的标准化测验来测量。
- 智能的各个类型都可能用一个符号系统代表。

加德纳按照这 8 项标准进行分析，最初提出了 7 种不同的智能：语言智能、空间感知智能、音乐智能、逻辑—数学智能、肢体运动智能、内省智能和人际智能。1985 年和 1999 年，加德纳又分别增加了自然主义智能和存在智能（即最初被加德纳称为克制的、研究“存在论这一问题”的能力）。

批评与影响

多元智力理论已经在各种研究和教育领域受到普遍支持，可以说，它是关于人类智能研究中最负盛名的理论。然而，它也不是无可挑剔的。有人指出，加德纳提出的这几种智力并不是对人类智能的区分，而是对人类不同的“思维风格”的描述，它们早已包含在一元智力理论中。

另一种批评意见认为，多元智力理论存在很多内在矛盾，过于含糊，因此难以证伪。克莱因认为，由于多元智力理论模棱两可，所以它可以用来解释几乎所有的认知能力，这就使其根本不需要证明也不会受到反驳。

总体来说，人们对多元智力理论的争论主要集中在两方面：一是认为加德纳没能通过足够严谨的科学研究来证明其正确性；二是质疑这一理论在实际操作中的有效性。

第 49 讲

情绪脸谱具有跨文化的一致性

保罗 · 埃克曼（Paul Ekman）提出了人类的六种基本情绪：愤怒、厌恶、恐惧、快乐、悲伤和惊讶。因为这些情绪普遍存在，所以埃克曼认为这些情绪对心理结构有着非常重要的作用。

研究背景

埃克曼和弗里森（Friesen）曾在阿根廷、巴西、智利、日本和美国提供给具有大学文化程度的被试一些人脸部的照片。结果无论是来自哪个国家的被试，都能够成功地识别出对应某种情绪的面部表情。但是，参加上述研究的被试都能够通过电影、杂志等国际性的大众传媒了解到不同国家或者不同文化下的面部表情。因此，想要证明面部表情具有跨文化的一致性，就需要找到一个从未接触过各种大众传媒的文化群体。为此，埃克曼和弗里森来到了新几内亚东南部的高原，为他们的研究寻找合适的被试。他们在那里找到了与世隔绝的弗尔族（Fore）人，其社会状态仍处于石器时代。当地大部分居民几乎没有接触过西方或东方的现代文化，除了自己的面部表情外，他们从未接触过来自其他文化的面部表情。

研究内容

埃克曼和弗里森挑选了 189 个成人和 130 个儿童作为被试，他们都来自南弗尔族（这一族总人口为 11000 人）。这些被试从未看过电影，也不会说英语，不住在西方人在当地的聚居区内，也从未和西方人工作过。另外，他们选取了通过看电影、上教会学校等渠道接触过西方文化的 23 名成人组成了对照组。

研究者用 40 张照片（男人、女人、男孩、女孩共 24 人的照片），作为六种情绪表现的样片。这些照片被之前来自其他文化背景的被试使用，已被证明是有效的。

实验开始后，研究者会提供给被试三张有不同面部表情的照片，并且读一段简短的描述某种情绪产生的故事情节给被试听。每一段描述对应一张照片。听完故事后，被试必须指出与故事情节最为匹配的一个面部表情。研究者在读故事时非常谨慎，以确保每种情境只与一种情绪有关，且能被南弗尔族人辨认出来。以下为埃克曼和弗里森编写的六个故事：

1. **快乐**：他的朋友来了，他很高兴。
2. **愤怒**：他很生气，而且要动手打架。
3. **厌恶**：他看见一件他不喜欢的东西，或者他闻到某种很难闻的东西。
4. **悲伤**：他的孩子死了，他感到很哀伤。
5. **惊讶**：他看到一件出乎意料的新玩意儿。
6. **恐惧**：他独自坐在自己的屋子里，村子里没有其他人。屋子里没有斧头、刀或弓箭。一头野猪正站在他的家门口，他害怕地盯着这头野猪。这头野猪没有离开的样子，他害怕它会咬他。

成人被试需要根据主试提供的故事，从三张照片中选出相应表情的照片（只有一张是正确答案）。儿童被试的实验内容与成人被试一样，不同的是他们只需要从两张照片中选出正确的一张。需要强调的是，展示给被试的照片中有西方人的面部表情。

通过分析被试的答案研究者发现，成年妇女对参加实验表现得更加迟疑，然而，在正确识别照片所代表的情绪的能力上，是不存在性别差异和年龄差异的。此外，他们还发现，对照组的被试（受过西方文化影响）与未受到西方文化影响的成人被试，在正确识别照片所表达的情绪的能力上也没有明显差异。不过，被试在辨别惊讶和恐惧时的正确率普遍较低。

最后，埃克曼和弗里森得出结论："无论是成人还是儿童的研究结果都明确地支持了我们的假设，也就是说，特定的面部行为与特定的情绪之间存在着普遍的联系。"

意义与影响

埃克曼和弗里森通过科学的实验研究，证实了人类的面部表情确实具有普遍性。此后研究者又做了另一个实验以复核这一研究结果。研究者用录像机录下了南弗尔族人演示的六种面部表情（即之前研究中的六种表情），并把这些录像带放给美国大学生看，结果他们正确地识别了对应于每种情绪的面部表情。

很显然，这次研究中所涉及的六种情绪所对应的面部表情几乎不受文化差异的影响，因此，我们也许可以得出这样一个结论：这些情绪应该是先天性的，即人在出生时这些情绪就已经形成了。

埃克曼完成表情的跨文化早期实验研究后，仍继续进行着他的研究工作。他后来涉足的“表情的反馈理论”(facial feedback theory) 主张，人的面部表情又把所有的表情信息反馈到大脑，从而帮助你解释正在经历的情绪体验。此外，埃克曼甚至还把自己的研究领域扩展到对欺骗的研究，即探索人的面部表情和形体表情如何泄露说话者是否在撒谎的信息。

第 50 讲
“社会再适应评定量表”
——生活应激与患病概率

应激是指令人不快的、消极的情绪体验，或者说，应激是情绪的极端形式。极端的愤怒、恐惧、悲哀甚至是快乐都可能产生应激。

为了探究极端情绪对人体健康的影响，托马斯·霍尔姆斯 (Thomas Holmes) 与理查德·瑞赫 (Richard Rahe) 进行了一系列的研究。

研究背景

健康心理学家已经通过很多研究证明，在生活中，当人们为了适应某种外部变化而必须做出某种重大的内在心理调整时，其患病概率将相应地上升。这些外部变化就是所谓的生活应激。

生活应激的程度会随时间而变化。例如在某一段时间内，你的生活中很多变化接连发生；而在另一些时候，生活状态则保持相对稳定。生活应激还存在很大的个体差异。我们在生活中所遭遇的变化的多少与别人的有些不同。因此，该领域的研究人员就必须回答一个很重要的问题，即如何测量生活应激？于是，霍尔姆斯和瑞赫决定编制一个书面量表来测量生活应激。如果能够编制出这样一种测量工具，它就可以把某个人的生活应激换算成一个分值，并且还可以把这一分值与这个人的健康状况联系起来。

研究内容

霍尔姆斯和瑞赫根据他们的临床经验，把 43 项生活事件（包括丧偶、结婚、离婚、退休、换工作等）编制了一个量表，这些事件通常均需要人们做出心理上的调整来加以适应，从而使人们达到应激状态。研究者赋予“结婚”一个任意值 500，又让被试以结婚的 500 分为参照给其他每项生活应激事件打分。如果认为某项生活应激事件比结婚需要的心理调整更多，那么该分值将比 500 高，反之亦然。然后，研究者将被试给每个条目所打的所有分数加以平均，再除以 10，最后得到各项应激事件的分值。这一研究的价值在于测量所获得的结果及该测量工具的应用。这一测量工具被称为“社会再适应评定量表”（The Social Readjustment Rating Scale，简称 SRRS）。

“社会再适应评定量表”的使用很简单，只需要从量表所列条目中圈出最近一年内在你生活中发生的生活事件——每项事件被赋予了一定的分值，这一分值被称为“生活变化单元”（LCUs）——然后再计算你的生活变化单元总分，就可以估计出你当前所面临的生活应激水平。

当然，霍尔姆斯和瑞赫在完成了“社会再适应评定量表”的编制后，试图找

社会再适应评定量表

事件	分值	事件	分值
伴侣逝世	100	工作职位改变	29
离异	73	子女成年离开自己	29
分居	65	官司	29
关进监狱	63	有杰出表现	28
亲人逝世	63	配偶有新的工作或刚离职	26
生病或受伤	53	刚刚入学或毕业	26
结婚	50	生活水平发生变化	25
失业	47	改变个人习惯	24
夫妻和好	45	惹恼上级	23
退休	45	工作时间或环境变化	20
家人生病	44	搬家	20
怀孕	40	换学校	20
性生活不和谐	39	娱乐方式改变	19
家庭增加新成员	39	宗教活动改变	19
业务调整	39	社交活动改变	18
经济状况改变	38	负债少于万元	17
好友逝世	37	睡眠习惯改变	16
换工作	36	饮食习惯改变	15
夫妻吵架加剧	35	全家团聚	15
负债过万元	31	放假	13
失去抵押	30	过圣诞节	12
		涉及不严重的诉讼事件	11

出人们的患病概率与生活应激分值之间的关系。在20世纪60年代末期，“社会再适应评定量表”是一种检验应激与疾病之间关系的重要工具，它能够根据人们的生活变化单元的分值对疾病进行预测。

在一项对2500名海军军人做的测量中，研究者运用“社会再适应评定量表”记录了这些军人在上船执行任务前的六个月内生活变化单元的数量。在此后海上执行任务的六个月内，生活变化单元低于100的军人平均患病1.4次，介于300到400之间的军人平均患病1.9次，而在500到600之间的军人平均患病高达2.1次。多年以来，霍尔姆斯和瑞赫的观点得到了广泛的支持，《社会再适应评定量表》在对与应激有关的疾病方面的预测是有效的。

批评与应用

自“社会再适应评定量表”被编制出来后，受到了很多研究者的关注。其中最集中的批评意见是：“社会再适应评定量表”既包括消极的生活事件，也包括积极的生活事件，而且这些生活事件中既包括了个体可以自己控制和选择的事件（如结婚），也包括了那些自己无法控制和选择的事件（如一个朋友的去世）。有研究表明，那些消极的、突发性的、不可控制的生活应激事件比那些积极可控的生活应激事件对疾病更有预测力。

此外，也有人质疑霍尔姆斯和瑞赫的研究计算量表得分与疾病相关的方法。经过严密的统计分析后发现，事实上，生活变化单元对疾病的预测力是相当低的，只占导致病人患病的全部变异因素的10%。

尽管霍尔姆斯和瑞赫的研究存在着缺陷，但“社会再适应评定量表”作为一种广受欢迎的应激研究工具，自问世以来一直享有着重要的地位，一直被研究者广泛采用。

第 51 讲 认知失调——给撒谎找个理由

利昂·费斯廷格（Leon Festinger）提出，认知失调即同时经历两种或多种彼此间不协调的心理过程。这种情况将导致不同程度的不适感和紧张感。

研究背景

1934 年，印度发生了一场大地震，此后可怕的谣言传遍了整个印度。据谣言说，在此次地震灾区以外的地区还会发生范围更广、震级更大的地震。但令费斯廷格不解的是，这些谣言没有任何科学证据，为什么人们会散布这种灾难性的、令人不安的谣传呢？后来他恍然大悟：这些谣言并不是用来增加不安的，而是用于为不安辩护的。

住在灾区外的人虽然不在地震区，但也感到非常害怕。他们的这种害怕无法得到调适，这就产生了认知失调。虽然缺乏科学证据，但他们散布这种谣传只是为了证明他们的害怕是事出有因的，从而可以降低他们的认知失调，这样他们就使自己对世界的看法和自身的感受、行动相一致了。

研究内容

费斯廷格提出，在我们的社会里，通常个人所公开表达的看法与其私下里的观点或信仰是相一致的。一旦你公开主张了一种自己原本不认同的观点时，这就产生了认知失调。但如果你意识到自己的这种主张不是自愿而是受压力、奖励或惩罚影响的，那么你的认知失调将大大降低或消失。事实上，越是把不一致的行为归因于自己的选择，那么你的认知失调就会越严重。

费斯廷格和助理詹姆斯·卡尔史密斯（James Carlsmith），以 71 名正在学习心理学的低年级男生为被试，进行了一场实验。首先，研究者会告诉被试在实验结束后要接受访谈。接着，他们会安排被试接受一些枯燥无聊的任务，使所有被试产生一种消极体验。在这之后，真正的实验才刚刚开始。研究者把被试分成三组：一组被试可以通过向后来的“被试”撒谎（就实验任务而言）而得到 1 美元奖励；另一组被试可以通过撒谎而得到 20 美元；控制组被试没有撒谎。

被要求撒谎的被试在结束了枯燥的任务之后接受访谈时，会被告知：他们是 A 组被试，实验还有一个 B 组；A 组作为对照组不会得到任何与实验有关的信息，而 B 组则会在做任务前得到一名假被试的信息——告知其实验任务非常有趣。之后，主试会离开房间几分钟，回来后告知该被试（A 组）由于特殊情况，需要其临时扮演假被试向 B 组传递信息，实验者会提供给他们一定报酬（一部分人得到 1 美元，另一部分得到 20 美元）。

研究结果以所有被试在最后访谈阶段提出的对实验任务的真实感受作为测量

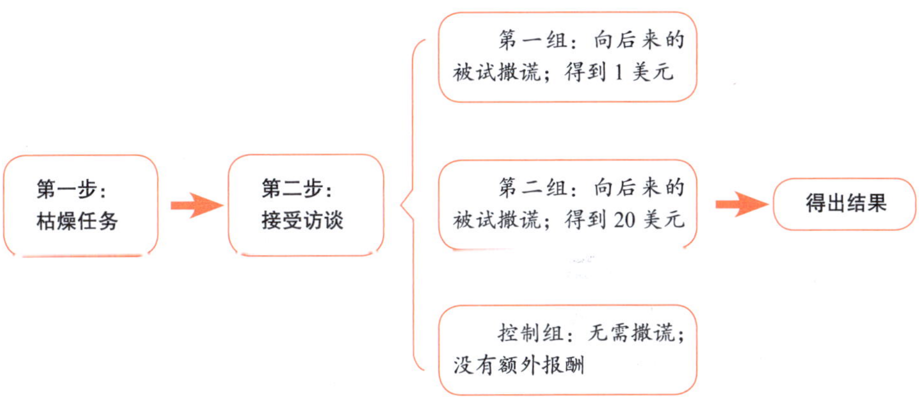

指标，结果发现，得到 1 美元的被试比得到 20 美元及没有撒谎的被试更喜欢这些实验任务；这与我们大多数人用常识来对结果所进行的预料相反，而且也与此前该领域的一些研究结论相反。

费斯廷格提出认知失调理论主张：

1. 当一个人因为别人劝说而做了某种和他原来的观点相反的事，或说了某些与他的真实观点相反的话，他就会为了使自己的想法与自己刚才的言行相一致，而产生一种改变原有观点的倾向。

2. 引起撒谎行为的压力越大，改变原有观点的倾向就越弱。

当人们做出某种与态度不符的行为（如撒谎）时，如果他们这样做的理由足够充分（20 美元），他们体验到的认知失调就不那么严重，因此他们改变观点的动机并不强烈。如果他们的理由并不充分（1 美元），那么他们的认知失调就会比较严重。因此，为了减少认知失调引起的不适感，他们就将对原有的观点做出较大的调整。

与态度不符的行为	→	解释该行为的理由充分	→	轻微认知失调	→	态度改变较小
与态度不符的行为	→	解释该行为的理由不充足	→	严重认知失调	→	态度改变较大

影响与意义

费斯廷格和卡尔史密斯提出认知失调理论后，许多其他研究者对这一理论进行了修正，但并不否定该理论。库珀（Cooper）和法齐奥（Fazio）对各种修正意见进行了总结。此外，他们还提出由认知失调引起的态度改变必须经过的 4 个步骤：第一步，某种与态度不符的行为必须导致你不愿意接受的消极结果；第二步，个人必须对消极结果承担责任；第三步，研究表明，生理唤起 (physiological arousal) 也是认知失调的过程中必不可少的一个组成部分；第四步，个体必须意识到自己体验到的这种唤醒是由于自己的言行与态度不符引起的。

第 52 讲
“人类性反应周期”
——不可言说之性心理研究

很多人认为人类的性行为的研究是生物学或生理学的科学范畴，然而，性吸引、性欲以及性功能都主要取决于人的心理。为此，马斯特斯（William Masters）和约翰森（Virginia Johnson）进行了关于人类性反应的研究。

研究背景

在 20 世纪 60 年代以前，关于人类性行为的研究中，具有决定性意义的就是阿尔弗雷德·金赛（Alfred C.Kinsey）对美国人做的大规模调查。金赛向数千名美国男性和女性询问了他们一些有关性行为和性态度的问题，内容涉及性交频率、手淫习惯及同性恋经历等，并写下了著名的《金赛性学报告》(*Kinsey Reports*)。然而，金赛的研究仅仅提供了人类性行为的内容，关于人类对性行为的反应及对性困扰的处理方面却留下了很大的空白。

20 世纪 60 年代初，美国发起了一场“性解放”革命运动。这一变革使人们开始公开、坦率地探索以前讳莫如深的性行为。当人们逐渐开始公开承认自己是具有性感受和性欲望的个体后，人们也就乐于了解自己面对性刺激时的身体反应。在这样的社会背景下，马斯特斯和约翰森开始着手研究人类的性反应。

研究内容

在马斯特斯和约翰森的研究中，他们提出了一个重要假设：想要真正理解人类的性活动，就必须研究人们对性刺激做出的真实反应，而不只是人们自己报告或以为的性体验。他们指出，该理论其中的一个目的是帮助人们克服他们可能正在经历的性问题（心理治疗）。他们还指出，要获得上述问题答案只有一个方法，即对男性和女性性反应的各个阶段进行直接的系统观察和生理测量。

为了科学地研究人类的性活动以及其在性刺激过程中的生理反应，研究人员设计出了极为精密的观察测量方法。其中包括对被试脉搏、呼吸频率、血压等生理反应的标准化测量。此外，还需要对特定的性反应进行观察和记录。研究者不仅观察和测量被试的自然性交，还要观察和测量被试在人工或机械装置的帮助下进行的手淫活动。

在这项研究中，被试很可能会因为研究者的期望、观察甚至设备产生情绪困扰。所以，马斯特斯和约翰森会采取语言鼓励等方式来帮助被试保持舒适状态。有些被试在一段时间的研究后便退出了实验，也有一些被试则参加了长达数年的研究。最终，马斯特斯和约翰森一共观测了约 10000 个完整的性反应周期。

被试的年龄、性别和文化程度等特征的分布情况

年龄	男性（人数）	女性（人数）	高中（人数）	大学（人数）	研究生（人数）
18~20	2	0	2	0	0
21~30	182	120	86	132	84
31~40	137	111	72	98	78
41~50	27	42	18	29	22
51~60	23	19	15	15	12
61~70	8	14	7	11	4
71~80	3	4	3	3	1
81~90	0	2	0	2	0
总数	328	312	203	290	201

通过研究，马斯特斯和约翰森把人类的性反应划分为四个阶段：兴奋期、持续期、高潮期和消退期。他们把这四个阶段命名为“人类性反应周期”。当然，两位心理学家曾在自己的著作中承认这些阶段是人为划分的，不过，这种划分的确能够让人们对性反应的讨论变得更加容易和清晰。虽然男性和女性在性反应上有一些差异，但他们在性行为中都要经历这样四个阶段。

批评与应用

人们对马斯特斯和约翰森早期研究的批评主要有两点：第一，对性反应四个阶段的划分过于武断；第二，几乎没有讨论性行为的认知和情绪方面的内容。

事实上，马斯特斯和约翰森并没有否认他们对反应周期的划分纯粹是人为

的，但他们的研究成果仍然有助于人们对人类性反应的复杂过程进行研究和解释。当然，其他研究者也提出了不同的阶段理论。海伦·辛格·卡普兰（Helen Singer Kaplan）提出了三阶段模型，包括欲望、血管充血（即生殖器的饥渴状态）和肌肉收缩（即性高潮）。拉普兰认为对性反应的分析应该始于性欲的产生。这一观点引发了人们对马斯特斯和约翰森早期研究的另一种批评意见，即他们的研究没有关注性反应的心理因素。但马斯特斯和约翰森也回应道，他们此项研究的目标并不包含检测性行为的心理因素。

马斯特斯和约翰森的研究其主要目的是探讨性功能不全的问题，而他们也确实达到了这一研究目的。无论是勃起问题、性高潮缺乏还是早泄、性唤醒困难等，几乎所有的性治疗，都是以马斯特斯和约翰森的研究为基础。可以说，马斯特斯和约翰森为人们理解和研究人类性行为做出了巨大的贡献。

第 53 讲

人格是先天的还是后天的

一提到身高、发色、体型及眼睛的颜色等体态特征，所有人都承认这些具有遗传性。但如果提到人的心理品质，几乎没有人会想到基因对其也起着很重要的作用。

托马斯·鲍查德（Thomas Bouchard）、戴维·莱肯（David Lykken）及其助手们进行了关于人格特质形成的研究，探讨了人性是先天还是后天的经典问题。

研究背景

人性是先天的还是后天的？大家普遍认为经验是塑造人性的基本因素或唯一因素，而同样对人类行为产生影响的遗传和生理因素却由于无法被直接观察到而不被人们接受。事实上，完整的人格是需要遗传和经验相互作用来共同塑造的。这就产生了一个问题：先天因素和后天因素在对人格的塑造作用中哪一个占据主导地位。

研究内容

托马斯·鲍查德、戴维·莱肯及其助手们决定要检验遗传因素（基因）在决定个人品质中所起作用的大小。首先，他们需要用一种科学的方法把人的行为和人格中的遗传影响和环境影响加以分离。其关键在于，要找到两个具有同样基因的人，然后从出生起就让他们分开，分别在两种不同的环境中把他们抚养长大。然后，我们可以假设，他们成年后的行为和人格相同之处就是遗传因素所致。因此，研究者找到了同卵双胞胎。

同卵双胞胎始于同一个受精卵，然后才分裂成为两个一模一样的胚胎，因此具有完全一致的遗传结构。从 1983 年开始，鲍查德和莱肯共找到了 56 对分开养育的同卵双胞胎。这些双胞胎来自 8 个国家，他们都同意参加为期一周的集中生理测量和心理测验。研究者通过把这些双胞胎和那些共同成长的同卵双胞胎进行比较，最终得出了惊人的发现，这一发现在整个生物与行为科学领域引起了巨大的反响。

研究中，每一名被试要完成将近 50 小时的测试，其中包括 4 种人格特质量表、3 种能力倾向和职业兴趣问卷和两项智力测验。测试内容几乎包含了你可以想到的每个维度。另外，为了评估被试家庭背景的相似性，他们还要填写一张家用物品清单（例如家用电器和艺术品等）；为了测量被试对养父母教养方式的感受，还需要他们填写一张家庭环境量表。而且，他们还要进行个人生活史、性生活史以及精神病学等三次访谈。当然，为了避免一对双胞胎不经意间会受到彼此的影响，每个被试的所有项目必须分开独立完成。

分开养育的同卵双胞胎（MZA）与共同养育的同卵双胞胎（MZT）在某些特征上的相关系数（r）的比较

特征	r（MZA）	r（MZT）	r（MZA）/r（MZT）
生理			
脑电波活动	0.80	0.81	0.987
血压	0.64	0.70	0.914
心率	0.49	0.54	0.907
智力			
韦氏成人智力量表	0.69	0.88	0.784
瑞文智力测验	0.78	0.76	1.030
人格			
多维人格问卷（MPQ）	0.50	0.49	1.020
加利福尼亚人格问卷	0.48	0.49	0.979
心理兴趣			
史特朗—康久尔兴趣问卷	0.39	0.48	0.813
明尼苏达职业兴趣量表	0.40	0.49	0.816
社会态度			
宗教信仰	0.49	0.51	0.961
非宗教信仰社会态度	0.34	0.28	1.20

注：表格第四列为 MZA 双胞胎与 MZT 双胞胎相关系数的比值，当比值为 1 时，说明 MZA 双胞胎之间的相关与 MZT 双胞胎之间的相关非常相似。

实验结果显示，分开养育的同卵双胞胎与共同养育的双胞胎，在某些特征上的相关极具相似性。这充分证明，具有相同遗传特质的人（同卵双胞胎），即便在分开抚养且生活条件大相径庭的情况下，他们长大后不仅在外表上极为相似，而且其基本心理和人格也惊人的一致。除此以外，研究者还发现，在相同条件下养育的同卵双胞胎，其受到环境的影响似乎很小。总的来说，对于相当数量的人类特征而言，似乎大多数差异都是由遗传因素引起的。

意义与影响

在过去，环境决定论的思想统治了心理学界和西方文化近50年。那时，我们对于许多问题都持环境决定论的解释（养育方式、教育、犯罪和刑罚、兴趣、职业目标、社会行为等），认为是经验而非人的基因塑造了其人格。几乎没有人会以“那个人生来就是这样”的想法来解释某人的行为。

然而，“人格是先天的”这一观点却使我们提出了一系列以“何必”开头的问题：何必努力成为好家长？何必努力提供高质量的教育？何必去帮助那些穷困潦倒的人？等等。对此，鲍查德和莱肯提出了三种解释：

1. 智力差异中有70%可以归因于遗传的影响，剩下的30%却是可以归因于环境的影响。这些就包括诸如教育、家庭环境和社会经济地位等我们所熟知的因素。

2. 鲍查德和莱肯的研究有一个基本假设：人的特性是由遗传和环境的综合影响决定的。因此，当环境因素影响较大，那么遗传的影响就较小。

3. 鲍查德和莱肯提出，与其说是环境影响着人的特性，不如说是人的特性影响着环境更恰当。也就是说，事实上是人的遗传倾向塑造着周围环境！

然而，在科学界并非所有人都愿意接受这项研究的结果，有些批评家甚至对使用双胞胎这种研究方法研究基因影响因素提出了质疑。

第 54 讲
归因
——你是认命的人，还是拼命的人

朱利安 · 罗特（Julian Rotter）提出，如果人们认为自己的行为后果是由运气、命运或是他人力量等外力所导致，这种人就持有外控点（external locus of control）的信念；如果把行为后果归因于自己的行为和人格特征，这种人就具有内控点（internal locus of control）的信念。

研究背景

当某种好事发生在你身上时，你认为这是运气所致还是实至名归？而当某种不好的事情发生时，你会把它归结于命运还是认为这是自己的责任？你的行为后果究竟是由你本人控制还是由外在力量所左右？

朱利安 · 罗特是心理学历史上最有影响力的行为主义者之一，他认为个体在某些事件原因的归因方面存在着很大的差异。罗特认为，个体已经习惯于对自己的行为后果做出内控或外控的解释，这将影响他将来在几乎所有情境中的行为。罗特坚信，无论是内控或外控，个体对控制点的解释始终是他个性特征的重要组成部分，也是他人格的一部分。

研究内容

罗特提出可以编制出一个测验，帮助我们测量出个体在生活中内控或外控倾向的程度。他还提出一个假设，即在同一情境中人们对强化原因的解释会呈现出稳定的个体差异。为了验证自己的假设，罗特试图将各种情境下的内控行为和外控行为进行比较。

罗特编制了一个包括很多成对陈述句的量表。每对句子中分别包括一句反映外控点的陈述句和一句反映内控点的陈述句。被试需要从中挑选出一句最符合自己的情况的话，选择没有对错之分，并且被试不能不选，也不能全选。经过多次修订和改进，量表的条目最终确定了 23 对陈述句和 6 个补充项目。罗特把该量表称为 I–E 量表 (I–E scale)，以下列出了该量表的一些陈述句及补充项目。

项目	陈述句
2a	人们生活中很多不愉快事件的发生可能是缘于运气不好。
2b	人们的不幸是由他们所犯的错误导致的。
11a	成功靠的是努力工作，运气只起一点点作用或者根本不起作用。
11b	找到一份好工作主要靠的是在恰当的时间出现在恰当的地点。
18a	大多数人没有意识到他们的生活在某种程度上是被偶发事件所左右的。
18b	世上根本就没有“运气”这回事。
23a	有时我不能理解老师是怎样给我打分的。
23b	我的努力程度和学习成绩之间有直接的关系。
	补充项目
1a	孩子们之所以有麻烦，是因为父母对他们的惩罚太多。
1b	今天的孩子所面临的困难是由于父母对他们过于随和。
14a	世上有一无是处之人。
14b	每个人都有一些优点。

罗特称他的测验测量的是个体的人格特征中内控或外控的程度。接下来，罗特要做的便是证明内—外控人格特征可以准确预测人们在特定情境中的行为。通过多项研究，罗特发现被试在 I–E 量表中所得的分数与他们在生活中经历各种事件时的行为表现有着显著相关，例如赌博、劝说、吸烟、成就动机和从众倾向等。

研究发现：外控型个体倾向于对高风险的赌博下注，而内控型个体则更愿意对有把握的事情下赌注；与外控型相比，内控型个体能够更好地劝说其他人改变想法，并且他们不容易受到他人的影响；内控型个体似乎更为自律，而吸烟者比不吸烟者更倾向于外控；内控型个体比外控型个体具有更强的成就动机；内控倾向的个体比起外控倾向的个体更少服从大多数人的意见。

	外控型个体	内控型个体
基本定义	个体认为自己的行为主要受到运气、命运等外部因素的影响 。	个体认为自己的行为更多的是受到自己的控制。
主要特征	有风险偏好，不善于劝说别人，吸烟者比例高，成就动机较弱，喜欢服从大多数人。	倾向于对有把握的事情下赌注，善于劝说别人，吸烟者比例低，有较强的成就动机，很少服从大多数人的意见。

意义与影响

罗特总结了他的研究结果并且得出如下结论：控制点作为一种个体特征，不仅在各种情境中一贯起作用，并且还是可界定的。个体的内控和外控维度对其行为的影响主要是让不同的人在面对同一情境时采取不同的行动。另外，罗特声称控制点是可以进行测量的，而 I-E 量表就是测量这一指标的有效工具。

自罗特编制 I-E 量表以来，为了检验控制点与各种行为之间的关系，研究者已进行了数百项研究。罗特在 1966 年的论文中谈到了控制点与人体健康的关系，此后，许多其他的研究也做了相同的检验。斯特里克兰（Strickland）在一篇对控制点研究的综述文章中发现，内控型个体往往对自己的健康更加负责，其行为方式也可能更健康，如不吸烟或者有合理的营养搭配习惯等，而且在实际生活中他们更关心如何避免意外事故。还有一点需要提及的是，研究表明，内控型个体的应激水平一般较低，而且很少患有与压力有关的疾病。

内—外控制点维度作为人格的一个相对稳定的组成部分已经被广泛接受，它对预测个体在各种情境中的行为起到了有意义的提示作用。而且另一项研究证明，控制点的概念很可能预示着社会性问题或灾难性问题。

第 55 讲 A 型人格与 B 型人格：你的哪些行为会导致冠心病

人格特质通常是指个体所具有的较明显的主导特征，它们在使你成为一个独一无二的人这方面起着重要的作用。

研究背景

20 世纪 50 年代末期，心脏病学家迈耶·弗里德曼（Mayer Friedman）和雷·罗森曼（Ray Rosenman）首次提出 A 型人格（Type A personality）。A 型人格指的是一种特定的行为模式，而不是个体的整个人格面貌。弗里德曼医生曾听一个做皮套的人提起，长沙发和椅子的皮套磨损得特别快，而单就椅子而言，前沿又比其余部分磨损得更快。他想起自己的心脏病人似乎总喜欢“坐在椅子的边缘”，这让他开始好奇心脏病人是否具有某个与其他人不同的重要特征。通过一系列的调查，弗里德曼和罗森曼发现，大多数人认为，如果一个人长时间处于疲劳驾车、竞争性环境、最后期限以及经济受挫等压力下，更可能患上心脏病。为此，他们决定对这些想法进行科学验证。

研究内容

弗里德曼和罗森曼设计了 A 型行为的模式，并且他们认为这一特定的行为模式与胆固醇水平的不断升高进而导致冠心病（CHD）的临床现象密切相关。

A 型行为的模式包括以下特征：

(1) 一种要达到个人目的的强烈而持久的内驱力；

(2) 在所有情况下都有一种热衷于竞争的倾向；

(3) 一种想得到别人的认可和不断超越自我的持久的欲望；

(4) 不断卷入有最后期限的事务之中；

(5) 习惯于风风火火地完成各种事务；

(6) 心理和生理上的过分敏感。

紧接着，研究者设计了一种与 A 型行为有着完全相反的特点的外显行为模型，被称为 B 型行为。这一行为模型不具备以下特征：进取心、内驱力、对竞争的渴望、时间紧迫感以及最后期限的压力。

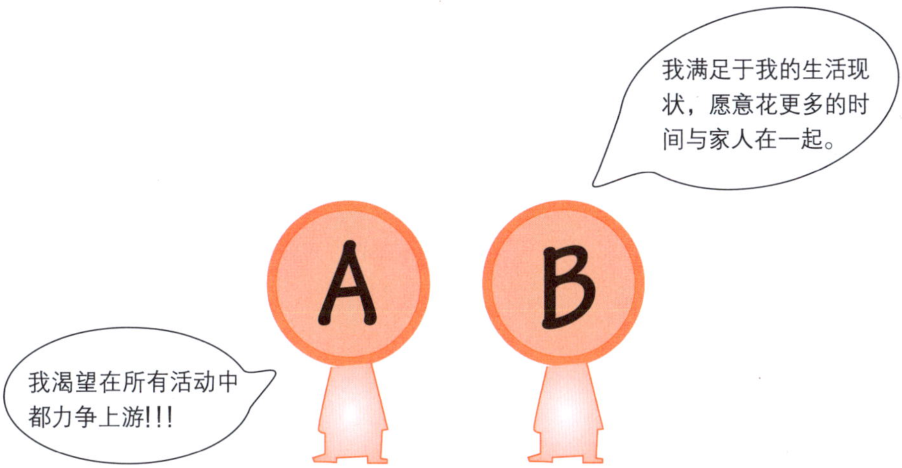

然后，弗里德曼和罗森曼从各大公司和企业选定了两组被试（每组 83 人），均为男性。其中 A 组的平均年龄为 45 岁，B 组的平均年龄为 43 岁。首先研究者通过访谈形式（了解被试是否有冠心病病史、是否有家族冠心病病史、吸烟喝酒及饮食习惯、每周工作情况、睡眠和锻炼的时间），从两组被试中分别选出了充分表现出 A 型行为模式（69 人）和 B 型行为模式（58 人）的人。然后，研究者会要求所有被试记录下自己在一周内的饮食情况。接着，测量每一位被试的胆固醇水平和血凝时间。最后，对被试眼睛进行映光检查 (illuminated inspection) 以确定患有角膜弓（又称老年环，是指由于血液里的脂肪堆积而在眼角膜周围形成的一个不透明环状物）的被试数量。

从访谈结果来看，A 组被试长期为承诺、抱负和内驱力所牵制，并且渴望在所有活动中都力争上游，他们有强烈的获胜欲望。而 B 组被试似乎满足于他们的生活现状，避免竞争性的情境，将更多的时间用于与家人在一起或参加非竞争性的娱乐活动。另外，研究者对测验和调查得到的两组被试存在的最具可比性特征进行了概括。两组被试主要差异体现在每天的吸烟数量以及其父母患冠心病的概率方面。而有关血液水平和疾病情况的测量结果表明，A 组被试的胆固醇水平明显高于 B 组。A 型被试角膜弓的发病率是 B 型被试的 3 倍到 5 倍。最后，研究发现，A 组中有 28% 的被试出现了明显的冠心病发病迹象，而 B 组中仅有 4% 的被试有明显的迹象。

讨论与影响

在对研究结果进行讨论时，弗里德曼和罗森曼针对两种潜在的批评意见进行了解释。

第一种，两组之间存在的显著差异或许是遗传而不是行为模式造成的。实验表明，A 组中有 53 人没有心脏病家族史，却有 15 人（28%）患有心脏病；B 组中有 23 人有心脏病家族史，却没有一人表现出临床的心脏病症状。而现在的一些研究已经证明冠心病与家族因素有关，但我们仍不确定遗传因素到底是心脏病的致病因素，还是产生某种遗传的行为模式的一个因素。

另一种潜在问题是，A 组被试每天的吸烟量明显比 B 组被试更大，所以也许仅仅是大量的吸烟引起了冠心病。但弗里德曼和罗森曼发现，A 组中吸烟少的被试和吸烟多的被试患冠心病的人数一样多。其次，B 组中有 46 人吸烟多却只有两人有冠心病症状。研究者根据这些发现认为，吸烟可能只是 A 型行为模式的一个特征，而不是冠心病发病的一个直接原因。

弗里德曼和罗森曼的研究对心理学研究具有极其深远的影响。首先，该研究是最早提出个体的某些特殊行为模式可能增加某些严重生理疾病患病率的研究之一；第二，该研究开创了探索行为与冠心病关系的一个全新的研究方向；第三，该研究在开创和发展健康心理学（行为科学的一个分支）方面功不可没。

第 56 讲
个人主义与集体主义
——人类行为的基础

在过去的几十年间，心理学领域已经逐渐认识到文化是一种对人类有着重大影响的环境因素。事实上，研究人员发现，几乎没有在所有或大多数文化中保持一致性和稳定性的人类行为模式。

哈里·川迪斯（Harry Triandis）通过一系列研究，探讨了集体主义与个人主义两种文化对人类行为模式的影响。

研究背景

从 20 世纪 60 年代起，哈里·川迪斯在伊利诺伊大学分校的心理学系致力于研究文化的基本特性以及处于这些文化背景下的人们，这项工作贯穿于川迪斯的整个事业生涯。他认为，个人主义或集体主义的特定文化，会以一种复杂且广泛的方式来决定其成员的行为和人格。

集体主义文化是指处于该文化中的个体，其需求、欲望、成就都必须服从于所属群体或组织的需求、欲望以及目标。在集体主义文化中，个体的大部分行为的产生都取决于该行为是否有利于其所属团体的整体利益；个体依靠其所在团体来满足自身情绪、心理和实际的需要。而个人主义文化则更看重个体的幸福和成就。在个人主义文化中，个体对其所属团体没有太多的情感上的依恋，甚至当团体对个体的要求过于苛刻时，个体宁愿脱离该团体加入或者重新组建一个新的团体。

研究内容

美国式个人主义

川迪斯以芝加哥大学心理系的 300 名在校大学生为被试进行了一系列研究。过程中每位学生都需要完成一份包括 158 个项目的问卷，以测量他们的个人主义—集体主义行为和信念倾向。研究者认为，赞同“只有依靠自己的人才能获得成功”观点的被试持有个人主义的立场；而赞同“当同事和我分享秘密时，我们的关系更加亲密了”观点的被试则持有集体主义的观点。

此外，问卷中还设置了5个生活情景故事，并要求被试预测自己在这些情景故事中的行为。例如让被试假设自己要进行一次长途旅行却遭到了团体内其他成员的反对，然后询问被试在做决定时，会在多大程度上考虑父母、配偶、亲戚、朋友、熟人、邻居以及同事的意见。

通过对回收的问卷进行分析发现，美国式的个人主义包括多方面含义：与团体有些疏远，不大关注团体的观点，关心自己的目标胜过团体的目标，竞争中体现出自信，做决定时更多考虑的是自己的看法而不是其他人的观点。

比较个人主义文化与集体主义文化

这一研究的被试是多种不同文化背景下的个体，其中有91名芝加哥大学的学生、97名波多黎各学生以及150名日本大学生和106名年长的日本人。研究者编制了一份包含144个项目的问卷。问卷分别被译成西班牙语和日语后再交给所有被试进行回答。该研究的题目是为了测查关于集体主义的三个倾向，即“关心团体”“自我与团体的亲密关系”和“让自己的目标服从于团体的目标”。

该项研究的结果混杂着两种不同的数据：一种支持个人主义—集体主义的理论，而另一种似乎又对它予以反驳。例如，日本大学生（集体主义文化）比芝加哥大学的学生（个人主义文化）更在意同学和朋友的观点，而波多黎各（集体主义文化）的学生并没有表现出这一特点。此外，虽然服从是集体主义文化的一个共同特征，但实际上美国被试比日本被试更多地表现出对团体的服从。研究还发现，年长的日本被试比日本大学生更倾向于认同其所属的团体。川迪斯认为该研究结果是一种警示，即有关个人主义文化和集体主义文化的结论必须经过仔细地分析，有选择地应用于特定行为、情境和文化之中。

两种文化下的社会支持水平

由先前的研究得出结果，集体主义社会为其成员提供了高水平的社会支持，个人主义文化中的个体则往往更大程度地体验到孤独。研究者在此基础上又做了新的研究，该研究采用的问卷由72个项目组成，而参与测试的是来自芝加哥大学和波多黎各大学的100名被试（男女各半）。此外，被试还填写了一份测量他们意识到的孤独程度和社会支持水平的问卷。

该研究的结果表明，随着集体主义程度的提高，其社会支持水平也随之提高；而随着集体主义作用的提高，个体意识到的孤独程度相应降低。

集体主义

个人主义

意义与影响

根据川迪斯的研究，我们可以了解到个人主义文化和集体主义文化似乎并不是非此即彼，而是分别处于一个连续体的两端，而在两端之间的某个点即对应某一特定的社会，它通常更接近于连续体的一端而远离另一端。川迪斯还指出，我们必须把集体主义和个人主义看作是一种多维的结构。

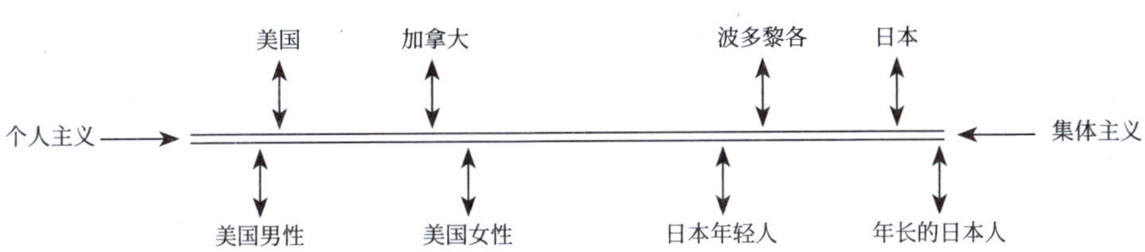

心理学家早已把川迪斯的研究结果视为人类行为的基础。在大多数心理学分支的新版教科书里，几乎都涉及川迪斯的这项研究或者他做的其他有关个人主义—集体主义的研究。

第 57 讲
“贝姆性别角色量表”
——模糊的性别界限

在日常生活中，某些人表现得极度男性化，而某些人则表现得极度女性化，但还有一些人既有男性化特征又有女性化特征。男性化－女性化这一维度构成了心理学家通常提到的“性别”，个体对自己性别的看法即“性别认同”。桑德拉·贝姆（Sandra Bem）提出了“双性化”的概念，颠覆了世人对性别构成的基本看法。

研究背景

20 世纪 70 年代以前，人们普遍认为，关于人的性别不是彻底的男性化就是彻底的女性化。20 世纪 70 年代初期，安妮（Anne Constantinople）提出了新的观点，她提出男性化和女性化并不是同一个维度的两极，而是衡量人类性别的两个独立维度。也就是说，一个人同时拥有某种程度的男性化特征和某种程度的女性化特征。斯坦福大学的桑德拉·贝姆表示支持这种二维性别模式，她提出：一个更协调的人，能够有效融合男性化和女性化两种特征，并且心理调适能力也更强。贝姆创造了“双性化”一词，用于描述那些同时具有男性化和女性化特征的人。

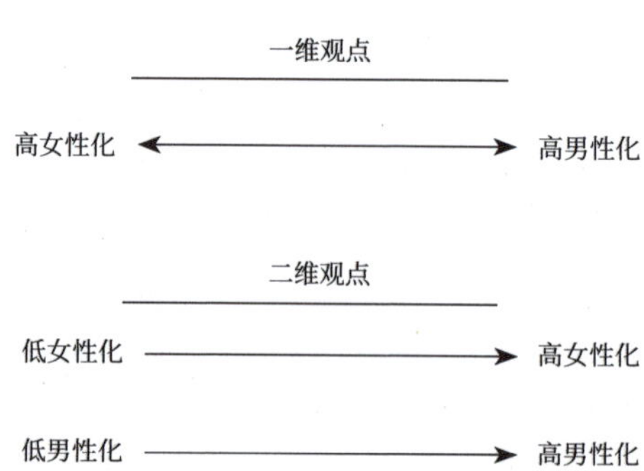

传统一维性别模式与新近二维性别模式的对比

研究内容

在贝姆进行关于双性化的人与具有极端的男性化或女性化特征的人之间的差异研究前，她首先需要去证明双性化特征的存在，这就需要有一种新的测量量表以测量双性化特征。

为了完成这个量表的设计，贝姆罗列出 200 项她和她的学生都认为有价值的特征，包括代表男性化的特征、代表女性化的特征以及中性化的特征。她从斯坦福大学挑选出 100 名大学生（男女各半），要求他们以美国社会的赞许度为标准，对这些特征进行评定，评定等级有从 1(完全不符合）至 7(非常符合）七个等级。根据学生们给出的分数，贝姆各选出排名前 20 的男性化特征和女性化特征作为测试项。为了避免被试在测试中受到题目全部是男性化和全部都是女性化或社会期望的影响，她又选择了 20 个可以忽略性别但每个人都期待拥有的特征（10 个积极特征，10 个消极特征），作为反映中性性别的测试项。最终，贝姆的量表包含了 60 个项目，且所有测试项随机混合在一起。这一量表被称为“贝姆性别角色量表（BSRI)”。

以下分别列举一些女性化测试项、男性化测试项和中性测试项。

女性化测试项

有爱心、顺从、活泼可爱、爱慕虚荣、有同情心、善解人意、温柔、柔弱、喜爱孩子、轻声细语

男性化测试项

领导派头、喜欢冒险、胸怀大志、固执己见、善于分析、个性强、处事果断、自我满足、阳刚、独立

中性测试项

适应性强、骄傲自满、捉摸不透、实事求是、效率低下、圆滑世故、嫉妒心强、诚实可信、喜怒无常、值得信赖

测量完成后，被试会分别得到男性化分数、女性化分数以及双性化分数。其中，男性化分数和女性化分数可以通过相应测试项加和后求平均数计算得出，双性化分数则是由其女性化分数减去其男性化分数得到。这里有三个典型的例子，这三个人分别代表了男性化、女性化及双性化性别类型的人。詹妮弗男性化得分是 1.5，女性化得分是 6.4。用 6.4 减去 1.5 她的双性化分数可以通过前两项分值相减得到 4.9。理查德男性化得分是 5. 8，女性化得分是 2.1，因此他的双性化

分数是 -3.7。黛娜的男性化和女性化的得分分别为 3.9 和 4.3，其双性化得分为 0.4。由此可以看出，他们三人中只有黛娜在自我知觉中没有明显的性别类型，她表现出一种男性化与女性化特征的平衡，也就是是“双性化”。

意义与影响

西方文化逐渐开始接受“某些人是双性化的”这一观点，同时拥有男性化特征和女性化特征已经不再被人排斥，反而还被认为是一种优势。越来越多的男性和女性开始从事或参加那些在传统观念中被视为“仅限于”异性的职业、业余爱好、体育活动等。从女 CEO 到“家庭主父”，从女军人、女消防员到男护士、男教师，从女性掌管权力到男性展现其敏感性的一面，我们能够真切感受到，社会中性别角色和性别期望的转变几乎无处不在。

桑德拉·贝姆的研究改变了心理学家、个人乃至整个社会对人类性别认同的看法。这一研究使我们真正意识到什么是男性和女性，什么是男性化和女性化。

第 58 讲

言行不一致

——如何知道一个人的真实社会态度

随着理论与方法的不断完善和改进，越来越多的证据表明，态度在对行为的决定中占据着重要的地位。而有关态度与行为关系的重要研究可以追溯到 1934 年——理查德 · 拉皮尔（Richard Lapiere）做的一项独一无二的研究。

研究背景

在心理科学发展的早期，存在一个未经验证的假设：不论是对某一事物的偏爱还是对他人的看法，一个人的态度与行为之间通常具有一致性。因此，心理学家和社会学家一般会采用问卷形式来测量被试的态度，并相信当被试真的遇到对应情境时，已测量的态度就会在其行为中反映出来。理查德 · 拉皮尔对此提出质疑，他指出，这种认为假设性行为与真实行为之间存在直接的相关的假设过于简单，甚至毫无根据。

在 1930 年至 1931 年间（当时美国人对亚裔存在着非常严重的偏见与歧视），拉皮尔与一对年轻的中国夫妇四处旅行，“这对夫妇很有风度、富有魅力，并且很快就能赢得那些有机会与他们打交道的人的羡慕与尊重”。旅行之初，他们来到一个对东方人存在着严重偏见的小镇，令他们吃惊的是，旅馆的服务员礼貌地接待了他们。两个月后，拉皮尔给这家旅馆打了个电话，问他们是否愿意接待一位中国先生，对方的回答却是“不”。

于是，拉皮尔提出一个假设：人们的“社会行为”与他们口头表达的社会态度很少具有一致性。即人们的言行并不一致。

研究内容

自 1930 年至 1933 年，拉皮尔和他的中国朋友两次沿太平洋海岸线周游美国，线路总长 10000 英里（约 16000 千米）。其间，他们住过的旅店、汽车旅馆和“旅行者之家”共 67 家，就过餐的饭店和咖啡馆有 184 家。一路上，拉皮尔一直准确而详细地记录着旅馆接待员、男侍者、女服务员以及开电梯的工作人员对中国夫妇的态度与行为。为了避免这些人的反应因自己的出现而有所改变，拉皮尔总是让中国夫妇负责订房间、买食宿用品，而他则负责照看行李，而且每次去餐馆也总让中国夫妇先进去。

在旅游结束的六个月后，即中国夫妇游玩的影响基本消退时，拉皮尔给所有他们到过的旅店、餐馆寄了一份问卷，询问他们是否愿意接待中国客人。问卷回收率为 51%，其中餐馆、咖啡馆共返回 81 份问卷，旅店返回了 47 份问卷。同时，拉皮尔还另外请了他们旅游期间到过的地区其他的 32 家旅店和 96 家餐馆，对同样的问卷做出回答，以确保之前的问卷回答并没有受到这对中国夫妇游玩的影响。

根据对回收的调查问卷的统计分析发现，拉皮尔和中国夫妇所到的旅店、餐馆之中，超过 90% 的回答是拒绝接待中国人。而那些他们未去过的餐馆或旅店的回答，其分布状况实质也是一样的。另外，拉皮尔还对他与中国夫妇在旅游期间受到的服务进行了等级评定。他发现，除了极少数的几个地方外，大多数地方的接待与他所预期的一样甚至更好。这几乎与他单独出游的情况没有太大差别。

拉皮尔的结论是：如果想要预测一个人在面对某一真实的特定情境或特定人物时的表现，仅仅通过对假设性情境进行态度问卷是远远不够的。他提出，只有通过研究人在真实社会情境中的行为，才能可靠地测量一个人的社会态度。

批评与意见

毫无疑问，拉皮尔的研究引发了大量的研究。在他的研究之后，人们开始试图解释对态度的评估为什么不能预测个人的真实行为；行为科学家试图探索在什么条件下态度才能可靠地预测行为。然而，心理学家们针对他的研究结果，也有一些强烈的批评意见。其中一种批评意见是，仅凭信件形式的简单问卷，不能有效测量个人对某一人群的态度。例如，答卷人实际遇到的“中国人”也许和他们大脑中的“中国人”形象完全不同。另一种批评意见是，他们到过的旅店、餐馆问卷的回收率只有 51%，也就是只有半数的人对问卷做出了回答，或许回答问卷的人正是对亚洲人有极端偏见的人。还有一种批评意见是，或许六个月之后对问卷问题做出回答的人已经不是他们曾经遇到的那些人了。

第 59 讲

旁观者介入与未介入

——越多人围观越没人伸手帮助

当你目睹了某人需要帮助的紧急情况时，却有许多因素会影响你做出挺身而出并提供帮助的决定。心理学上把突发事件中的帮助行为称为“旁观者介入”，反之则为“未介入”。

约翰·达利（John Darley）和哥伦比亚的比勃·拉塔内（Bibb Latane）指出，在危难时刻，旁观者越多，愿意伸出援手的人就越少。这就是“旁观者效应”。

研究背景

1964 年的一天，凯蒂·吉诺维斯（Kitty Genovese）从她经营的曼哈顿酒吧返回公寓的途中，遭到一个持刀男人的恶意袭击。她被那个男人刺了好几刀，袭击行为持续了 35 分钟。当警察接到报警赶到现场时，凯蒂已经死了，袭击者也不知去向。警察在调查这一事件时发现，凯蒂遇害时共有 38 人目睹了这一袭击事件，但却只有一人报了警。如果有人能够早一些向凯蒂伸出援手的话，她或许就能幸免于难。从这件事看，邻居们似乎都缺少爱心，没能及时阻止这场暴力事件，

面对突发事件无人伸出援手，真的是因为人心冷漠吗？

这让纽约市民和全体美国人感到震惊。人们一面想了解这其中的原因；一面谴责居住在大城市里的人情感淡漠，谴责人类的本性。

凯蒂的悲剧引起了心理学家的注意，他们试图寻找那些阻止人们伸出援助之手的心理因素。为此，约翰·达利和比勃·拉塔内分析了旁观者的反应并提出这样的理论：由于观看事件的人太多而降低了个体提供帮助的意愿。而且，他们决定用实验的方法来验证这一理论。

理论基础

达利和拉塔内认为之所以会发生凯蒂惨案，是因为存在一种被他们称为“责任扩散”(diffusion of responsibility) 的现象。即在突发事件中，旁观者越多，人们的心里类似“别人会去帮助他的，我就不必去了”的想法就会越强烈。责任扩散的概念是本项研究的理论基础。

研究内容

为了创设一种与真实突发事件非常相似的情境，以观察旁观者的干预行为，达利和拉塔内安排纽约大学选修心理学课程的学生单独待在一些相互隔离的房间里，他们能够通过内部通信联络系统与其他学生进行交谈。

参加实验的学生被分在三种不同的实验条件下。第一组被试被告知他们仅能和另外一个人交谈；第二组被试被告知他们可以通过内部通信系统和另外两个人交谈；而第三组被试被告知，他们能够与线上的另外五个人交谈。其实，每个被试都是独自一个人，而与他们交谈的其他的声音都是录音。在交谈过程中，被试听到的第一个声音来自一名男性，他在讲话最后补充说自己在压力过大时会引发癫痫。第一组的学生在听完第一个人讲话后就开始讲话，而另外两组则还会听到一个或多个学生的讲话。当再次轮到第一个人讲话时，突发事件发生了。第一个学生的癫痫发作了，并且通过联络系统向其他学生求救。

达利和拉塔内测量了不同实验条件下被试帮助遇到危难的学生（离开房间，通知实验者有学生癫痫发作）的百分率。同时，他们还测量了被试对突发事件的反应时间及提供帮助所花的时间。研究者为被试预留了四分钟时间反应，过了这个时间实验停止。

实验结果显示，第一组被试平均的反应时间在 1 分钟之内，而第三组被试的平均反应时间超过了3分钟。在4分钟内，第1组被试全都报告了突发事件，第二组被试中有85%的人报告了突发事件，而第三组被试中只有60%的人做了报告。显然，当被试确信有更多人在场时，能够迅速向研究者报告突发事件的人数百分比大大减少。而在所有最终提供帮助的人中，时间拖延总量也会随着旁观者人数的增加而增加。

实验结束后，三组被试都报告了自己在突发事件发生时感到了极度的焦虑和不适，有的人甚至出现了紧张的躯体症状，如手发抖、掌心出汗。因此，并非是第二组、第三组被试比第一组更冷漠。研究者解释说，被试行为结果的不同与他们认为在场人数的不同有关。也就是说，当团体内人数增多时，被试在突发事件中采取行动的个人责任就相应减少了。对于第二组和第三组的被试来说，他们也许更多地相信已经有人解决了这个问题。

组别	实验条件	介入百分率	反应时间	情绪与心理反应
第一组	与一人交谈	100%	1分钟以内	极度焦虑和不适、手发抖、掌心出汗
第二组	与两人交谈	85%		
第三组	与五人交谈	60%	超过3分钟	

达利和拉塔内称，已有证据支持他们的“责任扩散”理论。而且，不仅是提供帮助的责任有扩散现象，反过来因不提供帮助而受到良心的谴责和内疚感也会扩散。因为，如果在突发事件中只有你一个人在场，那么你就会因为不提供帮助而承担比有多人在现场时更大的后果。

意义与影响

值得注意的是，无论是凯蒂·吉诺维斯谋杀案还是我们这里所讨论的实验，所涉及的旁观者彼此间都无法交流。达利和拉塔内认为，在某种情况下，就算是关系很近的群体也不比个人更乐意提供帮助。并且，当突发事件在某种程度上比较模糊时，发生这种情况的可能性会更大。

达利和拉塔内早期的大量研究都被收录在他们的一部名为《反应冷漠的旁观者——他为何不相助？》的著作中。他们在书中所提出的助人行为模型在有关的助人研究的心理学文献中被广泛接受。此外，他们关于助人行为和责任扩散的开创性研究也持续对各种热点研究产生着广泛的影响。

第 60 讲
洞察伪心理学

当被问及你所知道的一个心理学家的名字时，你也许会提到一些当下知名的“媒体心理学家”。当然，一定也有不少人会想到西格蒙德 · 弗洛伊德。可以说，那些频频在媒体上亮相的通俗心理学和弗洛伊德共同定义了公众心目中的心理学。

心理学≠读心术

经由大众媒体传播的“心理学”知识，在很大程度上只是一种幻象。

让专业人士哭笑不得的三个问题

每个学心理学专业的人可能都会被人问到三个问题，从这三个问题中，我们多少可以看出公众对于心理学抱有的一些常见的误解和迷思。

问题一：你知道我现在心里在想什么吗？

这个问题透露给我们一条信息：心理学在大众心目中被万能化了。也就是说，心理学的研究对象和功能的边界被无限地夸大了。人们似乎总认为心理学无所不包，无论是星座、属相、血型，还是玄学、人生哲理乃至各种心灵鸡汤，都被认为是心理学的范畴。然而，心理学研究虽然涉及诸多人的客观行为和心理现象，但其研究对象必须是“可检验”的，那些超验的、超感官的问题并不在科学心理学的研究之列。

我们之所以说心理学很神奇，并非是它的无所不能，而是因为它能在一定程度上解释某些心理现象并对一些行为进行预测或干预。但是，科学的心理学，其所有的解释和预测都基于客观数据，所有的结论也都具有一定的适用范围和条件，而干预方案也必须符合客观的心理和行为规律。所以，心理学的理论并不能完美地解释一切现象，心理学也不能做到超出人类经验以外的干预。

问题二：你一定会催眠和解梦喽？

这个问题揭示了公众对于心理学另外一种常见的误解，即心理学就是心理咨询，就是弗洛伊德的精神分析。弗洛伊德这位伟大的心理学家，他构筑了一套宏大、晦涩却又令人着迷的理论体系；他开启了探索人类心灵世界的全新领域，真正让世人开始了解和重视心理学。他的理论直到今天仍然被广泛应用于心理治疗和干预的诸多领域。现在常常被人们用于描述或解释自己心理状态的，诸如“焦虑”“压抑”“潜意识”等词，可以说都是弗洛伊德和他的精神分析学派的功劳。

然而，弗洛伊德的盛名也带来了一系列问题，其中有两点是最主要的：一是弗洛伊德的光芒几乎掩盖了其他的心理学研究者的工作和成就；二是他构建的理论难以用实证的方法加以验证，这使得许多虚假治疗方法和伪心理学有机可乘。

问题三：什么，你们心理学还做实验？

这个问题的提出，显然表明，公众并不了解主流的科学心理学早已踏上了实证主义的道路。心理学作为一门科学，必然要遵循科学的标准：研究的问题必须是实证可解的；研究的方法必须遵循系统的实证主义；研究的结论要能够被重复验证且能经过同行评议并获得认可。这三条标准是区分科学心理学和伪心理学的重要依据。

因此，心理学的研究并不是纯粹的逻辑推导或者头脑风暴，也不是个人化的体验和感悟，它早已与操作定义、控制变量、实验组和控制组、数据统计等词汇联系起来。

造成公众对心理学误解的原因

阻碍公众了解和认知真正的科学心理学的原因是多方面的，不仅有大众的原因，也有学院派研究者的问题，当然也包括学科本身特点的限制。

原因	内容
对心理学的特殊期待	对心理学的渴求使得心理现象和心理问题与每个人紧密相关，人们渴望从心理学中得到这些现象和问题的解释，并从中获得行之有效的帮助和建议。这使得大众对心理学产生了特殊的期待。然而，大多数心理学研究的是群体的普遍行为规律，而无法面面俱到地解决个体所有的心理问题。
术语体系产生的阻隔	心理学作为一门科学，有自己一套严谨的术语体系，这和其他科学学科并无二致。但人们不会因为量子力学的各种晦涩难懂的术语而鄙视物理学，但却会因为心理学术语所造成的隔膜而排斥科学心理学，然后转向那些科学性无法得到保证但却通俗易懂的理论或方法。
应用价值的滞后性	心理学许多基础研究和大众生活有一定的距离。首先这些研究往往是在实验室做实验，探讨的也都是最基本的生理、行为和机制，有些可能在日常生活中几乎不可能出现；其次，基础研究的成果要转化为实际的应用需要一段时间，有的研究成果可能需要几十年之后才能体现出其应用价值。因此，公众很可能会产生一种科学心理学研究毫无意义的错觉。
醉心研究的学院派	服务于人类是心理学研究的最终目的。因此，心理学领域还有许多除了基础研究之外与现实生活紧密相关的应用研究。然而许多研究者往往是从概念出发，一番乏味的研究后得出的结论实用性和推广性十分有限。另外，学院派的心理学工作者往往醉心于研究而不注重或不善于将成果进行普及和推广，这就让那些伪心理学家和各种江湖术士有了可乘之机。
善于利用媒体的伪心理学	随着心理学的热度持续升温，电视台、电台、网站以及纸媒不断推出与心理学相关的节目、书籍或专栏，然而，最终呈现在大众面前并得到广泛传播的或许不是科学的心理学，只是包装精美的伪心理学。各种未经实证检验的古怪疗法往往打着心理学的旗号招摇过市，这让真正的心理学蒙受了许多质疑和指责。

弗洛伊德也不是心理学代言人

弗洛伊德的光芒极大地影响了公众心目中关于心理学的概念，并且也造就了诸多认识上的误区。不少刚入门的心理学学生会惊讶地发现，美国心理学会（APA）会员中认同弗洛伊德精神分析的人数居然没有占到会员总数的 10%。在美国心理协会（APS）中，这一比例也不会高于 5%。

显然，现代心理学并没有像一些人文学科和媒体那样被弗洛伊德的理论所左右，也没有被其限定。弗洛伊德的工作只是现代心理学大量研究主题、数据和理论中极小的一部分，而占据更大比重的是近期 5 位诺贝尔奖得主所做的工作：大卫·胡贝尔（David Hubel）、赫伯特·西蒙（Herbert Simon）、丹尼尔·卡尼曼（Daniel Kahneman）、罗杰·斯佩里（Roger Sperry）和托斯腾·维瑟（Torsten Wiesel）以及美国国家科学基金前负责人理查德·阿特金森（Richard Atkinson）的贡献。然而，对于公众来说，这些人的名字却是颇为陌生的。

弗洛伊德式的研究不能代表现代心理学

事实上，人们对心理学研究的印象被弗洛伊德式的研究方法彻底误导了。控制实验是现代心理学家最有力的武器，而弗洛伊德并不采用这一方法。弗洛伊德相信，个案研究足以证明理论的真实或谬误，但这一理念放在今天其实是错误的。此外，对于一个科学理论来说，其理论和研究数据必须满足一定的标准，而弗洛伊德的理论却并不满足这些标准。

简而言之，弗洛伊德通过个案研究和内省法得到数据，从而建立了一套精细的理论，但是这些数据并不足以支撑他的理论；他专注于构建复杂的理论构架，却无法像许多现代心理学家那样，能够保证这些理论是建立在可靠、可重复的因果关系之上的。

人们不相信心理学是一门科学

一直以来，人们对心理学的理解有着各种各样的偏差，或许正是因为未能意识到它是一门科学的学问。

不能成为一门科学

学术圈外的人往往宣称心理学不是科学，更有一些人企图让公众相信“心理学不能成为一门科学”。许多有关心理学的错误认识，都是源于那些伪心理学的代言人。在我们的社会中，一个专门经营伪科学信念系统的巨大产业正在兴起，它出于既得利益的考虑，一味地让大众相信，无论什么都能被纳入心理学的范畴，而且声称心理学的主张不能以理性标准来衡量。此类门道要么不是建立在科学证据基础上，要么就是与已有的证据相冲突。这无疑为“催眠减肥”“睡觉时学法语”“激发潜在心灵能量”等广告以及牟取暴利的“心理自助”产业中其他诸多门道的营销创造了绝佳的氛围。

拒绝使用科学

每一门科学都会经历一个受到阻碍的阶段。这是因为，总有一些人不愿看到科学进入到一直以来由不容置疑的权威或者“常识”统治的领域。正如人们拒绝使用科学，而更喜欢利用世俗智慧和哲学沉思去解释现实世界。例如，与伽利略同时代的知识分子拒绝用他的新望远镜观察天空，因为“木星存在卫星”完全颠覆了他们的哲学和神学信仰。保罗·布洛卡（Paul Broca）的人类学协会（Society of Anthropology）在法国受到抵制，只是因为有人认为，关于人类的知识会颠覆国家。

似乎人类的知识每向前迈进一步，都会引发反抗。一旦人们开始意识到科学并没有对人性造成亵渎，而是促进了人类的自我实现，所有反抗终将烟消云散。

心理学作为一门新兴科学，试图将所有关于人类的固有信念都置于科学检验之下，注定将引发人们对其正确性的否定。

心理学的两难境地

心理学总是处于一种两难境地。一方面，一些人否认心理学家可以建立关于行为的实证理论，反对把心理学称为科学。另一方面，另一些人由于惧怕心理学揭示的某些真相会威胁到他们的信仰，因此反对心理学家在这些领域进行研究。例如，行为主义者就腹背受敌，一些批评者认为行为主义者发现的强化律不适用于人类行为，而另一些批评者则害怕这些定律被滥用——对人类进行严酷的、不人道的控制。

宣扬超自然现象的绝对不是心理学

公众在书店能买到的心理学读物通常可以分为三类：早期经典著作、伪科学书籍、自助类读物。

早期经典著作

心理学的一些早期经典著作，大多数侧重老式的精神分析观点（例如弗洛伊德、斯金纳、荣格、弗洛姆、埃里克森等），已经完全不能代表当代心理学了。似乎这一领域最有价值的著作都被科学或生物学类书籍淹没，这一点也令心理学家感到非常沮丧。例如，心理学家史蒂芬·平克（Steven Pinker）的著作《心智探奇》（*How the Mind Works*），往往被归在科学类而非心理学类图书中。因此，即便他探讨的是心理学中关于认知科学的重要文章，最终却被迫只能与生物学、神经生理学或计算机科学为伍。

伪科学书籍

伪科学书籍往往充斥着无数超自然现象，如心灵感应、意念移物、超前感知、生物节律、星灵投射、通灵术等。这类伪装成心理学的书在心理类书籍中占有较大比重，直接导致了人们对心理学产生这样的误解：心理学就是为了证实这些超常现象的存在。

事实上，心理学是一门最可能精确评估超感知言论的学科，而这些超常现象并不属于现代心理学研究的范畴。在公众的心目中，心理学似乎与伪科学关系最近，这种"被连累"让心理学深受其害。

自助类读物

第三类常见的心理学读物就是所谓的自助类读物。这类读物也有许多不同种类。其中一部分书是励志类的，主要为了提升人们的自我价值感和自信心。还有一部分书则是新瓶装旧酒，把一些关于人类行为的老生常谈又重新包装了一下。只有少数的书是由负责任的心理学家为公众撰写的。然而，有些书虽出自心理学专业人士之手，却也算不上"负责任"的作品。他们为了标榜"独特性"，声称自己发明了新的心理"疗法"，不但可以治愈心理问题，而且还能满足大众的一般需要（例如赚钱、减肥和人际关系等），这类书籍常能大卖。

心理自助类读物占图书市场的比重相当大，极大地影响了公众对于心理学的印象。它使公众误解了心理学的目标和多数心理学研究所追寻的知识。虽然有相当数量的心理学家确实在为肥胖、人际关系和性问题提供治疗，并为此不断地进行研究，但这个数量远比自助类读物中所说的要少得多。于是，公众也就自然而然地认为大多数的心理学家都致力于异常行为的研究与治疗。

心理学不以提供菜谱式知识为终极目标

所谓菜谱式知识，是指那些只告诉你如何去使用某物而不介绍其基本运作原理的知识。

基础研究与应用研究

大多数人知道如何使用电话——他们知道如何拨号，如何接听——但对电话操作背后的物理原理一无所知。人们不知道电话的通话原理，但他们会使用。这就是电话的菜谱式知识。在我们的社会里，许多关于科技产品的知识都是菜谱式知识。

事实上，多数技术产品的设计初衷，本就是为了让用户不需要了解其背后的运作原理也能使用。菜谱式知识这一概念恰好可以概括基础研究和应用研究之间的区别：基础研究工作者致力寻找自然界的基本原理而不考虑原理能否为大众所理解；应用研究工作者则试图将基本原理转化成只需菜谱式知识就能使用的产品。

心理学是基础科学

大多数人会错误地认为，提供菜谱式知识就是所有心理学研究的终极目标。这可能跟大量自助类读物只提供关于人类行为的菜谱式知识有关。尽管许多心理学研究者确实致力于把基本的行为理论转化为日常生活中可以用到的知识，如实用的心理疗法、保健行动方案或者有效的工业组织模式，但心理学其实主要是一门发现行为的普遍规律和理论的基础学科。

辨伪只一招：是否经过同行评审、科学期刊发表

通常大搞伪科学的江湖术士总是避开科学出版的常规渠道，而是选择直接通过媒体公开他们的“发现”。

慧眼辨真伪

当面对真实性可疑的科学发现时，一个屡试不爽的评判方法就是，看看这些发现是否经过了同行评审，以及是否在那些得到认可的科学期刊上发表过。

那些心理救助或治疗方面的江湖术士在试图说服媒体和公众时，往往会暗示，他们被一种所谓“正统科学”的阴谋排除在科学出版渠道之外。但是，心理学领域中像这样的合法渠道绝不在少数。出版物《心理学摘要》(*Psychological Abstracts*)罗列了不少于1000种不同期刊的文章摘要，其中大部分期刊都设有同行评审。可以说，几乎所有待检验的理论和实验都能够在如此众多的出版物中找到自己的发表渠道。

任何一种理念、一个理论、一项主张或者一种疗法如果不能收录在有同行评审的学科文献中，那就值得怀疑了。尤其是当某一理念、理论或主张缺乏证据却伴随着媒体的宣传运动时，这显然是骗人的。

过滤媒体传播的错误信息

媒体对于“心理学”话题的浅薄关注，不但向公众传递了许多错误的信息，还遮蔽了心理学领域真正的、不断发展的知识。公众几乎无法判断到底哪些是心理学，哪些是江湖骗术，更不知道该如何独立地对有关人类行为的主张做出判断。此外，很多人始终觊觎着那些缺乏判断能力或者认为无法对心理学言论做出评估的公众。公众并不知道，其实关于行为的言论是可以验证的，所以很多伪心理学就利用公众的这种无知建立起自己利润丰厚的庞大产业。其实，许多伪心理学(例如占星术、超速阅读和潜意识自助录音带等)所宣称的事实，早就被证明是谬误。而这些伪心理学产业更助长了媒体的炒作式报道，这对心理学的危害远比对其他学科的危害要大。

第 61 讲 “可证伪性”是科学理论的“基本素养”

如果让某一理论成为不可证伪的，那么就违反了科学理论建构和检验要遵循的重要原则。

小心那些看起来永远正确的理论

科学理论的表述应该遵循这样的原则：从中得出的预测均有可能被证明是错误的。

可证伪性标准

如果要对某理论的新证据进行评价，就必须使这个新的数据具有证伪该理论的可能性。这项原则被称为“可证伪性标准”。有一位叫卡尔·波普尔（Karl Popper）的哲学家一直强调，可证伪性标准在科学进程中有着非常重要的作用，并且他的文章仍被现在从事科研工作的科学家们广泛阅读。

根据可证伪性标准的主张，一项理论如果有用，那么它所做出的预测就必须是明确的。即这项理论必须兼顾告诉我们哪些事情会发生，哪些事情不会发生。当不会发生的事情发生时，我们就得到了一个明确的信号：这项理论有问题——它可能需要修正，或者我们需要去寻找一个新的理论。无论哪种方式，我们最终都将会有一更接近真理的理论。如果一个理论预测了所有可能观察到的数据，也就是说它将永远不能被修正，我们就将一直被禁锢在当前的思维方式中，再无取得进步的可能。因此，一个能够用以解释所有可能结果的理论并不是成功的理论，因为这样的理论本身已经丧失了任何预测能力。

误解：那只不过是一种理论

我们常说：“哦，那只不过是一种理论。”而这句话反映了一个关于理论的常

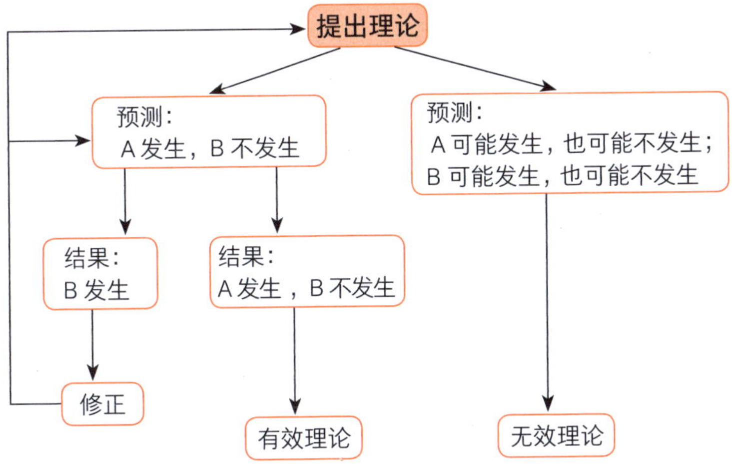

有效的理论所做出的预测必须是明确的。

见误解，我们有必要对此进行澄清。从这句话可以看出外行人使用“理论”这个词时，通常所指的是一个未经证实的假设，一个纯粹的猜想或者直觉。这意味着一个理论与其他理论之间并无优劣之分。

然而，当科学家说到“理论”的时候，他们所指的并不是未经验证的猜想，而是一组具有内在联系的概念——它们能对一组数据做出解释，同时也能对未来实验的结果做出预测。而假设是从理论中产生的具体预测，它不及理论普遍和全面。目前可行的理论是指那些产生了一些假设，且其中许多已经得到了验证的理论（其理论结构与大量的实证观察相一致）。然而，当观察数据与理论中提出的假说相矛盾时，科学家们就会修正已有的理论或者尝试构建一个能为数据提供更好解释的新理论。也就是说，目前在科学范畴内所讨论的理论，并非纯粹的猜想和直觉，它们都是在一定程度上已经被证实，且所做出的预测没有与现有的数据相矛盾的。

以进化论为例，神创论的观点通常为“进化论毕竟只是理论”。这种观点就是想利用外行人对“理论”的误解，蓄意将理论歪曲为一个猜想。然而，通过自然选择的进化理论是由一系列庞大而多样的数据支持的结论，是一个科学意义上的理论。它与从属于其他学科（地质学、物理学、化学以及生物学的各个分支）的知识紧密相联，它并不等同于其他任何猜想，也不是一个纯粹的猜测。

对科学而言，越是全能越是值得怀疑

当人们从所研究的问题里跳出来，甚至能以史为鉴时，就不难识别出那些不能证伪的概念体系。

无法看到的小精灵

我们来举个例子，假设我们发现了能够控制行为的一种大脑机制：有两个小精灵住在我们大脑左半球的语言区附近，它们控制着大脑许多区域中的电化学过程。可以说，它们基本上控制了一切事情。但是，我们却没办法看到小精灵，因为它们一旦觉察到外界的探测就会消失（它们具备隐身能力），而且它们能够发现任何对大脑的侵入（外科手术、X 光等）。

大脑里住着两个小精灵

很明显在这个例子中，我们关于小精灵的假设永远都无法被证实是错误的，即这是一个不可证伪的假设。

ESP 研究第 22 条军规

我们也许会注意到，那些心理学专家几乎从来不讲超感官知觉（ESP）和通灵学方面取得的惊人新发现。而公众对于这类信息的了解大都来自于大众媒体，而非科学界所承认的信息来源。事实上，曾经有一些科学家关注过这类发现，但却没能够重复这些发现——可重复性是将一个研究成果认定为确定的科学事实的一个重要依据。许多科学家对 ESP 研究已经失去了耐心。因为，在这一领域充斥着江湖骗术和媒体炒作。但是，真正令科学界觉醒的一个重要原因，是马丁·加德纳（Martin Gardner）所谓的“ESP 研究第 22 条军规”。

一名相信 ESP 现象存在的人——“信奉者”——声称已在实验室证明了 ESP；一名质疑 ESP 存在的人——“怀疑者”——被邀请证实这种现象。在观察实验情境之后，通常怀疑者会要求信奉者进行更多的控制；大多数情况下，善意的信奉者会同意怀疑者的要求。然而，当加入了实验控制之后，之前的现象就不再出现了。于是，怀疑者解释道，之前对这个现象的证实是因为缺乏足够的实验控制，所以那个结论不能被接受。但信奉者并不承认之前的证明是无效的，他们会搬出超感知的“第 22 条军规”坚称，心理能量是微妙且敏感的，并容易受到影响。这一“超感官能量”正是因为怀疑者的“负面感应”而瓦解的。信奉者坚持，只要怀疑者的“负面气场”被移开，这种心理能量就会回归。

对于无法在实验室中证实的对 ESP 的解释，在逻辑上与前文提到的小精灵的例子相似。ESP 的运作就像小精灵一样，只要你不侵入性地去观察它，它就在那儿；一旦你要观察它了，它就不见了。按照这种解释，这一现象就变得无法证伪了。这种现象只为信奉者现身。但这种说法在科学领域是不能被接受的。正是这种解释方式，让 ESP 被排除在了科学殿堂之外。

全能理论

全能理论永远不能被证伪，这是这种理论的死角也是其最魅惑人的地方；它会不可避免地妨碍我们对世界和人类的本质进行更深入的探索。波普尔指出：“这些（不可证伪的）理论有着巨大的心理吸引力，其秘密就在于它们能够解释一切事情。预先知道无论发生什么事情，你都能理解它，不仅给你智力上的掌控感，更让你拥有应对这个世界所需的安全感。”然而，这种对安全感的追求是以知识发展的停滞为代价，所以获得这种安全感并不是科学的目标。科学是一套不断挑战原有信念的机制，在这一机制中，原有信念会以一种能够被证伪的方式接受实证检验。

弗洛伊德已经落伍了

弗洛伊德的理论具有一个复杂的概念结构，它可以解释一切，却不做具体的预测。

地位日益下滑

波普尔一直在探寻，为何有的科学理论能够使知识进步，而有的却会导致智力停滞。爱因斯坦的广义相对论之所以能引发一系列惊人的发现（例如，当一束由遥远的恒星发出的光线经过太阳附近时，它将发生弯曲），正是因为它建构预测的基础是：许多事件或现象一经证实与之相矛盾，就可以证伪该理论。而那些使知识停滞的理论却并非如此，波普尔以弗洛伊德的精神分析理论作为例子。

精神分析理论的拥护者试图用他们的理论对人类所有的已知活动——从个人的怪癖行为到广泛的社会现象——进行解释，但与此同时，他们也剥夺了这个理论所有的科学实用性。如今，弗洛伊德的精神分析理论在当代心理学方面甚至不如其在激发文学想象方面扮演的角色更重要。事实上，它在心理学中的地位日益下滑，究其原因，其中一个正是未能满足可证伪性标准。

不可证伪性的危害

一位评论家指出："那些不正确但被广泛传播的有关心理的理念，多少会对社会造成一定的危害。由于精神分析学派的声望曾被人为地抬高，因此令社会上许多有疾病和遗传缺陷的人拒绝有效的治疗，而试图从其早期经历中寻找自己现有痛苦的根源。"

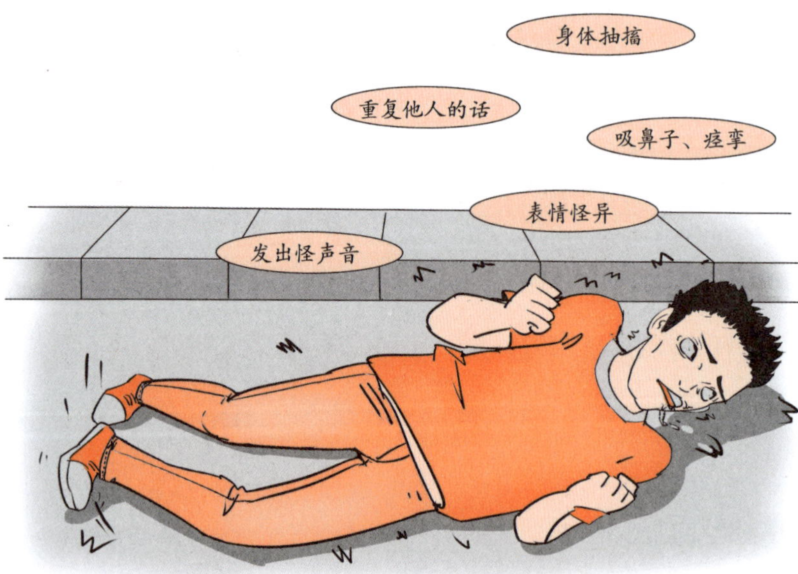

抽动秽语综合征患者

例如抽动秽语综合征——一种器质性的中枢神经系统紊乱，发病时身体抽搐和痉挛，并伴有言语症状，例如嘟囔、吠叫、无意识地重复他人的话和强迫性重复淫秽词语。尽管现在抽动秽语综合征已经成功被药物治疗所攻克，但在早期，抽动秽语综合征患者被宗教统治者视为妖魔，而近代又被认为是鬼怪附体，要被强制驱魔。此外，在1921年至1955年间，对这种病的解释及疗法受到精神分析学派概念体系的强烈影响，这在很大程度上阻碍了人们对这种病成因及治疗的科学理解。关于这种病症的不可证伪的精神分析解释所造就的概念泥潭蒙蔽了这一病症的实质，并且也阻碍了对其进一步的科学探究。

直到研究人员承认精神分析的“解释”对于治疗该病症毫无用处时，人们对抽动秽语综合征的认识和治疗才获得了进展。那些毫无用处的解释是诱人的，它们只是在事后对所有事情做出解释。并且，它们提供的解释不过是制造了理解的幻觉。

科学的本质就是“在公众面前犯错”

对于我们该如何看待一个理论的证实过程，可证伪性原则有着重要的意义。把可证伪性作为一种评价标准，就能帮助人们抵制不科学的、全能理论的诱惑。

证实的有效性

人们往往会认为，一个被多次证实的理论就一定是好的科学理论。事实上，理论被证实的次数并非最重要的因素。证实能否令人信服，主要取决于预测在何种程度上把自己暴露在可能被证伪的情境下。20个不可证伪的预测也不如一个具体且可能被证伪的预测的说服力更强。因此，我们不能只关注理论被证实的数量，更要关注验证本身的质量。

犯错不是罪过

当我们在与他人激烈争论时，或许不会意识到自己弄错了某个关键事实或论据；又或许你已经意识到哪里出了差错，但却很难做到向别人承认错误。大多数人一定会不断地寻找一些合理说法来为自己之前的错误辩解，拒绝承认失败并想使自己从争论中全身而退。

但科学家们发现，可证伪性原则有一个最具解放意义和最有用的启示，即在科学上，犯错并不是罪过。一个假设即使被证伪也并非毫无价值，它为科学家们调整理论提供了信息，使理论和数据更紧密地相一致。正如哲学家丹尼尔·丹尼特（Daniel Dennett）所说的，科学的本质就是“在公众面前犯错”。对于科学进步来说，犯错是正常的，真正的危险是一种固有倾向——避免让信仰暴露在可能被证明是错误的情境中。

在错误中逼近真相

当一个假设通过了某些实验的检验时，该理论就得到了某种程度的确证；而当一个假设被实验证伪，这个理论就得做出某种程度的改变，或被一个新理论所取代。

一个理论被证伪，不是说科学家就非得建构一个全新的理论。当科学家证伪一个理论或者用一个新理论代替旧理论时，也不意味着那些用以建立旧理论的事实全都要被扔到一边。所谓新理论，不仅要能够解释旧理论不能解释的事实，还应该能够解释所有旧理论能解释的事实。科学家并不是必须提供完美的知识，而科学的独特优势也不在于它是一个不会犯错的过程；所谓科学，就是提供一种消除错误的方式，并能不断消除我们认识中的错误。相反的，那些自称完美或绝对知识的主张和做法，往往是阻碍人们探索的罪魁祸首。自由而开放地探索知识，是科学活动的一个先决条件。

尽管在科学中无法实现绝对的肯定，但有些科学理论已经被极好地证实了，如达尔文的自然选择学说；而有些理论，已经遭到了有力的驳斥，如支持占星术的理论。还有一些理论，仍处在科学争议当中，如认知失调理论。可以说，科学理论是个确定程度不同的连续体——已经成为确定的事实和被完全地证伪就是它的两个端点。

已经确定的事实 ←——→ 被完全证伪

第 62 讲

我们严苛地审视心理学的科学性

心理学是一门主题广泛却又相对松散的学科。它包含众多研究主题，而无论是哪一个主题都使用科学方法来理解行为，从而实现了心理学学科的统一。

在理解什么是心理学之前，必须先理解什么是科学

心理学本身提供了不少从无解到可解的好例子。随着这一认识的发展，心理学逐渐集合了各种来自于各个领域关于行为的各种问题；它逐渐脱离了哲学，成为一门独立的实证科学。

什么是科学

在理解什么是心理学之前，我们必须先理解什么是科学。科学不是由内容来定义的。科学也不是按照特定实验器材的使用来定义的。研究者的白大褂、试管、电脑和电子设备，这些都定义不了科学。事实上，这些都只是科学的附属物而不是其本质特征。所谓科学，是一种通过观察和思考以便深入理解事物运行机制的方法。

科学有三个相互关联的重要特征：应用系统的实证主义、产生公共知识以及验证可解决的问题。

系统的实证主义

“实证主义”是指“基于观察的实践”。科学家是通过验证来找寻世界的规律的。通过单纯的、非结构化的观察只会与事实打交道，而不能更好地理解这个世界。科学观察是“系统性的”，是结构化的，它能够揭示自然世界潜在的本质，检验有关世界的各种不同解释的观点。根据其观察结果，能够决定哪些理论得到支持而哪些则被拒绝。

公共性的、可检验的知识

公共性的、可检验的知识，指的是经得起科学团体中任何人对其进行重复检

验、批评或拓展。科学将客观性和公开评议标准制度化的两个方法分别是：重复验证和同行评审。

重复验证：通过可重复性以实现科学公共可检验性的理念。当一项发现能够被原始调查者以外的其他人所重复，它就不再仅仅为原始研究者个人所有，而成为公共的，它能够被其他人获取、扩展、批评，甚至以他们的方式得到应用。

同行评审：同行评审指的是，所有投到期刊的文章都要经过一些科学家的评审，然后把批评意见提交给编辑（通常都是相关领域中资深的专家），编辑会对这些意见进行权衡，最终决定这篇文章可以直接发表，还是需在进一步实验研究和统计分析之后再发表，或者是由于有缺陷或价值太低而拒绝接受。然而，并非所有经过同行评审的科学期刊中的信息都绝对正确，这只是一个最低标准。

实证性的、可解决的问题

科学针对的是可解决的具体问题。也就是说，科学家们致力解决的问题都是现阶段可解的。如果某个问题在当前所掌握的经验技术条件下无解或理论不可验证，那么科学家们将不会对它展开研究。例如，“人性本善还是本恶”，这个问题不可实证，因此不属于科学领域。

科学的进步往往通过以下方式：提出理论解释某种特定现象，根据理论做出预测，实证地检验提出的假设，基于检验的结果对理论进行修正。

理论 → 预测 → 检验 → 修正

对于科学家来说，所得出的理论必须与真实世界中可观察的事件有着某种特定的关联。这就是“实证可检验”的含义。

心理学的独特性

如果说心理学是关于人类行为的科学，那就无法将它和其他学科区分开来。有太多学科或多或少都与人类行为有关，例如，经济学、法律、社会学、文学、历史、政治科学和人类学。心理学在这方面并非独树一帜。

要证明心理学是一门独立的学科，就必须提到这两点。首先，心理学研究通过科学方法来探究人类及动物的所有行为；其次，从这一知识衍生出的实际应用都具备科学基础。科学性是保证心理学作为一门独立学科的标准。

广泛而多样是心理学的特点，但不是伪科学乱入的证明

现代心理学是一门广泛而多样的科学，它包含了大量不同的内容和观点。这也使得心理学显得不那么浑然一体。

心理学的众多分支

心理学的广泛性和多样的调查方法简直令人惊叹。美国心理学基金会杰出教学奖的获得者亨利·格雷特曼（Henry Gleitman）这样描述心理学："一个松散地联合在一起的学术王国，且横跨了社会科学和生物科学两个领域。"

美国心理学会（APA）有 54 个分支机构，如下表所示，每个分支都代表了一个特定的研究或应用领域。从表中我们可以了解到心理学研究的主题、背景和方法的丰富性和多样性。同样，美国心理协会（APS）——另一个大型心理学组织，也有着众多分支。

美国心理学会（APA）的分支机构：

1	普通心理学协会（Society for General Psychology）
2	教学心理学协会（Society for the Teaching of Psychology）
3	实验心理学和认知科学协会（Society for Experimental Psychology and Cognitive Science）
4	无第 4 分支协会[1]
5	量化及量化方法协会（Quantitative and Qualitative Methods ）
6	行为神经科学和比较心理学协会（Society for Behavioral Neuroscience and Comparative Psychology）
7	发展心理学协会（Developmental Psychology ）
8	人格与社会心理学协会（Society for Personality and Social Psychology）
9	社会问题心理研究协会（Society for the Psychological Study of Social Issues (SPSSI)
10	美学、创造力和艺术心理学协会（Society for the Psychology of Aesthetics, Creativity and the Arts）

11	无第 11 分支协会[2]
12	临床心理学协会（Society of Clinical Psychology）
13	心理咨询协会（Society of Consulting Psychology）
14	工业和组织心理学协会（Society for Industrial and Organizational Psychology）
15	教育心理学协会（Educational Psychology）
16	学校心理学协会（School Psychology）
17	心理咨商协会（Society of Counseling Psychology）
18	心理学家公共服务协会（Psychologists in Public Service）
19	军事心理学协会（Society for Military Psychology）
20	成人发展与衰老协会（Adult Development and Aging）
21	应用实验和工程心理学协会（Applied Experimental and Engineering Psychology）
22	康复心理学协会（Rehabilitation Psychology）
23	消费心理学协会（Society for Consumer Psychology）
24	理论与哲学心理学协会（Society for Theoretical and Philosophical Psychology）
25	行为分析协会（Behavior Analysis）
26	心理学史协会（Society for the History of Psychology）
27	社区研究和行动协会：社区心理学分会（Society for Community Research and Action: Division of Community Psychology）
28	精神药理学和药物滥用协会（Psychopharmacology and Substance Abuse）
29	心理治疗促进协会（Society for the Advancement of Psychotherapy）
30	心理催眠协会（Society of Psychological Hypnosis）
31	国家、省和地区事务心理协会（State, Provincial, and Territorial Psychological Association Affairs）
32	人文心理学协会（Society for Humanistic Psychology）
33	智力与发育障碍 / 自闭症谱系障碍协会（Intellectual and Developmental Disabilities/Autism Spectrum Disorders）

34	环境、人口与环境保护心理学协会（Society for Environmental, Population and Conservation Psychology）
35	女性心理学协会（Society for the Psychology of Women）
36	宗教与灵性心理学协会（Society for the Psychology of Religion and Spirituality）
37	儿童和家庭政策与实践协会（Society for Child and Family Policy and Practice）
38	健康心理学协会（Society forHealth Psychology）
39	精神分析协会（Psychoanalysis）
40	临床神经心理学协会（Society for Clinical Neuropsychology）
41	美国法学心理学协会（American Psychology-Law Society）
42	心理学家独立实践协会（Psychologists in Independent Practice）
43	夫妻及家庭心理学协会（Society for Couple and Family Psychology）
44	女同性恋、男同性恋、双性恋者和跨性别者心理学研究协会（Society for the Psychological Study of Lesbian, Gay, and Bisexual, and Transgender Issues）
45	文化、种族和民族心理学研究协会（Society for the Psychological Study of Culture, Ethnicity and Race）
46	媒体心理学和技术协会（Society for Media Psychology and Technology）
47	运动心理学协会（Society for Sport, Exercise and Performance Psychology）
48	和平、冲突和暴力行为研究协会：和平心理学分会（Society for the Study of Peace, Conflict, and Violence: Peace Psychology Division）
49	团体心理治疗协会（Society of Group Psychology and Group Psychotherapy）
50	成瘾心理学协会（Society of Addiction Psychology）
51	男性心理学协会（Society for the Psychological Study of Men and Masculinity）
52	国际心理学协会（International Psychology）
53	临床儿童和青少年心理学协会（Society of Clinical Child and Adolescent Psychology）
54	儿科心理学协会（Society of Pediatric Psychology）
55	美国促进药物治疗协会（American Society for the Advancement of Pharmacotherapy）
56	创伤心理学协会（Trauma Psychology ）

1 没有第 4 分支，因为 1945 年原定为第 4 分支的心理测量协会（The Psychometric Society）拒绝加入 APA。

2 没有第 11 分支，因为 1946 年原第 11 分支：变态心理学和心理治疗协会（Abnormal Psychology and Psychotherapy）并入了第 12 分支：临床心理学协会（Society of Clinical Psychology）。

没有宏大、统一的理论

很多人希望通过学习心理学得到一套宏大的心理学理论，进而概括和解释人类行为和意识的方方面面。然而，构成心理学的并不是一整套宏大的理论，而是许许多多仅限于解释行为某一方面的不同的理论。心理学的多样性使得理论整合变得极为困难。但仍然有一些心理学家致力于寻求领域内的理论整合。对于心理学主题的统一性，无论心理学家持何立场，他们都承认，想要实现理论的整合是极为困难的。

某些缺乏理论支持的整合为心理学招来了一些批评，甚至贬低了心理学作为科学取得的进步。这类批评源于一个误区，即真正的科学必须具备一个宏大的、统一的理论。这一观点忽视了其他科学同样也缺乏一个完备、统一的概念体系的事实。例如，“化学也曾被分为无机化学、有机化学、物理化学和生物化学”，医学同样也有着众多的分支。

严重的分化现象

事实上，心理学存在着严重的分化现象，如果一所大学的心理系被撤销了，心理学系的师生也会很容易被分派到其他院系去。例如，生理心理学家可以去生物系，认知心理学家可以去认知科学的交叉学科院系，社会心理学家可以去社会学系，工业与组织心理学家可以去商学院，发展心理学家可以去教育、认知科学或人力资源系等等，临床和咨询心理学家可以去社会工作、人力资源和教育系。

像思考物理学或化学一样思考心理学

本质主义认为，只有能够从内在本质或者本质属性的角度解释现象，才算得上是好的科学理论。然而，真正的科学从不去回答本质主义者的问题，它通过对概念进行操作性定义得以进步。

科学家不是本质主义者

在科学研究中，确定某概念或术语的意义，是在与其有关的现象得到一定程度的研究之后，而不是在研究之前。一个精确的概念性术语不是关于语言用法的辩论，而是源于科学过程中固有的数据和理论间的相互作用。例如，关于“生命一词的真正含义是什么”这一问题，生物学家的回答是“没什么真正的含义，它不过是能够很好地满足我们生物学家工作需要的一种用法，而不是争论或辩驳的主题”。

本质主义

本质主义者往往在探求知识之前，过于关注概念或术语的定义。而这正好与科学家的工作方式相反。

操作主义

将概念与可观测事件相联系，使概念公开化。科学理论中的概念必须立足于可观测事件，或者与可观测事件相关联，并且这些可观测事件是可以被测量的。

结 论

操作性定义把概念从个人化的感觉和直觉中分离出来，使得概念能够被任何实施可测量操作的人检验。总之，科学家的目的不是对措辞进行分析，而是解释现象。在所有的科学学科里，接受操作主义放弃本质主义是其进步的关键所在。

直接与间接的操作性定义

概念和可观测的操作之间的联系，有直接和间接两种。几乎没有科学概念完全是通过可观测的操作来定义的。大部分科学概念的定义都采用更为间接的方式。例如，一些概念的使用不仅取决于一系列的操作，还取决于它和其他概念之间的特殊关系。心理学中还普遍存在一种被称为“潜在概念”的概念，它一般是通过它与另外一些概念间的关系来定义，而不通过可观测的操作直接定义。

A 型行为模式提供了一个间接操作性定义的例子。A 型行为模式——它与冠心病的发病率有关（本书第四章第六节介绍了相关研究）——实际上是通过一系列二级概念来定义的，这些二级概念包括：赶时间行为、达成目标的强烈驱力、强烈的竞争欲望、潜在的敌意等等。每一个用于界定 A 型行为模式特征的概念本身都是需要操作性定义的。也就是说，A 型行为模式不是被操作所直接定义的，它是一个复杂的概念。

尽管不同的概念与可观测操作的联系程度不尽相同，但所有的概念都与可观测操作之间有着不同程度的联系，其含义也正源于此。

对心理学领域操作性定义的忽视

大多数人在思考物理学或化学的时候，往往能够意识到操作主义的必要性。但当人们谈到心理学的时候，却经常忽视这一点。

预设偏见

每个人都有关于人格和人类行为的直觉理论，并以此来“解释”自己以及其他人的行为。因此人们就会产生这样的问题：为何我们必须接受一些其他的定义？正是这种看起来似乎合理的态度，成了理解人类行为科学的一大障碍，同时也是公众对心理学产生困惑的一个原因。

⇩

专业概念源于日常用语

公众之所以对心理学产生误解还有一个重要原因：心理学中的许多专业概念都是用日常用语来表达。这也是媒体在准确呈现心理学成果方面的一大障碍。

⇩

心理学不回答本质主义问题

人们在接触心理学时放弃操作主义观点的另一个原因，即他们想为这些问题找出本质主义的答案。公众要求心理学去回答本质主义问题，却不要求其他科学回答类似的问题。这就会导致人们贬低心理学领域已经取得的进步。

⇩

一些人可能会发现，没有任何科学（包括心理学在内）可以对本质主义问题做出回答。心理学不是宗教，而是一个试图对所有行为做出科学解释的广阔领域。

科学概念的演进

科学概念的定义并不是固定不变的，它会随着相关观测结果的不断丰富而发生变化。当某一概念的原始操作性定义在理论上被证明为无效时，该定义就会被抛弃，取而代之的是另外一套定义的操作。

在心理学领域，我们以智力概念的发展为例。最初，智力仅有一个严格的操作性定义，即智力是通过心理功能测验所测到的东西。后来随着实验证据的不断积累，智力被证明与学习、学业成就、神经生理学、脑损伤及其他行为和生物学变量有关。这一概念在逐渐丰富的同时又得到了提炼。而现在在定义智力概念时，会用一种更高等级的建构，通过多种更具体的信息加工操作来定义。这些假设的信息加工过程应具备更直接的操作性定义，且可以用可测量的指标来表述。

理论术语的用法并非在针对文字意义的争论中获得发展，而是在科学实践中不断演进。这是科学的操作态度与本质主义者在追求绝对定义之间的最显著的区别。

对个案影响的放大将引发高度的误导性

个案研究的作用，在很大程度上取决于科学探索在特定领域进展到了什么程度。见证叙述与个案研究相似，它们都是孤立事件。

个案研究与见证叙述的地位

个案研究在开启心理学新的研究领域方面曾经起到了关键的作用。例如，皮亚杰关于儿童思维的推测，其中一部分已经被证实，但很多还有待证实。而在当时，尽管皮亚杰的个案研究没有证实任何事情，却为发展心理学家的研究提供了广阔的领域。

当科学研究从早期阶段步入更成熟的理论检验阶段后，情况就大大不同了。个案研究在特定理论的检验中无法作为证实或证伪的证据，因此它在科学研究的后期不再有效。也就是说，作为“孤立事件”的个案研究和见证叙述都缺乏比较性信息——这种信息对于排除其他可能的解释非常必要。因此，我们不能指望引用个案研究的结果或某个见证叙述来支持某一特定理论。值得注意的是，针对某个现象的孤证具有高度的误导性。

心理学家雷·尼克尔森（Ray Nickerson）说："江湖郎中的骗术之所以能够得逞，是因为他们总能找到一些愿意为他们做见证的病人。这些病人会发自内心地告诉别人，他们自己确实从治疗中获益匪浅。"

安慰剂效应

为什么个案研究和见证证据对于理论检验来说是没有实际用处的呢？这需要引进一个新概念——安慰剂效应。安慰剂效应是指，无论疗法有效与否，人们都倾向于报告该疗法对他们有效。正是由于安慰剂效应的存在，才催生了众多关于疗效的见证叙述，这使得证明一种心理（或医学）疗法的真实效果成为"不可能的任务"。

安慰剂效应在心理治疗中很常见。不少有轻度和中度心理问题的人在接受心理治疗后表示自己的情况有所好转，然而控制研究证明：在康复比例中，有相当一部分是由于时间推移（即自然康复现象）和安慰剂效应这两个因素共同作用的结果。事实上，大多数有效的治疗都是治疗效果和安慰剂效应共同作用而产生的效果。而只要运用治疗干预，无论干预的效果如何，潜在的安慰剂效应都会显现。

鲜活的信息就像毒蘑菇，唯一的用途就是混淆视听

人们倾向于利用更容易获得且能够解决问题或做出决策的信息。而影响信息可获得性的一个重要因素，就是信息的鲜活性。因此，鲜活性影响着人们的决策。

突出个案的影响

在我们的社会生活中有这样一种现象：即使能够获得更精确的信息，人们的判断也常常会受到某个突出案例的影响。

每当评估证据的时候，鲜活性问题就成为我们都要面临的难题。在这样一个充斥着媒体影像的环境中，想要完全不受影像支配而是基于有效证据来解决问题变得越来越困难了。在 1995 年的一场奥普拉脱口秀中，人们围绕着某一次外科手术而展开讨论。一些人声称在手术过程中受到过伤害，但来自各个大学的研究

证据都表明，这种手术总体上是没有危险性的。突然，一位声称受到过伤害的女士喊道："我们就是证明，我们就是结论！"

此类证据的鲜活性掩盖了更加可靠的信息，甚至混淆视听。心理学教师指出：仅仅指出依赖见证证据的逻辑谬误，还不足以让人们从更深的层次来理解这类数据的缺陷。

巴纳姆效应

曾经有一位叫兰迪的魔术师在一个广播节目中以"星象学家"的身份，声称通过听众的笔迹样本和出生日期就能"解读"他们的性格特点。并且，节目中被选中的三位听众一致认为兰迪对他们的性格分析非常准确。在节目最后，兰迪向所有听众解释，他不过是读出了一位占星师在某个电视节目中给三位观众做出的"分析"而已。

事实上，兰迪的占星术小把戏是一种叫作"巴纳姆效应"现象的典型范例。这一效应曾被心理学家广泛地研究。通过研究，心理学家们发现，人们总会认为

每一分钟都有人上当受骗

肖曼·巴纳姆是一位著名的马戏演员，他曾经在评价自己的表演时说：他的节目之所以这么受欢迎是因为每个人喜欢的部分都包含在他的节目中，也就是说，他使得"每一分钟都有人上当受骗"。人们往往会把那些笼统的、一般性的人格描述认为是对自己的准确描述，这种心理现象被称为"巴纳姆效应"。

泛化的个性总结都是准确的，而且都是对自己独特的描述。巴纳姆效应证明了产生见证是非常容易的，也证明了见证其实是毫无价值的。

每一条描述都符合自己

曾经有心理学家用一段笼统的、几乎适用于任何人的心理分析让被试判断是否适合自己，结果，绝大多数人都认为这段分析描述得跟自己完全一样，并且几乎没有人意识到其他人也同样认为这段分析描述的就是他们自己。下面一段话就是心理学家使用的材料，你觉得是否也适合你呢？

你是一个非常体贴的人，总是及时地帮助别人。但是也有一些时候，你会发现你有一点点自私……有时候你太忠于自己的感受以至于会暴露过多的自己。你善于思考，并且对任何事情，在改变想法之前都希望看到证据。如果你处在一个陌生的环境，你会非常小心，直到你看清楚发生了什么事情，然后才会充满信心地行动……你知道怎样做一个好朋友，你懂得训练自己，所以在别人看来你都在掌控之中，但其实有些时候你是缺乏安全感的。你希望在人际关系中比现在更受欢迎，更加自如。你面对世界表现得很有智慧，这种智慧来源于艰难的体验而非书本学习。

相关性≠因果关系

有相关，并不意味着必然有因果关系。往往阻止我们做出因果推论所面临的两大问题，是第三变量问题和方向性问题。

第三变量与虚假相关

两个变量之间的相关并不能代表这两个变量之间有直接的因果关系；而相关的产生则是因为这两个变量同时与第三变量相关，但这个变量没有被测量。相关的产生不是由于两个变量之间存在一个可测量的直接因果联系，而是由于这两个变量都与第三变量相关。这样的相关被称为“虚假相关”。

人们一直针对公立学校和私立学校教学质量问题争论不休。那些认为私立学校更具优越性的人，总是搬出私立学校的学生成绩要好过公立学校的事实。但考试成绩是许多不同变量的函数，为了更好地对公立学校和私立学校进行评估，我们不仅要考虑学校类型和学业成就之间的相关，还需要进行更为复杂的统计（例如多元回归、偏相关、路径分析等）。

学业成就和家庭背景中许多不同指标都有关系（父母的受教育程度、家中藏书的数量、父母的职业和社会经济地位等）。这些指标都与是否把孩子送到私立学校有关系。因此，家庭背景其实是一个潜在的第三变量，它可能会对学业成就和学校类型之间的关系造成影响。也就是说，学业成就可能和学校质量没有任何关系，而取决于家庭背景：家境好的孩子学习更好，更有可能进入私立学校。

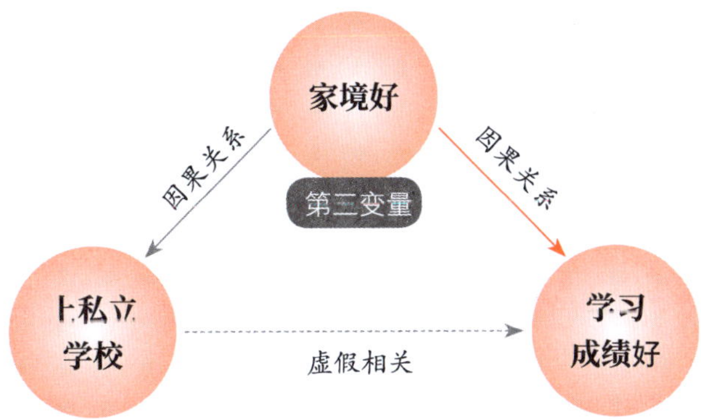

杜克大学的艾利斯·佩奇（Ellis Page）和蒂莫西·凯斯（Timothy Keith）通过统计数据并进行分析，发现把反映学生家庭背景与一般智力能力的变量排除以后，学业成就几乎和学校类型之间没有任何关系。

选择性偏差

在某些情境下，很容易出现虚假相关。正因如此，选择性偏差也非常容易出现。“选择性偏差”指的是特定主体和环境变量之间的关系。选择性偏差会造成环境特征与行为—生物特征之间的虚假相关。

研究数据有时会显示，接受了心理治疗的人在各种成瘾症（如肥胖、吸毒、吸烟）的治愈率方面，可能会低于那些没有接受过心理治疗的人。这并不是因为心理疗法使得成瘾的行为更加难以改变，而是那些寻求心理治疗的人的成瘾问题会更为复杂和棘手，而且很少能够自愈。

因此，我们需要提防选择性偏差的发生。当只有相关时，应避免因果推论。复杂的相关数据里确实存在着有限的因果关系，但相关的证据有助于证明假设的聚合效度（指用不同的测量方法测定同一特征时测量结果的相似度）。对于心理学知识的消费者来说，宁可站在怀疑的立场，也不要被那些受到错误暗示的因果关系的相关所蒙蔽。

方向性问题

对于心理学主题的探讨，普遍存在仅根据相关就得出结论的做法。随着心理学知识对解决社会现实问题愈发重要，这种倾向所造成的损失也与日俱增。自百年前关于阅读的科学研究开始以来，人们已经知道，眼动模式和阅读能力之间存在着相关：阅读能力差的人，其眼动轨迹是不规则的（从左向右运动），阅读时在每一行上会停顿更长时间。基于这种相关，有的教育工作者即提出假设：眼球运动技能的缺失是造成阅读问题的原因。因此，许多“眼球运动训练计划”在小学生中展开和实施。

然而，现在我们已经明确，不规则的眼动并不会导致阅读障碍，反而是缓慢的单词识别及理解困难导致了不规则的眼动。如果儿童能够有效地识别单词和更好地理解文字，那么他们的眼动轨迹就会变得平顺。因此，训练儿童的眼球运动与提高其阅读能力是没有关系的。

科学思维：比较、控制与操纵

科学思维最重要的特点是：科学思维所基于的理念是比较、控制和操纵。科学家可以通过比较，排除许多先前被当作既定答案的理论；他们操纵被认为是诱因的变量，同时保持其他所有相关变量不变，然后观察是否会有不同的结果。

随机分配

一个好的实验设计应该是这样：科学家能够操纵他感兴趣的变量，同时对其他可能影响实验的无关变量进行控制。被操纵的变量称为自变量，而随着自变量的变化而变化的称为因变量。

科学家往往倾向于直接操纵他们感兴趣的变量。当操纵变量与随机分配结合时，科学家就能够排除那些可归因为被试本身特征的解释了。随机分配是一种将被试分配到控制组和实验组的方法（在随机分配中，被试的分配不是由某个人的选择决定，是由不带偏见的随机方法实施的），保证每个被试都有同样的概率被分到其中一个组。

使用随机分配能有效避免分组方式导致的系统误差。两组被试在所有变量上均得到匹配，而即使存在一定程度的不匹配，也可以通过随机分配来消除实验组或控制组之间的偏差。

控制组

科学研究中常常出现因缺乏真实验（采用科学思维的实验）的完全控制而得出错误结论的例子。

罗斯（Rose）和尼斯贝特（Nisbett）指出："在没有使用较为正式的实验程序的情况下获得的积极效果，不是'安慰剂效应'的产物，就是由于没有使用随机分配而产生的偏差。"在得出科学结论之前必须获得"比较信息"，而这种思维倾向并不是与生俱来的，因此所有科学研究都要经过训练：包括强调控制组的重要性的研究方法课程。

特殊条件

世界上发生的任何事情一般都与许多因素有关联。为了对众多同时发生的事件造成的因果影响分别进行考察，我们就需要创设一些特殊条件——通常情况下不会出现的条件。科学实验能够把世界上原有的相关分割开，以此使单一变量的影响显现出来。

心理学家采取的也是同样的方法，即通过操纵和控制分离变量。例如，认知心理学家对促进或阻碍文字识别的因素进行了研究。他们发现较长的单词比较短的单词更难识别。最初，我们会简单地考虑测量单词长度的影响。然而，通常较长的单词使用频率可能也较低，而使用频率也会影响识别。长单词与短单词之间的任何差别都可能是由于单词长度、使用频率或者两个因素共同作用而造成的。为了明确单词的长度到底能否独立地对单词的识别造成影响，就需要研究者创造一些特殊的单词——它们的长度与使用频率不是同时变化的。

促进或阻碍文字识别的因素研究

发现一：长单词比短单词更难识别。⇨ 测量单词长度的影响：设置一长一短两组单词，然后测量两组读者识别速度的差异。⇨ 发现二：长单词使用频率比短单词低。⇨ 创造特殊条件：长度与使用频率不是同时变化。

心理学上的很多经典实验都需要将现实世界的自然关系分开考察，通过这样一种逻辑，就能看出哪个变量是决定因素。心理学家哈利·哈洛（Harry Harlow）在其著名的“代理母猴”实验中，创设了一种条件：他让刚出生的幼猴只能在“人造的”母亲之间选择（在这种条件下只有一个变量与依恋有关）。

要防止受到错误观念的侵袭，我们就必须创设特殊条件来验证是否存在真正的因果关系。对于科学家来说，用创设特殊条件的方法验证某种现象的假设是十分必要的。

第 63 讲
经典心理学测验

最初设计这项测验是给儿童用的，后来被心理学家扩展到了成人。参与测验的被试可以用这些木片摆出任何模型或者自己喜欢的图像。最终对结果的分析与被试在测验中的行为表现（如焦虑、自在、坚决、随意、考虑

神奇的木片——洛温菲尔德拼镶测验

这项测验于1929年首先由英国儿童心理学家玛格丽特·洛温菲尔德（Margaret Lowenfeld）引入，今天仍在使用。测验需要用到465块不同颜色、不同形状的木片，包括正方形、平行四边形和三种三角形（直角三角形、锐角三角形、钝角三角形）。

最初设计这项测验是给儿童用的，后来被心理学家扩展到了成人。参与测验的被试可以用这些木片摆出任何模型或者自己喜欢的图像。最终对结果的分析与被试在测验中的行为表现（如焦虑、自在、坚决、随意、考虑周到还是粗心大意等）和摆出的模型（无论是指定的还是随意的、指示性的还是抽象的）有关。

精神病诊断——明尼苏达多项人格测验（MMPI）

明尼苏达多项人格测验（Minnesota Multiphasic Personality Inventory，简称MMPI）是由明尼苏达大学教授哈瑟韦（S. R. Hathaway）和麦金力（J. C. Mckinley）于20世纪40年代制定的，是一项应用极广、颇具权威的人格测验。

这项测验的制定方法是分别对正常人和精神病人进行预测，因此该测验最常用于鉴别精神疾病。MMPI测验共566题，实际为550题，其中16题为重复题。如果只为了精神病诊断可做前399题。被试根据自己的实际情况在每道题下选答“是”或“否”，得分60以上为异常（中国标准），即视为可能有病理性异常表现或某种心理偏离现象。测验时间一般为45～60分钟，长的可超过2小时。特殊被试也可分几次完成，可给被试读题目。尽管MMPI测验最初是根据精神病学临床实践而编制的，但是它并不只是应用于精神科临床和研究工作，也广泛应用于其他医学学科以及人类行为的研究、司法审判、犯罪调查、教育和职业选择等领域。

你更喜欢哪一个——艺术倾向测验

由于所处年代和文化的不同，人们对艺术价值的体验也存在巨大差别。玛格丽特·麦克多利（Margaret McAdory）于1933年设计了一项测验，主要是为了评估美学敏感性或作为可测量的心理倾向的艺术品位，即艺术倾向。通常会给出一组设计，邀请被试回答哪一个是最好的设计。被试的任何一种判断既有主观性，也受文化决定。

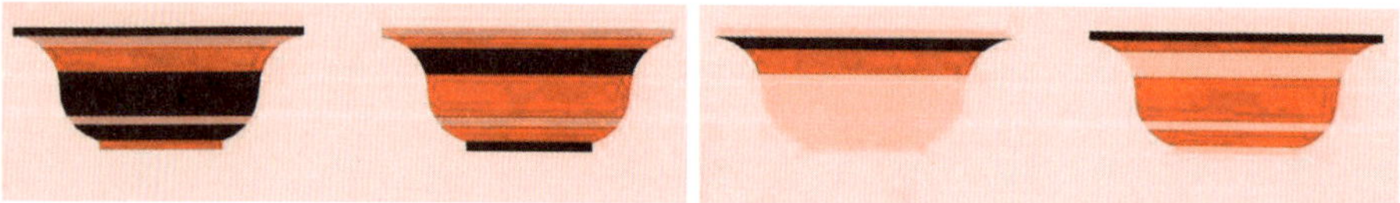

1　2　3　4

你更喜欢哪一个呢？

非语言智力测试——瑞文标准推理测验

瑞文标准推理测验（Raven's Standard Progressive Matrices，简称 SPM）是一项非语言智力测验，由英国心理学家瑞文（J. C. Raven）于 1936 年研发，用以测验一个人的观察力及清晰思维的能力。它是一种纯粹的非文字智力测验，因此被认为是“文化公正的”，是没有文化偏见的。

测验属于渐进性矩阵图，一共有 60 张图，由 5 个单元的渐进矩阵图组成，每个单元在智慧活动的要求上各不相同。总的来说，矩阵的结构越来越复杂，从一个层次向多个层次演变；要求的思维操作也是从直接观察到间接抽象推理的渐进过程。

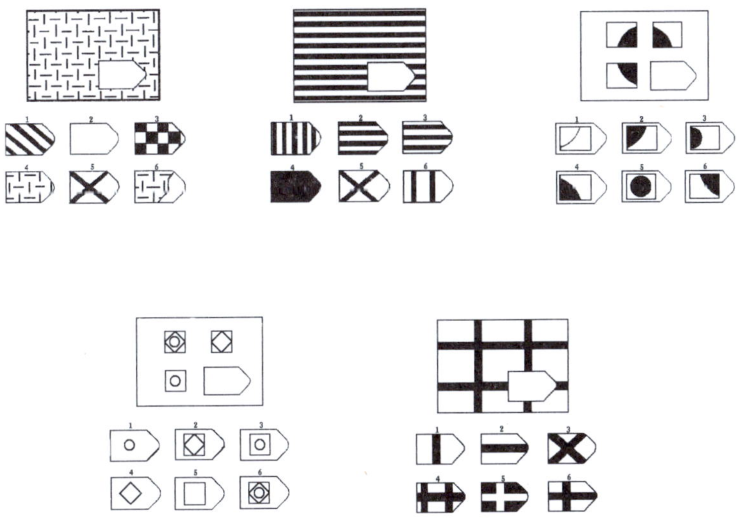

以上每个题目都有一定的主题，但是每张大的主题图中都缺少一部分，主题图以下有 6~8 张小图片，用以填补主题图的缺失部分，可以使整个图案合理与完整。请从每题下面所给出的小图片中找出适合大图案的一张。

第 64 讲 想法总在无意识中表露

我们的想法总是在无意中表露，无论是随机的污渍、墨迹，还是一幅画，都能反映出你的情绪或者真实的想法，甚至看出你的人格。

一团污渍也能看穿人心——墨迹测验

艺术家们早已意识到任意的污渍、墨迹、符号等能够为一些想象性的图画实验提供基础。著名的法国作家维克多·雨果，也是一位原创画师，他对墨迹十分着迷，并将墨迹视为神秘的标记。这让杰出的瑞士心理学家赫尔曼·罗夏（Herman Rorschach）认识到，一套系统性对称的墨迹也许能形成一个富有启发性的投射实验的基础。

罗夏认为，一个人把墨迹看成是什么东西，在很大程度上能揭示他真实的内心世界即罗夏所谓的“对随机图形的解释”。于是，罗夏构建了“图形解释测验”，也被称为“墨迹测验”。罗夏称这是一个知觉测验，涉及感觉、记忆、意识和无意识的过程。此外，罗夏还提出，在被试对墨迹做出的回答中，对图形内容的解释是最不重要的。

讲个故事就暴露了你的想法——主题统觉测验（TAT）

主题统觉测验（Thematic Apperception Test），简称“TAT”，是另一种著名的投射测验，由亨利·默瑞（Henry A. Murray）和他的助手克里斯蒂安娜·摩尔根（Christiana D Morgan）在哈佛心理诊所编制（“统觉”的意思是有意识的知觉）。与罗夏墨迹测验不同的是，这项测验把注意的焦点全部集中在被试解释的内容上。

当人们对一个含义模糊的社会情境进行解释时，就很容易暴露出他们的内心状态。他们专注于解释那个客观的现象，而没有意识到自己，变得毫无戒备。主题统觉测验就是为了诱导出被试者的生活经验、情感、个性倾向等心声。

该测验要求被试（或当事人）看图讲故事，然后研究者（或治疗师）对故事的内容进行分析，从而揭示隐藏在被试无意识中的冲突。主题统觉测验中使用的图像都是很模糊的，充满暗示，所以在想象解释时更加开放。

不想说的都画出来——“房—树—人”测验

“房—树—人”测验开始于约翰·巴克（John Buck）的“画树测验”。巴克于1948年发明此方法，被试只需在三张白纸上分别画出房子、树和人即可。这项测验也属于心理投射法测验。测验者在开始测验时，对所描绘的房屋、树木、人物等并不知道具有何种意义。他们在测验中，会把以前经常见到的，在梦中所梦见的事物的形象在纸上描绘出来。

在临床中，通常有两种分析类型。第一种是主体内在性，即这幅画揭示了参与测验者的什么；第二种是对比，比较多个测验者所作的一系列绘画中重复出现的特质。

虚构的世界里充满着暗示——故事测验

这类测验在许多诊疗医生那里很流行，其目的与主题统觉测验（TAT）的目的类似。这项测验需要用到的是一个可选择发展可能性的虚构故事。

你是图中哪个小人儿的状态——感觉测验

这项测验能够预测参与测验者当前的自我意识或自尊状况。测验过程中，心理咨询师或治疗师会提供一张图片让被试识别，图中会展现多种多样的情绪态度，通过观察分析被试在测验中表现的态度可做出相应的预测。这项测验目前依然被广泛应用。

你是图中哪个人的状态？

1. 脆弱
2. 兴奋
3. 不安全感
4. 快乐
5. 旁观者
6. 沉思
7. 冒险者
8. 沮丧
9. 融合
10. 融合
11. 淘气
12. 失望
13. 排斥
14. 特立独行
15. 活泼
16. 追随者
17. 不知所措
18. 逃避现实
19. 愤怒
20. 受害者

在画中看出了你的人格——画图测验

完成画图测验 1

这项测验的目的是揭示人格特点，由精神病学家艾瑞格·沃特戈（Ehrig Wartegg）于 1943 年设计。

图表给出了六个部分，请分别在每一个部分画一幅画。其中第二个部分是空白区，其余五个部分已经包含了一些线条和形状。

完成画图测验 2

与前一项测验一样，请在右侧图表的每一部分中画一幅画，六个部分的线条和形象都已经给出。

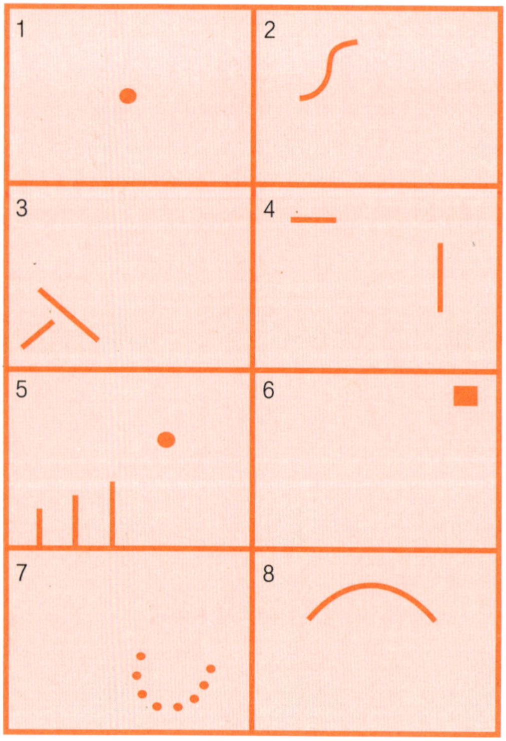

完成画图测验 3

与前一项测验一样，请在左侧图表的每一部分中画一幅画，六个部分的线条和形象都已经给出。

抽象画测验

当我们看一幅画时，也许会有一种时空感，甚至还会发现，画中的一些东西跟我们所了解的一些东西有相似之处，例如我们会把波浪线看作水波等。我们在无意识中制造了联系和回忆。在人类文化中，抽象和象征性的图像表达了人们心里存在和内在感受的方面。

心理学家早已承认，抽象的图像引发的联系或许会揭示人的某种无意识冲动、情感抑制或者心理倾向。这些抽象图像或许会给我们的大脑带来某些暗示（幻想中的人物或对象），从而引发我们对一些如同梦境的叙述的思考，或是对某些场景及其解释进行的思考。

这项测验的答案是开放式的，这在一定程度上解释了为什么在抽象艺术广泛流行的年代，心理学家们如此强调个人性格及其表达。

看看下面的抽象画，你想到了什么？

保罗·克利《通往帕纳斯山》，1932 年

康定斯基《几个圆圈》，1926 年

附录 APPENDIX

心理学名人录

姓名	生卒年	心理学理论及成就
[罗马] 克劳迪亚斯·盖伦（Claudius Galen） 医生、哲学家	约 129—约 201	他把古希腊的体液说扩展到人格类型中，并据此提出了四种气质学说，这种分类方式在心理学中一直沿用至今。
[法] 勒内·笛卡儿（Rene Descartes） 哲学家、数学家、物理学家	1596—1650	他是第一个详细描述心灵与肉体之间关系的人，他强调心灵与肉体的分离性，并提出，大脑中的松果体是“思维之所在”。
[德] 约翰·弗里德里希·赫尔巴特（Johann Friedrich Herbart） 哲学家、心理学家 教育科学之父	1776—1841	他认为意识中包括多个彼此相关的观念，新观念进入意识必先经过意识阈，之后进入众多观念的组合体，成为其中一部分，他称这种对新观念理解的过程为统觉，众多观念的组合体为统觉团。
[德] 威廉·冯特（Wilhelm Wundt） 生理学家、哲学家、实验心理学之父	1832—1920	他创立了世界上第一个心理学实验室，注重研究意识经验的内容、结构、要素及其组合规律。他在研究中创立了内省法。
[美] 威廉·詹姆斯（William James） 美国机能主义心理学派创始人之一	1842—1910	他提出了著名的“意识流”理论。他的著作《心理学原理》不仅总结了实验心理学在当时已取得的主要研究成果，更重要的是它开创了美国机能主义心理学的新方向。
[美] 斯坦利·霍尔（Granville Stanley Hall） 心理学家、教育家	1844—1924	他开创了发展心理学研究，他的研究不再采用实验法，而采取观察法和调查法搜集资料，而且研究范围包括儿童、青年、老年，为今天的发展心理学以生命全程发展为研究取向奠定了基础。
[俄] 伊凡·彼德罗维奇·巴甫洛夫（Ivan Petrovich Pavlov） 生理学家、心理学家	1849—1936	他是高级神经活动生理学的奠基人，也是条件反射理论的建构者。他在研究狗的唾液反应的实验中，发现了“经典条件反射”。
[德] 赫尔曼·艾宾浩斯（Hermann Ebbinghaus） 实验心理学家	1850—1909	他是第一位系统研究学习和记忆的心理学家，他论证了学习和记忆可以通过试验的方法来研究。通过研究，他提出了著名的“艾宾浩斯遗忘曲线”。

姓名	生卒年	心理学理论及成就
[奥地利]西格蒙德·弗洛伊德(Sigmund Freud) 精神分析学派创始人	1856—1939	他提出的精神分析法激发了后人提出各式各样的精神病理学理论，在临床心理学的发展史上具有重要意义。他还提出“潜意识”“自我”“本我”“超我”“俄狄浦斯情结”“力比多”“心理防御机制”等概念。
[法]阿尔弗雷德·比奈(Alfred Bine) 实验心理学家、智力测验的创始人	1857—1911	他的主要研究兴趣在智力和学习上，1905年他和西蒙编制了比奈-西蒙量表，用于诊断儿童的智力。他著有《智力的实验研究》(1903年)、《心灵与脑》(1905年)和《测量智力发展的方法》(1911年)等。
[法]皮埃尔·让内(Pierre Janet) 心理学家、精神病学家	1859—1947	他把神经症划分为癔症和精神衰弱。他认为癔症是心理失调而非生理性失调，主张用催眠术治疗。在对催眠研究的基础上，他提出分离理论。
[英]爱德华·铁钦纳(Edward Bradford Titchener) 实验心理学代表人物之一	1867—1927	他继承和发展了冯特的实验心理学，是结构主义创始人，撰写了许多心理学方面的经典教材，如《心理学大纲》(1896年)、《实验心理学》(1901—1905)、《心理学教科书》(1910年)等。
[奥地利]阿尔弗雷德·阿德勒(Alfred Adler) 医学博士、个体心理学派创始人	1870—1937	他认为人们很容易活在自卑情结与虚幻的心理境况下。他在《神经症的性格》(1912年)中详细阐述了他所主张的个体行为在社会中的效用。此外，他还著有《个体心理学的理论与实践》(1927年)和《理解人的本性》(1927年)等。
[美]爱德华·李·桑代克(Edward Lee Thorndike) 行为主义心理学派代表人物之一	1874—1949	他是动物心理学的开创者，通过对动物的研究，他提出了联结主义理论[刺激(S)-反应(R)公式]和效果律等一系列学习定律。
[瑞士]卡尔·古斯塔夫·荣格(Carl Gustav Jung) 精神分析学派代表人物之一	1875—1961	他创立了荣格人格分析心理学理论，提出“情结”“原型”等概念，主张把人格分为意识、个人无意识和集体无意识三层。
[美]约翰·B. 华生(John Broadus Watson) 行为主义心理学派的创始人	1878—1958	他认为心理学研究的对象不是意识而是行为，主张研究行为与环境之间的关系，心理学的研究方法必须抛弃内省法，而代之以自然科学常用的实验法和观察法。
[德]马克斯·韦德海默(Max Wertheimer) 格式塔心理学派创始人之一	1880—1943	他创立了格式塔心理学，主张从直观上把握心理现象，并把整体结构的动态属性看作是心理学的本质，认为应从整体到部分地理解心理现象。

姓名	生卒年	心理学理论及成就
[瑞士] 赫尔曼 · 罗夏 (Herman Rorschach) 精神科医生、精神病学家	1884—1922	他是罗夏墨迹测验的创始人。墨迹测验是最著名的投射法人格测验，即用无意义的墨迹解释个体的情绪、性格和思维障碍。
[美] 克拉克 · 赫尔 (Clark Hull) 新行为主义心理学派代表人物之一、逻辑行为主义创始人	1884—1952	他的早期研究主要集中在心理测验和催眠上。他提出了著名的假设—演绎系统和内驱力学习理论。他著有《能力倾向测验》(1929 年)、《催眠与暗示感受性》(1933 年)、《行为原理》(1943 年) 等。
[美] 爱德华 · 托尔曼 (Edward Chase Tolman) 新行为主义心理学派代表人物之一	1886—1959	他整合当时众多心理学理论，推动了行为主义学派的发展，促进了当代认知心理学的产生。他还提出了潜在学习和认知地图理论。
[美] 埃德温 · 波林 (Edwin Garrigues Boring) 实验心理学家、心理学史家	1886—1968	他是实验心理学领域的重要人物，专门研究人的感觉和知觉体系。他对老妇、少女两可图的解释使类似的图被称为波林图。
[英] 弗雷德里克 · 巴特利特 (Frederic Charles Bartlett) 心理学家	1886—1969	他认为记忆不只是再现，而是反复推敲的构造。他强调记忆过程的主动作用，突出了心理作用的整体性。他认为思维既有节奏性 (有飞跃、有停顿)，又有连续的指向性。
[美] 沃夫甘 · 克勒 (Wolfgang Khler) 格式塔心理学派的代表人物之一	1887—1967	在 1917 年出版的《人猿的智慧》一书中，他描述了关于动物解决问题的实验，提出了顿悟的学习理论。在知觉方面，他提出图形知觉的规律，有力地支持了格式塔的知觉理论。
[美] 夏洛特 · 布勒 (Charlotte Malachowski Bühler) 心理学家	1893—1974	她开始的研究重心主要是儿童的人格和认知发展，后来拓展到了人类一生的发展。她发现成人的情绪与其幼儿时期的经历之间存在联系。她设计的“世界测验”揭示了儿童的内在情绪世界。
[瑞士] 让 · 皮亚杰 (Jean Piaget) 认知心理学家	1896—1980	他提出儿童的心智和成人有着根本的区别。他的理论阐述了儿童智慧由外部动作向内部抽象推理的发展过程。他把儿童的认知发展分成四个阶段：感觉运动阶段、前运算阶段、具体运算阶段、形式运算阶段。
[美] 大卫 · 韦克斯勒 (David Wechsler) 医学心理学家	1896—1981	他是继比奈之后对智力测验研究贡献最大的人，他所编的多种智力量表 (如韦氏成人智力量表)，是当今世界最具权威的智力测验。他认为智力不仅在于理性思考的能力，还在于个体有目标的行动能力以及有效处理环境的能力。

姓名	生卒年	心理学理论及成就
[美] 戈登 · 奥尔波特 (Gordon W. Allport) 现代个性心理学创始人之一、特质理论的始创者	1897—1967	他和他的兄弟一起提出了人格的词汇学假设。他还提出了人格特质理论，界定了三种不同类型的人格特质：首要特质、一般特质和次要特质。他的著作主要有：《人格：心理学的解释》(1937 年)、《偏见的本质》(1954 年)、《人格的类型及发展》(1961 年) 等。
[美] 吉尔福特 (J. P. Guilford) 心理学家	1897—1987	他主要从事心理测量方法、人格和智力等方面的研究。他否认普遍因素 G 的存在，并提出了智力三维结构模型理论，认为智力结构应从操作、内容、产物三个维度去考虑。
[美] 南希 · 贝利 (Nancy Bailey) 发展心理学家	1899—1994	她曾通过分析儿童汗腺中的水分含量测量儿童的恐惧水平。她的《贝利智力和运动发育量表》(1969 年) 是测量 1~42 个月的婴儿智力和身体发育状况的世界级标准。
[美] 埃里克 · 弗洛姆 (Erich Fromm) 人本主义哲学家、精神分析心理学家	1900—1980	他毕生致力于修正弗洛伊德的精神分析学说，以切合西方人在两次世界大战后的精神处境。他试图调和弗洛伊德的精神分析学跟人本主义的学说，被尊为"精神分析社会学"的奠基者之一。
[美] 米尔顿 · 艾瑞克森 (Milton Hyland Erickson) 现代催眠之父	1901—1980	他是催眠领域的权威。他因诱发催眠的"艾瑞克森握手"而闻名。他的成就对家庭治疗、焦点解决疗法、系统疗法以及一些短期疗法 (包括神经语言程式学，NLP) 的发展有着重要的影响。
[法] 雅克 · 拉康 (Jacques Lacan) 哲学家、医生、精神分析学家	1901—1981	他不满美国式的精神分析学派的理论，要求回到弗洛伊德的观点。他提出了镜像阶段的理论，从这一理论又引出了关于人格的想象、象征和现实三个层次的学说。
(苏联) 亚历山大 · 鲁利亚 (Alexander Romanovich Luria) 心理学家、内科医生、神经心理学的创始人	1902—1977	他主要研究人类的反应和思维过程，并且发明了"协同动力法"和有史以来第一台测谎机。他具备生理和心理双重背景，在脑损伤、记忆力减退、认知、失语症等领域都取得了突破性的研究成果。
[美] 卡尔 · 罗杰斯 (Carl Ranson Rogers) 人本主义心理学派主要代表人物之一	1902—1987	他创立了一种人本主义心理治疗体系。他认为每个人生来就具有自我实现的趋向，当由社会价值观念内化而成的价值观与原来的自我有冲突时，便会引起焦虑。
[美] 爱利克 · 埃里克森 (Erik H.Erikson) 神经病学家、发展心理学家、精神分析学家	1902—1994	他提出了人格的社会心理发展理论，把心理的发展划分为八个阶段。他指出每一阶段的特殊社会心理任务，并认为每一阶段都有一个特殊矛盾，矛盾的顺利解决是人格健康发展的前提。

姓名	生卒年	心理学理论及成就
[美]伯尔赫斯·弗雷德里克·斯金纳(Burrhus Frederic Skinner) 新行为主义心理学派代表人物之一	1904—1990	他是新行为主义学习理论的创始人，他发明了斯金纳箱，并利用老鼠进行实验，从而提出了著名的操作性条件反射理论、强化理论等。
[美]欧内斯特·希尔加德(Ernest Ropiequet Hilgard) 心理学家	1904—2001	他早期研究动物和人的条件反射，后来研究人的动机作用和无意识过程，晚年主要从事美国心理学史的研究。他与安德烈·穆勒·维特森霍夫一起开发了《斯坦福催眠感受性量表》(1959年)。
[美]哈利·哈洛(Harry F. Harlow) 心理学家	1905—1981	他早期研究灵长类动物的问题解决和辨别反应学习，后来用学习定势的训练方法比较灵长类和其他动物的智力水平。他设计了著名的恒河猴实验(代理母猴实验)，发现了接触安慰的重要性。
[美]雷蒙德·卡特尔(Raymond Bernard Cattell) 心理学家	1905—1998	他一直把因素分析的统计方法应用于人格心理学的研究。他编制了著名的《卡特尔十六种人格因素量表》。他的另一个贡献是1963年提出的流体和晶体智力理论。
[美]穆扎费尔·谢里夫(Muzafer Sherif) 社会心理学家	1906—1988	他成功地将实验室实验和实地实验结合到一起。1954年，他和妻子进行了著名的“罗伯斯山洞实验”，他的研究后来衍生出现实冲突理论。他还和卡尔·霍夫兰共同发展出了社会判断理论。
[英]约翰·鲍尔比(John Bowlby) 精神分析师、心理学家	1907—1990	他提出了依恋理论。1951年，他进行了母爱剥夺实验，发现儿童在早期被长时间剥夺母爱，之后的智力、社交和情绪等方面都会受到一定程度的不良影响。
[美]所罗门·阿希(Solomon E. Asch) 社会心理学家	1907—1996	他的研究工作主要集中于特质的因素分析、测验编制以及文化因素和团体差异对测验分数的影响等方面。为了研究从众行为，他设计了著名的阿希从众实验(线段实验)。
[美]亚伯拉罕·马斯洛(Abraham Maslow) 社会心理学家	1908—1970	他开创了融合精神分析心理学和行为主义心理学的人本主义心理学。他提出了人本主义心理学和马斯洛需要层次理论。
[美]尼尔·米勒(Neal Elgar Miller) 心理学家	1909—2002	他重点研究个体能够学会控制他们自身内部环境的各种条件，并热衷于生物反馈方面的开拓性研究。他是生物反馈研究的先驱，并因此闻名。

姓名	生卒年	心理学理论及成就
[美] 埃里克 · 伯恩（Eric Berne） 精神病学家和精神分析学家	1910—1970	他提出了沟通分析理论，该理论将语言交流作为心理治疗的首要任务。他在著作《人间游戏》（1964 年）一书中指出，个体之间的“游戏”或行为方式可以揭示个体隐藏的感受或情绪。
[美] 罗杰 · 斯佩里（Roger W.Sperry） 心理生物学家	1913—1994	他提出了割裂脑理论（左右脑有着独立的特化作用），并且成功完成了割裂脑实验（切断连接左右大脑的胼胝体），这为治疗癫痫带来了新的突破。
[美] 玛丽 · 安斯沃斯（Mary Ainsworth） 心理学家	1913—1999	她主要从事早期情感依恋方面的研究。她采用陌生情境测验，界定了母婴之间三种不同类型的依恋关系：安全型依恋、焦虑 - 回避型依恋和焦虑 - 抵抗型依恋。
[美] 阿尔伯特 · 艾利斯（Albert Ellis） 临床心理学家	1913—2007	他于 1955 年提出了理性情绪行为疗法（REBT），他强调认知、行为、情绪的关联性，并认为治疗的过程和所使用的技术都包含认知、行为和情绪三方面。
[美] 维吉尼亚 · 萨提亚（Virginia Satir） 心理治疗师、家庭治疗师	1916—1988	她在家庭沟通方面的理念和方法，备受专业人士的尊崇与重视。她提出家庭成员通常扮演着 5 种角色：讨好型、指责型、电脑型（超理智型）、打岔型、表里一致型。
[英] 汉斯 · 艾森克（Hans J. Eysenck） 心理学家	1916—1997	他主要从事人格、智力、行为遗传学和行为理论等方面的研究。在人格问题研究中，他提出了神经质、内倾性 - 外倾性以及精神质三维特征的理论。
[美] 大卫 · 麦克利兰（David C. McClelland） 社会心理学家	1917—1998	他对社会动机问题很感兴趣，发展了期望学说。他是当代研究动机的权威心理学家。他提出了著名的三种需要理论：成就需要、权力需要和归属感需要。
[美] 利昂 · 费斯廷格（Leon Festinger） 社会心理学家	1919—1989	他主要研究人的期望、抱负和决策，并用实验方法研究偏见、社会影响等社会心理学问题。他提出了著名的认知失调理论。
[美] 保罗 · 米尔（Paul Meehl） 医生、心理医师	1920—2003	他的研究对心理健康和研究方法有着深远影响。他指出，对行为的统计不要用临床分析，而最好使用公式化的数学方法。1962 年，他发现了精神分裂症在遗传方面的证据，此前人们一直认为精神分裂是由于父母的养育方式不恰当。

姓名	生卒年	心理学理论及成就
[美] 乔治 · 米勒 (George Miller) 心理学家	1920—2012	1956 年，他发表了研究报告《神奇的数字 7±2：我们信息加工能力的局限》，此后确定了短时记忆的性质及其重要性。1960 年，他和心理学家杰罗姆 · 布鲁纳一起创立了哈佛大学认知研究中心。
[美] 哈罗德 · 凯利 (Harold Harding Kelley) 社会心理学家	1921—2003	他主要关注人与人之间相互感知的过程以及小团体的内部关联。他把沟通分成了"谁""对谁"和"说了什么"三个部分。他著有《群体社会心理学》(与约翰 · 蒂博特合著，1959 年)、《人际关系：相互依存理论》(1978 年) 等。
[美] 斯坦利 · 斯坎特 (Stanley Schachter) 社会心理学家	1922—1997	他的研究兴趣主要是上瘾和情绪。他认为人类的情绪体验是人的生理状态和对这一状态的认知解释共同作用的结果。他和杰罗姆 · 辛格尔共同提出了情绪二因论，并因此闻名于世。
[美] 罗伯特 · 扎荣茨 (Robert Zajonc) 社会心理学家	1923—2008	他因研究出生次序、家庭规模等因素对儿童智力发展的影响以及社会促进等问题而著名。20 世纪 60 年代，他通过实验证明我们会偏好自己熟悉的事物，这就是著名的"曝光效应"。
[美] 威廉 · 格拉瑟 (William Glasser) 心理治疗学家、现实治疗法的创始人	1925—	他公然批评传统的精神病学治疗方法和药物治疗法，并指出大多数人的精神和心理问题其实都属于正常范畴，可以通过行为的改变得到改善。1965 年他提出了现实疗法。
[美] 阿尔伯特 · 班杜拉 (Albert Bandura) 新行为主义心理学派主要代表人物之一	1925—	他提出了自我效能感理论、社会学习理论与行为矫正技术。1961 年，他进行了著名的"波比娃娃实验"，目的在于探索儿童攻击行为的形成过程。
[德] 海因茨 · 黑克豪森 (Heinz Heckhausen) 心理学家	1926—1988	他在行动控制理论领域，发展出复杂的动机、意志、认知、和情绪的信息处理理论。他和莱茵博格提出了动机的高级认知模型。他和女儿尤塔共同撰写的《动机与行为》(1980 年) 一书对心理学领域产生了深远的影响。
[英] 唐纳德 · 布罗德本特 (Donald E. Broadbent) 实验心理学家	1926—1993	他认为大脑存在着某种机制可以对信息进行加工并做出选择，为此他设计了著名的双耳分听实验。他著有《知觉与沟通》(1958 年)、《决策与压力》(1971 年) 和《模拟人类智能》(1993 年) 等。
[美] 劳伦斯 · 科尔伯格 (Lawrence Kohlberg) 教育心理学家、发展心理学家	1927—1987	他继承并发展了皮亚杰的道德发展理论，着重研究儿童道德认知的发展。通过研究，他把道德发展阶段界定为三个水平六个阶段。

姓名	生卒年	心理学理论及成就
[加] 安道尔 · 托尔文 (Endel Tulving) 认知心理学家	1927—	他将长时记忆分为情景记忆和语义记忆，并指出有效回忆的关键是对信息的组织。他发现情景记忆与大脑内侧颞叶，尤其是海马体存在着非常密切的关系。
[美] 乌瑞克 · 奈瑟尔 (Ulric Neisser) 认知心理学之父	1928—2012	他批评认知心理学在发展过程中忽视了人类知觉的重要作用。他的主要研究方向是人类的记忆，后开展了“智力，已知与未来”专项研究，并对已有的智力测验理论进行了调查。
[美] 艾弗拉姆 · 诺姆 · 乔姆斯基 (Avram Noam Chomsky) 语言学家、哲学家、认知科学家	1928—	他发动了心理学的认知革命，挑战在 20 世纪 50 年代占主导地位的行为主义者学习精神和语言的方式。他还建立了乔姆斯基层级：根据文法生成力不同而对正则语言做的分类。
[美] 杰罗姆 · 凯根 (Jerome Kagan) 发展心理学家	1929—	他认为生理因素比环境因素对个体心理特点的影响更大。他在儿童发展的生物学研究 (焦虑和恐惧对个体的自我意识、道德和记忆等方面)，为气质的生理学研究奠定了基础。
[美] 艾略特 · 阿伦森 (Elliot Aronson) 社会心理学家	1932—	他的主要研究兴趣是社会影响和态度改变、认知失调、人际吸引等。他提出了“阿伦森第一定律”：做出疯狂举动的人并不一定是疯子。
[美] 斯坦利 · 米尔格拉姆 (Stanley Milgrams) 社会心理学家	1933—1984	在哈佛大学时他曾进行“小世界实验”，该实验启发他提出六度分隔理论。在耶鲁大学时他进行了著名的电击实验，测试人们对权威的服从性。他指出，即便是普通人，在某些特殊情境下也可能变成暴力行为的执行者。
[英] 迈克尔 · 路特 (Michael Rutter) 精神病学家	1933—	他提出儿童在童年普遍存在多个依恋对象的现象，并驳斥了约翰 · 鲍尔比的选择性依恋理论。他后来的研究结果显示，家庭不和比剥夺母爱更易造成反社会行为。
[美] 菲利普 · 津巴多 (Philip George Zimbardo) 心理学家	1933—	他以斯坦福监狱实验和编写大学心理学教材而著称。他设立了害羞诊所，专门治疗成人和儿童的害羞。他的著作主要有：《斯坦福监狱实验》(1972 年)、《路西法效应》(2007 年)、《时间心理学》(2008 年)、《心理学与生活》(2010 年) 等。
[美] 丹尼尔 · 卡尼曼 (Daniel Kahneman) 美国普林斯顿大学心理学和公共事务教授	1934—	他将来自心理研究领域的综合洞察力应用于经济学当中，研究了在不确定状态下人们如何做出判断和决策。他还提出了著名的“前景理论”。

姓名	生卒年	心理学理论及成就
[美]保罗·埃克曼(Paul Ekman) 心理学家	1934—	他主要研究脸部表情辨识、情绪与人际欺骗。他发现某些基本情绪(快乐、悲伤、愤怒、厌恶、惊讶和恐惧)的表达在不同文化中都非常相似。于是,他提出不同文化的面部表情具有共通性。
[美]米哈里·契克森米哈赖(Mihaly Csikszentmihalyi) 积极心理学奠基人之一	1934—	他是“心流”理论提出者,一直致力于幸福和创造力的研究。他在《心流:最佳体验的心理学》(1990年)一书中概述了他的理论:人们在心流状态下最快乐,这是一种对正在进行的活动和所在情境的完全的投入和集中。
[美]马丁·塞利格曼(Martin E. P. Seligman) 积极心理学的创始人之一	1942—	他主要从事习得性无助、抑郁、乐观主义、悲观主义等方面的研究。他的主要著作有:《无助》(1975年)、《活出乐观的自己》(1991年)、《真实的幸福》(2002年)等。
[德]弗里德曼·冯恩(Friedmann Schulz von Thun) 心理学家	1944—	他在《和彼此对话》中阐述了通信模型,并以此闻名。他指出,对话存在四个水平的沟通:阐述事实、表述自我、评论我们与他人的关系、要求他人做一些事情。他提出,如果说话的人和听者处在不同的层次,双方就会出现误解。
[英]约翰·蒂斯代尔(John D. Teasdale) 心理学家	1944—	他主要研究通过认知的方法治疗抑郁症。他与津戴尔·塞戈尔、马克·威廉姆斯共同开发了正念认知疗法(MBCT)。这一疗法结合了正念以及东方的冥想技术。
[美]伊丽莎白·洛夫特斯(Elizabeth Loftus) 认知心理学家,	1944—	她主要研究人类的认知和记忆活动,并发现了武器焦点、耶基斯-道森定律、语言暗示的影响、催眠的影响等规律。
[美]丹尼尔·夏克特(Daniel Schacter) 心理学教授	1952—	他主要研究有意识与无意识记忆的关系,记忆扭曲和错误记忆的本质,以及人们如何使用记忆来构想未来事件。他著有《记忆探秘》(1996年)、《记忆的七宗罪》(2001年)等。
[加]史蒂芬·平克(Steven Pinker) 实验心理学家、认知心理学家	1954—	他因广泛宣传演化心理学和心智计算理论而闻名于世。他的学术专业是视觉认知及孩子的语言发展,他把语言视为一种“本能”或由自然选择而形成的。他著有《白板》(2002年)、《语言本能》(2007年)、《思想本质》(2008年)、《心智探奇》(2009年)等。

图书在版编目（CIP）数据

超图解心理学与生活 /《图解经典》编辑部编著.
-- 北京 : 北京联合出版公司, 2018.6

ISBN 978-7-5596-2060-6

Ⅰ. ①超… Ⅱ. ①图… Ⅲ. ①心理学－图解 Ⅳ.
①B84-64

中国版本图书馆CIP数据核字(2018)第086429号

超图解心理学与生活

项目策划 紫图图书 ZITO®
监　　制 黄　利　万　夏
作　　者《图解经典》编辑部
责任编辑 龚　将　夏应鹏
特约编辑 徐玲玲　朱静敏
装帧设计 紫图图书 ZITO®

北京联合出版公司出版
（北京市西城区德外大街83号楼9层　100088）
北京天宇万达印刷有限公司印刷　新华书店经销
260千字　710毫米×1000毫米　1/16　20印张
2018年6月第1版　2018年6月第1次印刷
ISBN 978-7-5596-2060-6
定价：79.90元
